LA VIE
DE MADAME J. M. B. DE LA
MOTHE-GUYON,
ECRITE PAR ELLE-MÊME.

LA VIE
DE MADAME J. M. B. DE LA
MOTHE-GUYON,
ECRITE PAR ELLE-MÊME.

QUI CONTIENT TOUTES LES EXPÉRIENCES DE
LA VIE INTÉRIEURE,

Depuis ſes commencemens juſqu'à la plus haute conſommation, avec toutes les directions relatives.

NOUVELLE ÉDITION.

TOME II.

A PARIS,
Chez les LIBRAIRES ASSOCIÉS.

M. DCC. XCI.

TABLE
DES
CHAPITRES
DE CETTE II. PARTIE.

CHAPITRE I.

Son départ de chez elle, puis de Paris, sans attachement à rien. Tout lui prédit des croix. Elle se dénue de tout avec joie. Son arrivée à Anneci, puis à Geneve, & ensuite à Gex, avec divers faits & événemens remarquables, tant à l'égard de l'intérieur que de l'extérieur. *Page* 1.

CHAPITRE II.

L'Evêque de Geneve ordonne au P. la Combe d'aller la voir. Union très-spirituelle de ces deux ames en Dieu, & leur entretien. Paroles de Dieu qui la rendent certaine de sa volonté, avec augmentation de ses graces. Ce que c'est que recevoir les opérations de Dieu immédiatement par le centre, ou médiatement, par les puissances. D'un Saint Hermite qui lui prédit ses événemens. Ce qu'elle souffre au sujet de sa fille. 10.

Chapitre III.

On se déchaine contr'elle sur sa sortie de France ? elle le souffre en maniere divine, puis les appaise tous. Dieu lui donne facilité à tout souffrir & à tout faire ; & lui amplifie l'esprit. L'Evêque de Geneve la visite, l'approuve avec conviction qu'elle est de Dieu : il lui fait l'éloge du Pere la Combe, & le lui donne pour Directeur. Elle est destituée dans une maladie dont le Pere la Combe la guérit miraculeusement. Vœux qu'elle fait à Dieu, & comment il les lui fait accomplir. Ce que c'est que la volonté devenue une avec celle de Dieu. Le vrai Esprit de l'Eglise, & celui de Jésus enfant. Le soin que Dieu a de son extérieur. Il la destine à être Mere spirituelle de plusieurs. page 20

Chapitre IV.

Combien son état d'alors étoit différent de celui qui avoit précédé sa purification fonciere & douloureuse. Nudité & élévation de son Oraison. Le vol d'esprit marque encore imperfection. Passage en Dieu, perte de soi & de tout entre-deux en lui par union d'unité. Etat heureux & ineffable du rétablissement après la perte de tout. Etat passif ou d'indifférence aux biens & aux maux. Son retour des Ursulines par Geneve & sa chûte périlleuse. Ceux de France la laissent en paix, & en font même l'éloge pour le même sujet pour lequel on la condamna ensuite. 31

CHAPITRE V.

Comment elle se défait de son bien, & regarde les croix comme venant de Dieu, avec compassion pour ceux qui les lui procurent. Le Démon la persécute par lui-même, puis par l'entremise des hommes. Source de ses persécutions par un ecclésiastique qui indispose l'Evêque contre elle & contre le Pere la Combe qu'il lui avoit donné lui-même pour Directeur. Sa conduite & maniere de vie à Gex. Postposant le parti des prospérités spirituelles & sensibles, elle choisit le parti de la croix & de la seule Gloire de Dieu, lequel lui prédit, & au Pere la Combe croix & opprobres. Diverses vexations qu'on lui fait. pag. 41.

CHAPITRE VI.

L'Evêque de Geneve se laisse indisposer contre elle par cet Ecclésiastique qui devient aussi le persécuteur du Pere la Combe, & le rend suspect à l'Evêque qui le menace d'interdit. Madame Guyon se retire aux Ursulines de Tonon, où les persécutions la suivent. Un Saint homme lui en prédit divinement la continuation.

52.

CHAPITRE VII.

Etendue de ses persécutions & de son décri par ceux de Gex jusqu'en France. Son fond inébranlable, paisible, indifférent, abandonné parfaitement & à tout moment à Dieu. De deux sortes de voies, celle de la pure & nue foi, & celle des lumieres perceptibles; & comment Dieu retire, par son moyen le Pere la

Combe de cette derniere pour qu'il se rende à la premiere. L'Evêque approuve encore son dessein, & rend un témoignage insigne au Pere la Combe : puis il se laisse changer par l'Ecclésiastique. pag. 62

Chapitre VIII.

Sa tranquillité ordinaire dans les vexations & en toutes choses. Description d'une ame de cet état de foi nue; sa pureté sans plus d'entre-deux ni de brouillards; son immobilité à souffrir les peines, les tentations, les épreuves, & même les dons. Obstacles à cet état, où peu ont le courage d'entrer. Contentement de ces ames-là : leur liberté à parler de soi en bien, ce qu'on ne pouvoit faire auparavant. Degrés jusqu'à cet état de liberté, de conformité à Jésus-Christ, de support de tous, de Vie Apostolique, où peu sont appellés, & qui paroit comme une vie commune, & pourtant bien cachée. 75

Chapitre IX.

Retirée à Tonon, elle y est persécutée d'ailleurs, aussi bien que le Pere la Combe, alors à Rome, où il est en estime. Elle est visitée & secourue de sa sœur; exercée par une Religieuse qui se croyoit fort avancée, sans savoir cependant qu'on ne vient au tout que par le néant. Elle est rebutée de plusieurs autres sans étonnement. Disette & maladie d'elle & de sa fille. Paix inaltérable & fixe de cet état, qui pourtant n'exclut point les peines venant de la main de Dieu pour conformer l'ame à Jésus-Christ. 90

Chapitre X.

Guérison surnaturelle de sa fille. Nouveaux sujets de peines. Support des défauts, & condescendance qu'on doit avoir ou ne pas avoir pour des personnes de différents états. Digression sur la source & les causes du repos & des peines où se trouvent les ames de toutes sortes d'états, tant ici que dans l'autre vie.
page 103

Chapitre XI.

Doute du Pere la Combe au sujet de ce qu'il entre dans l'état de foi nue; & sur le sens des prédictions. Diverses providences & persécutions, sans qu'elle se mette en peine de ce qu'on dit d'elle. Maternité spirituelle, même par rapport à ce Pere. Une retraite l'unit purement à Dieu, qui lui donne d'écrire d'une maniere divine. Elle écrit un traité. Dieu l'oblige à se communiquer par écrit au Pere la Combe, à lui déclarer les défauts qu'il a encore, & ceux d'une autre personne; & combien elle en souffre. 113

Chapitre XII.

Son entrée dans l'état d'enfance & d'obéissance de Jésus-Christ, & pourquoi. Commander & obéir par le Verbe. Comment Jésus-Christ même fait des miracles par l'ame anéantie. Grande maladie, où elle porte l'état enfantin de Jésus-Christ. Dieu commande par son entremise. Ecrire ses pensées, moyen d'acquérir la simplicité. Ses souffrances à l'occasion du Pere la Combe.
123

Chapitre XIII.

Vexations, secours, graces divines, persécutions prévues, événemens divers durant cette grande maladie. Elle y apprend & éprouve une maniere de s'entrecommuniquer en silence & sans paroles. Divines Communications de la Ste Trinité aux bienheureux, qui ont lieu même dès cette vie. Fécondité spirituelle. Communications avec les Saints du ciel; celles de Jésus-Christ avec la Ste. Vierge, Saint Jean, & par eux à d'autres. page 135

Chapitre XIV.

Durant sa même maladie il lui est prédit & montré qu'elle portera l'état de la réjection où fut Jésus-Christ & celui de la femme du Chap. XII. de l'Apocalipse. Reduite aux abois, elle en revient miraculeusement. Elle contribue à l'érection d'un hôpital à Tonon : est persécutée, & le Pere la Combe recherché à Verceil. Son voyage à Lausanne. 147

Chapitre XV.

Sortie des Ursulines de Tonon pour aller demeurer à l'étroit, puis de là à Turin; elle est par-tout diversement persécutée, calomniée, décriée, suspectée, méprisée des uns, & estimée, recherchée, invitée des autres, signamment de l'Evêque d'Aoste & de celui de Verceil. Dieu lui donne de nouvelles graces à Turin, & aussi de nouvelles croix à l'occasion du P. la Combe, qui suspecte d'orgueil son obéissance enfantine à Dieu, sur ce qu'elle lui déclare l'état d'une ame; & puis il en revient. 157

Chapitre XVI.

Combien les ames qui sont chargées des autres, en souffrent pour leur purification & mort totale & pour l'extinction de l'amour propre : & combien donc Jésus-Christ a dû souffrir pour nous. L'état d'une ame ne se discerne que par celles dont le fond est en Dieu. Persécutions entremêlées. Elle a un songe divin sur sa vocation. Sublimité de son état d'oraison. p. 171

Chapitre XVII.

Elle convertit un religieux, puis elle lui prédit une infidélité. Conversion singuliere d'un autre Religieux, comme de plusieurs autres que Dieu lui fait voir. Son départ de Turin pour Paris par Grenoble, où elle est visitée de plusieurs, dont elle discerne le fond. Etat Apostolique, & ses effets : & qu'on ne peut y être & aider salutairement le prochain, sans persécutions & sans croix. 180

Chapitre XVIII.

Combien de douleurs ont couté à Jésus-Christ & à ceux qu'il associe à sa Paternité spirituelle, les ames qu'ils doivent enfanter spirituellement. Certains Religieux, ayant persécuté en un lieu l'Oraison & les personnes d'Oraison, dont on voit ici d'admirables exemples, leurs Confreres viennent rétablir & redresser au double ce qu'ils avoient tâché de détruire. De la fécondité des ames en enfans spirituels ; & de l'inclination & communication des unes envers les autres. 190

Chapitre XIX.

Exemple de la dépendance spirituelle où est une ame à l'égard d'une autre qui lui est mere de grace. On explique à fond à cette occasion les raisons ou causes pourquoi Dieu reçoit en soi ou en sa grace & qu'il rejette de soi ou de sa grace les ames de différentes dispositions, & cela tant en cette vie que dans l'autre, pour un tems ou pour l'éternité. pag. 199

Chapitre XX.

Conversion & avancement d'un Religieux jusqu'aux Communications divines en silence. Les graces sont communiquées par l'entremise des ames Hierarchiques qui sont en plénitude, & dont la Ste. Vierge Marie est la premiere. Conversions & progrès spirituels de plusieurs Religieux, novices & autres, dont plusieurs lui sont donnés pour enfans, & d'autres arrachés. Changemens salutaires & soulagemens spirituels de diverses Religieuses. 211

Chapitre XXI.

Comment elle écrivit ses Explications *sur toute l'Ecriture sainte (l'an 1684); mais après avoir soutenu auparavant de grandes épreuves de la part de Dieu, & s'être sacrifiée à sa justice. La justice & la miséricorde se manifestent différemment en diverses ames. Jalousie & envie de quelques-uns, qui pourtant sont gagnés à Dieu. Sa maniere extraordinaire d'écrire ; particularités sur le* Cantique des Cantiques *& sur le livre des Juges. Publication & approbation de son* Moyen court. *Copies de ses écrits. Deux faits extraordinaires. Rage du Démon.* 221

Chapitre XXII.

Tempête qui éclate à Grenoble contr'elle. Son état intérieur pendant qu'elle fut en ce lieu-là. Son union avec David, & ses effets dans l'efficace de ses paroles sur les ames. Maniere de traiter & s'entrecommuniquer en Dieu avec les Saints & des Saints entr'eux, comme de la Sainte Vierge & de Sainte Elisabeth, de Saint Jean &c. Que l'union parfaite avec Dieu est ici comme insensible ; mais qu'on sent & souffre dans l'union & la désunion qui regardent les ames, bien qu'on soit alors dans l'état participé de l'enfance de Jésus-Christ. pag. 231

Chapitre XXIII.

Son voyage périlleux de Grenoble à Marseille, où elle est d'abord persécutée par ceux d'un certain parti ; mais soutenue de l'Evêque & d'autres personnes de piété. Les fruits qu'elle y fit ; pendant qu'on la diffame au lieu d'où elle venoit, & qu'ensuite on s'en retracte. Partie de Marseille pour Nice, elle s'y embarque pour Savone & Genes, & court de grands périls sur la mer. Nuls de tous ces péris ne font impression sur elle. Voyageant par terre de Genes à Verceil par Alexandrie, elle est exposée par-tout à plusieurs périls dont elle ne pouvoit échapper sans être secourue de Dieu miraculeusement. 242

Chapitre XXIV.

Son arrivée à Verceil, où l'Evêque l'estime & veut faire un établissement pour l'y retenir. Fruit que faisoit là le Pere la Combe, qu'on tâche d'attirer à Paris par artifice : mais l'Evêque s'y oppose, avec raison. Une continuelle maladie fait que Madame Guyon est obligée de quitter Verceil avec bien du regret de l'Evêque, qui en fait l'éloge. Son état d'enfance de Jésus-Christ durant qu'elle fut à Verceil, où elle écrivit son explication sur l'Apocalypse.   page 257

CHAPITRE XXV.

Quittant Verceil, l'Evêque la fait accompagner jusqu'à Turin. Elle visite en passant une pieuse Marquise de sa connoissance. Le bien qu'elle y fit, comme ailleurs. Persécutions, croix & captivité lui sont prédites de toutes parts, & dans son intérieur ; à quoi on se dévoue. De même aussi en repassant par Grenoble, où l'Evêque auroit voulu qu'elle s'établit.   268

LA VIE
DE
MADAME GUYON,
Écrite par elle-même.
SECONDE PARTIE,
Contenant ce qui lui est arrivé hors de France.

CHAPITRE I.

Son départ de chez elle, puis de Paris, sans attachement à rien. Tout lui prédit des croix. Elle se dénue de tout avec joie. Son arrivée à Anneci, puis à Geneve, & ensuite à Gex, avec divers faits & événemens remarquables, tant à l'égard de l'intérieur que de l'extérieur.

1. JE partis après la visitation de la Ste. Vierge dans un abandon étrange, sans pouvoir rendre raison de ce qui me faisoit partir & abandonner ma famille, que j'aimois avec une extrême tendresse, & sans aucune assurance positive, espérant cependant contre l'espérance même. J'arrivai aux Nouvelles-Catholiques à Paris, où vous fîtes encore des miracles de providence pour me cacher. On envoya querir le Notaire qui

avoit dressé le contract d'engagement. Lorsqu'il me le lût, je sentis un rebut étrange, & tel qu'il ne me fut pas possible de l'entendre achever, & bien moins de le signer. Le Notaire en fut surpris : mais il le fut bien davantage lorsque la Sœur Garnier lui vint dire elle-même, qu'il ne falloit point de contract d'engagement. Ce fut, ô mon Dieu, votre seule bonté qui conduisit les choses de cette sorte : car dans la disposition où j'étois, il me semble que j'aurois toujours préféré les sentimens de la Sœur Garnier aux miens. C'étoit bien vous, ô mon Seigneur, qui la faisiez parler de la sorte, puisqu'elle m'a été depuis si contraire, lorsqu'on voulut m'engager de force & contre votre volonté.

2. Vous m'aviez fait la grace, mon Dieu, de mettre mes affaires en un très-grand ordre, & tel, que j'en étois moi-même surprise, & des lettres que vous me faisiez écrire, auxquelles je n'avois gueres de part que le mouvement de la main : & ce fut en ce tems qu'il me fut donné d'écrire par l'esprit intérieur, & non par mon esprit : ce que je n'avois point éprouvé jusqu'alors : aussi ma maniere d'écrire fut elle toute changée ; & l'on étoit étonné que j'écrivisse avec tant de facilité. Je n'en étois point du tout étonnée : mais ce qui me fut donné alors comme un essai m'a été donné depuis avec bien plus de force & de perfection, ainsi que je le dirai dans la suite. Vous commençates à me mettre dans l'impuissance d'écrire humainement.

3. J'avois avec moi deux domestiques, dont la défaite m'étoit très-difficile ; parce que je ne croyois pas les emmener ; & si je les eusse laissés, ils auroient dit mon départ, & l'on auroit envoyé après

après moi, comme on fit sitôt qu'on le sût. Vous ménageâtes si bien toutes choses, ô mon Dieu, par votre providence, qu'ils voulurent me suivre; & j'ai bien vu depuis que vous n'aviez fait cela que pour m'empêcher d'être découverte: car outre qu'ils ne me furent de nulle utilité, c'est qu'ils s'en retournerent en France bientôt après.

Je partis de Paris: & quoique j'eusse une extrême peine de quitter mon fils le cadet, la confiance que j'avois à la Ste. Vierge, à laquelle je l'avois voué, & que je regardois comme sa mere, calmoit tous mes déplaisirs. Je le trouvois en de si bonnes mains, qu'il me sembloit que c'étoit faire injure à cette Reine du Ciel que de douter qu'elle ne prît un soin tout particulier de cet enfant.

4. Je menai avec moi ma fille, & deux filles pour nous servir toutes deux. Nous partîmes sur l'eau quoique j'eusse pris la diligence pour moi, afin que si l'on m'y cherchoit, on ne me trouvât pas. Je fus l'attendre à Melun. Ce fut une chose étonnante que dans ce bateau ma fille, sans savoir ce qu'elle faisoit, ne pouvoit s'empêcher de faire des croix. Elle occupoit une personne à lui couper des joncs, puis elle en faisoit des croix, & m'en entouroit toute. Elle m'en mit plus de trois cent. Je la laissois faire, & je comprenois par le dedans que ce n'étoit pas sans mystere qu'elle faisoit cela. Il me fut alors donné une certitude intérieure que je n'allois là que pour moissonner la croix, & que cette petite fille semoit la croix pour me la faire recueillir. La Sœur Garnier qui vit que quelques efforts que l'on pût faire on ne pût empêcher cette enfant de me charger de croix, me dit; ce que fait cette enfant me paroît bien mystérieux. Elle lui dit; ma

petite demoiselle, mettez-moi aussi des croix : elle lui repliqua : Elles ne sont pas pour vous, elles sont pour ma chere mere. Elle lui en donna quelqu'une pour la contenter ; puis elle continua à m'en mettre. Quand elle en eut mis un si grand nombre, elle se fit donner des fleurs de la riviere, qui se trouverent sur l'eau & m'en faisant un chapeau, elle me le mit dessus la tête, & me dit, après la croix vous serez couronnée. J'admirois tout cela dans le silence, & je m'immolois à l'Amour comme une victime pour lui être sacrifiée.

5. Quelque tems avant mon départ, une Religieuse, qui est une vraie sainte, & fort de mes amies, me conta une vision qu'elle avoit eue à mon sujet. Elle dit, qu'elle vit mon cœur entouré d'un si grand nombre d'épines, qu'il en étoit tout couvert : que Notre Seigneur lui paroissoit dans ce cœur fort content, & qu'elle voyoit qu'à mesure que ces épines piquoient plus fortement, mon cœur loin qu'il en parût plus défiguré, en paroissoit plus beau, & Notre Seigneur plus content.

6. A Corbeil, en passant, je vis le Pere dont Dieu s'étoit servi le premier pour m'attirer si fortement à son amour. Il approuva assez mon dessein de tout quitter pour notre Seigneur, mais il crut que je ne pourrois pas m'accoutumer avec les nouvelles Catholiques : il m'en dit même des choses assez particulieres pour me faire comprendre que leur esprit, & celui par lequel Notre Seigneur me conduisoit, étoient presque incompatibles. Il me dit ; sur tout, tâchez que l'on ne connoisse point que vous marchez par les voyes intérieures : car cela vous attireroit des persécu-

tions. Mais, ô mon Dieu, quand il vous plaît de faire souffrir une personne, & qu'elle s'est livrée entre vos mains, on a beau se cacher & se précautionner : il est difficile de se dérober à votre providence, sur tout quand l'ame n'a plus de volonté, & que sa volonté est passée dans la vôtre. Ne frappe-t'elle pas elle-même où vous frappez ? Il semble qu'elle se revétisse d'indignation contre elle-même. O si cette ame alors pouvoit paroître pour se porter compassion & se plaindre, avec quelle furie d'amour & d'indignation ne se souhaiteroit-elle pas & de plus grands maux, & une plus affreuse perte ! O Roi des amans ! vous avez frappé sur vous-même par toute la justice d'un Dieu : cette ame, destinée à vous imiter & à vous être conforme, se frappe elle-même avec votre justice. O chose admirable, inconnue à ceux qui ne l'ont pas éprouvée !

7. Je donnai dès Paris aux Nouvelles Catholiques tout l'argent que j'avois : je ne me reservai pas un sol, étant ravie d'être pauvre à l'exemple de Jésus-Christ. J'emportai du logis neuf-mille livres, & je donnai tout aux Nouvelles-catholiques. On fit un contract de six mille livres pour un remboursement dont elles avoient besoin : & comme dans la suite elles déclarerent qu'elles avoient cet argent en contracts, & que je ne me l'étois pas reservé par ma donation, croyant que cela ne se sauroit pas, il est retourné à mes enfans, & je l'ai perdu, dont je n'ai eu aucun chagrin : car la pauvreté fait mes richesses : Le reste je le donnai aux sœurs qui étoient avec nous, tant pour fournir aux frais du voyage, que pour commencer à les meubler. Je leur donnai outre cela des ornemens d'Eglise, un ca-

lice, un très-beau Soleil de vermeil doré, des écuelles d'argent, un ciboire, & tout ce qu'il leur falloit. Je ne reservai pas même mon linge à mon usage, le mettant dans l'armoire commune. Je n'avois ni cassette fermant à clef, ni bourse. On ne laissa pas de dire que j'avois emporté de chez moi de grandes sommes, quoique cela fût très-faux. Je n'avois pas même pris d'autre linge que ce qu'il m'en falloit pour un voyage de Paris, de peur de soupçon, & qu'en voulant emporter les hardes je ne fusse découverte. J'avois peu d'empressement pour les biens de la terre : au contraire, j'avois plus de désir de les quitter, que de les posséder. Ceux dont Dieu se sert pour me tourmenter, n'ont pas laissé de dire que j'avois emporté de grosses sommes d'argent que j'avois dépensé mal-à-propos, & donné aux parens du P. la Combe, ce qui est aussi faux qu'il est vrai que je n'avois pas un sol, & qu'étant arrivée à Anneci, un pauvre m'ayant demandé l'aumône, l'inclination que j'avois de donner aux pauvres n'étant pas éteinte dans mon cœur, & n'ayant chose quelconque, je lui donnai les boutons qui tenoient les manches de mes chemises; & une autrefois je donnai à un autre pauvre au nom de Jésus-Christ une petite bague toute simple que je portois comme une marque de mon mariage avec Jésus Enfant.

8. Nous joignîmes la diligence à Melun, où je quittai la Sœur Garnier & me mis avec les autres Sœurs que je ne connoissois pas. Ce qui est admirable c'est, que quoique les voitures fussent fort fatiguantes, que je ne dormisse point, pendant un si long voiage, (moi, qui étois alors si délicate que la perte du sommeil me rendoit

malade,) & que ma fille, enfant d'une extrême délicatesse & qui n'avoit que cinq ans, ne dormît point non plus, nous supportâmes cependant sans être malades une si grande fatigue; & cette enfant n'eut pas une heure de chagrin quoiqu'elle ne fût au lit que trois heures toutes les nuits. Vous seul, ô mon Dieu, savez & les sacrifices que vous me fîtes faire, & la joie de mon cœur de vous sacrifier toutes choses. Si j'avois eu des Royaumes & des Empires, il me semble que je les aurois quittés avec encore plus de joie pour vous marquer davantage mon amour. O mon Dieu est-ce quitter quelque chose que de le quitter pour vous? Sitôt que nous étions arrivés à l'hôtellerie, j'allois à l'Eglise adorer le S. Sacrement, & je m'y tenois jusqu'à l'heure du dîner

Nous faisions, ô mon Amour, une conversation dans le carosse vous & moi, (où plutôt vous la faisiez seul en moi) de laquelle les autres n'étoient gueres capables: aussi ne s'en appercevoit-on pas; & la gayeté extérieure que j'avois, même au milieu des plus grands périls, les rassuroit. Je chantois des cantiques de joie de me voir dégagée des biens, des honneurs, des embarras du siecle. Vous nous aidâtes beaucoup par votre providence: car vous nous protégiez d'une maniere si singuliere, qu'il sembloit que vous fussiez la colonne de feu durant la nuit, & la nuée durant le jour. Nous passâmes un pas extraordinairement dangereux entre Chambéri & Lyon. Notre voiture se rompit au sortir de ce pas dangereux, si cela étoit arrivé plutôt, nous aurions péri.

9. Nous arrivâmes à Anneci la veille de la Madeleine 1681; & le jour de la Madeleine

Monsieur de Geneve nous dit la Messe au tombeau de S. François de Sales. Je renouvellai là mon mariage, car je le renouvellois tous les ans; & cela, selon ma disposition très-simple, en n'admettant rien de formel ni de distinct : mais vous mettiez dans un fond pur & dégagé d'espèces & de formes tout ce qui vous plaisoit qu'il y eût. Ces paroles me furent imprimées : (*a*) *Je t'épouserai en foi : je t'épouserai pour jamais :* & ces autres, (*b*) *Vous m'êtes un Epoux de sang.* J'y honorai la relique de S. François de Sales, pour lequel Notre Seigneur me donne une union singuliere. Je dis, union : car il me paroît que l'ame en Dieu est unie avec les Saints, plus ou moins, selon qu'ils lui sont plus conformes : & c'est une union d'unité, qu'il plait à Notre Seigneur d'y réveiller quelquefois pour sa gloire ; & alors ces Saints lui sont rendus plus intimément présents en Dieu même ; & ce réveil est comme une intercession de l'ame, connue du Saint & de l'ame. C'est une requête d'ami à ami en celui qui les unit tous d'un lien immortel. Pour l'ordinaire tout demeure caché avec Jésus-Christ en Dieu.

10. Nous partîmes d'Anneci le même jour de la Madeleine, & le lendemain nous allâmes entendre la Messe à Geneve chez Mr. le Résident de France. J'eus beaucoup de joie de communier; & il me semble, ô mon Dieu, que vous m'y liâtes encore plus fortement. Je vous y demandai la conversion de ce grand peuple. Nous arrivâmes le soir assez tard à Gex, où nous ne trouvâmes que les quatre murailles, quoique Mr. de Geneve nous eût assuré qu'il y avoit des

---

(*a*) Osée 2. v. 19. 20.   (*b*) Exod. 4. v. 25.

meubles, ainsi qu'il le croyoit apparemment. Nous couchâmes chez les Sœurs de la charité qui eurent la bonté de nous donner leurs lits.

Je souffrois une peine & une agonie qui se pourroit mieux expérimenter que dire; non tant à cause de moi, qu'à cause de ma fille, qui décheoit à vue d'œil. J'avois un fort grand désir de la mettre aux Ursulines de Tonon, & je me voulois du mal de ne l'avoir pas menée là d'abord. Alors toute foi apperçue me fut ôtée, & il me resta une espece de certitude que j'étois trompée. La douleur s'empara de mon cœur en un point, que dans mon lit en secret je ne pouvois retenir mes larmes. Le lendemain je dis, que je voulois mener ma fille à Tonon aux Ursulines jusqu'à ce que je visse comme l'on pourroit s'accommoder. Mon dessein étoit de l'y laisser: on s'y opposa fortement, & d'une maniere même assez dure & peu honnête. Je voyois ma fille fondre & maigrir, manquer de tout : je la voyois comme une victime que j'avois immolée par mon imprudence. J'écrivis au P. la Combe le priant de me venir voir pour prendre des mesures la-dessus, & ne croyant pas en conscience la pouvoir retenir plus long-tems en ce lieu. Plusieurs jours s'écoulerent sans que je pusse avoir aucune réponse. J'étois cependant très-indifférente dans la divine volonté de mon Dieu d'avoir du secours ou de n'en point avoir.

CHAPITRE II.

L'Evêque de Geneve ordonne au P. la Combe d'aller la voir. Union très-spirituelle de ces deux ames en Dieu, & leur entretien. Paroles de Dieu qui la rendent certaine de sa volonté, avec augmentation de ses graces. Ce que c'est que recevoir les opérations de Dieu immédiatement par le centre; ou médiatement, par les puissances. D'un Saint Hermite qui lui prédit ses événemens. Ce qu'elle souffre au sujet de sa fille.

Notre Seigneur, qui eut pitié de ma peine & de l'état déplorable de ma fille, fit que Mr. de Geneve écrivit au Pere la Combe qu'il vint nous voir & nous consoler, & qu'il lui feroit plaisir de ne pas différer. Sitôt que je vis le Pere, je fus surprise de sentir une grace intérieure que je puis appeller Communication, & que je n'avois jamais eue avec personne. Il me sembla qu'une influence de grace venoit de lui à moi par le plus intime de l'ame, & retournoit de moi à lui, ensorte qu'il éprouvoit le même effet; mais de grace si pure, si nette, si dégagée de tout sentiment, qu'elle faisoit comme un flux & reflux, & de là s'alloit perdre dans l'un divin & invisible. Il n'y avoit rien d'humain ni de naturel; mais tout pur esprit : & cette union toute pure & sainte, qui a toujours subsisté, & même augmenté, devenant toujours plus une, n'a jamais arrêté ni occupé l'ame un moment hors de Dieu, la laissant toujours dans un parfait dégagement : union que Dieu seul opére, & qui ne peut-être qu'entre les ames qui lui sont unies : union exempte de toute foiblesse & de tout attachement :

union qui fait que loin d'avoir compassion de la personne qui souffre, l'on en a de la joie : & plus on se voit accabler les uns & les autres de croix, de renversemens, séparés, détruits, plus on est content : union, qui n'a nul besoin pour sa subsistance de la présence de corps; que l'absence ne rend point plus absente, ni la présence plus présente : union inconnue à tout autre qu'à ceux qui l'éprouvent. Comme je n'avois jamais eu d'union de cette sorte, elle me parut alors toute nouvelle, n'ayant même jamais ouï dire qu'il y en eût : mais elle étoit si paisible, si éloignée de tout sentiment, qu'elle ne m'a jamais donné aucun doute qu'elle ne fut de Dieu : car ces unions loin de détourner de Dieu, enfoncent plus l'ame en lui. La grace que j'éprouvois, qui faisoit cette influence intérieure de lui à moi & de moi à lui, dissipa toutes mes peines, & me mit dans un très-profond repos.

2. Dieu lui donna d'abord beaucoup d'ouverture pour moi. Il me raconta les miséricordes que Dieu lui avoit faites, & beaucoup de choses extraordinaires. Je craignois fort cette voie de lumieres. Comme ma voie avoit été de foi nue, & non dans les dons extraordinaires, je ne comprenois pas alors que Dieu vouloit se servir de moi pour le tirer de cet état lumineux & le mettre dans celui de la foi nue. Ces choses extraordinaires me donnerent de la crainte d'abord. J'appréhendai l'illusion, sur-tout dans les choses qui flattent sur l'avenir : mais la grace qui sortoit de lui, & qui s'écouloit dans mon ame me rassuroit, jointe à une humilité des plus extraordinaires que j'eusse encore vue : car je voiois qu'il auroit préféré le sentiment d'un enfant au sien propre ; qu'il

ne tenoit à rien ; & que loin de s'élever ni pour les dons de Dieu, ni pour sa profonde science, l'on ne pouvoit avoir un plus bas sentiment de soi-même qu'il en avoit. C'est un don que Dieu lui avoit donné dans un dégré éminent. Il me dit, qu'il falloit mener ma fille à Tonon, & qu'elle y seroit très-bien. Il me dit d'abord, après que je lui eus parlé du rebut intérieur que j'avois pour la maniere de vie des Nouvelles-Catholiques qu'il ne croioit pas que Dieu me demandât avec elles ; qu'il falloit y demeurer sans engagement, & que Dieu me feroit connoître par la conduite de sa providence ce qu'il voudroit de moi ; mais qu'il y falloit rester jusqu'à ce que Dieu m'en tirât lui-même par sa providence, ou m'y engageât par sa même providence.

3. Il résolut de rester avec nous deux jours, & de dire trois Messes. Il me dit, de demander à Notre Seigneur qu'il me fit connoître sa volonté. Je ne pouvois ni rien demander, ni rien vouloir connoître. Je restai dans ma simple disposition. Je commençois déja à m'éveiller pour prier à l'heure de minuit : mais pour lors, je fus réveillée comme si une personne m'eût éveillée ; & en m'éveillant, ces paroles me furent mises soudainement dans l'esprit d'une maniere un peu impétueuse : (a) *Il est écrit de moi, que je ferai votre volonté* : & cela s'insinua dans toute mon ame avec un écoulement de grace si pure, & si pénétrante cependant, que je n'en avois jamais eu de plus douce, de plus simple, de plus forte & de plus pure. On doit remarquer sur ce sujet, que bien que l'état que portoit alors mon ame fût un état déja permanent en nouveauté de vie, cette

(a) Ps. 39. v. 8. 9.

vie nouvelle n'étoit pas encore dans l'immutabilité où elle a été depuis; c'est-à-dire proprement, que c'étoit une vie naissante & un jour naissant, qui va toujours s'augmentant & s'affermissant jusqu'au midi de la gloire; jour cependant où il n'y a plus de nuit; vie qui ne craint plus la mort dans la mort même, parce que la mort a vaincu la mort, & que celui qui a souffert la premiere mort, ne goûtera plus la seconde mort.

4. Or il est bon de dire ici, que quoique l'ame soit dans un état immobile, & qu'elle participe de l'immuable sans que l'ame sorte de sa sphère ni de son ciel ferme & immobile, où il n'y a ni distinction, ni changement; Dieu envoie pourtant quand il lui plait de ce même fond certaines influences qui ont des distinctions, & qui font connoître sa sainte volonté, ou les choses à venir : mais comme cela vient du fond, & non par l'entremise des puissances, cela est certain, & non sujet à l'illusion comme le sont les visions, & le reste dont j'ai déja parlé.

Car il faut savoir, qu'une telle ame dont je parle, reçoit tout du fond immédiatement, & que de là il se répand après sur les puissances & sur les sens comme il plait à Dieu : mais il n'en est pas ainsi des autres ames qui reçoivent médiatement : ce qu'elles reçoivent tombe dans les puissances, & se réunit de là dans le centre ; au lieu que celles-ci se déchargent du centre sur les puissances & sur les sens. Elles laissent tout passer, sans que rien fasse plus d'impression ni sur leur esprit ni sur leur cœur. De plus, les choses qu'elles connoissent ou apprennent, ne leur paroissent pas comme choses extraordinaires, comme prophétie, & le reste, ainsi qu'elles paroissent aux autres : cela se dit tout naturellement, sans savoir ni ce qu'on dit, ni pourquoi on le dit ; sans rien d'extraordinaire. On dit & écrit ce qu'on ne fait pas : & en le difant & écrivant, on voit que ce font des chofes auxquelles on n'avoit jamais penfé. C'eft comme une perfonne qui poſſéde dans fon fond un tréfor inépuifable fans qu'elle penfe jamais à fa poffeffion : elle ne fait point fes richeffes, & elle ne les regarde jamais : mais elle trouve dans ce fond tout ce qu'il faut quand elle en a à faire : le paffé, le préfent, & l'avenir eft là en maniere de moment préfent & éternel, non point comme prophétie, qui regarde l'avenir comme chofe à venir ; mais en voiant tout dans le préfent en [maniere de] moment éternel, en Dieu même, fans favoir comme elle le voit & connoit, avec une certaine fidélité à dire les chofes, comme elles font données fans vue ni retour, fans fonger fi c'eft de l'avenir ou du préfent que l'on parle, fans fe mettre en peine qu'elles s'accompliffent ou non, d'une maniere ou d'une autre ; fi elles ont une interprêtation ou une autre. C'eft de ce fond ainfi perdu que fortent les (†) miracles : c'eft le Verbe lui-même, qui opere ce qu'il dit, *dixit & facta funt* ; fans que l'ame propre fache ce qu'elle dit ou écrit. En les écrivant ou difant, elle eft éclairée avec certitude que c'eft la parole de vérité, qui aura fon effet : cela eft-il fait, elle n'y penfe plus, & n'y prend non plus de part que s'il étoit dit ou écrit par un autre. C'eft ce que Notre Seigneur a dit dans fon Evangile, que (a) *l'homme tire du bon tréfor de fon cœur les chofes anciennes & nouvelles*. Depuis que notre tréfor eft Dieu même, & que notre cœur & notre volonté eft toute fans referve

(†) *Peut-être* oracles.   (a) Matth. 13. v. 52.

passée en lui, c'est là où l'on trouve un tréfor qui ne s'épuife jamais : plus on en diftribue, plus on eft riche.

5. Après que ces paroles m'eurent été mifes dans l'efprit, *il est écrit de moi, que je ferai votre volonté;* je me fouvins que le P. la Combe m'avoit dit, de demander à Dieu ce qu'il vouloit faire de moi en ce pays. Mon fouvenir fut ma demande : auffitôt ces paroles me furent mifes dans l'efprit avec beaucoup de vitesse : *Tu ès Pierre ; & fur cette pierre j'établirai mon Eglife : & comme Pierre est mort en croix, tu mourras fur la croix.* Je fus certifiée que c'étoit ce que Dieu vouloit de moi : mais de comprendre fon exécution, c'est ce que je ne me fuis pas mife en peine de favoir. Je fus invitée de me mettre à genoux, où je reftai jufqu'à quatre heures du matin dans une très-profonde & très-paifible oraifon. Je n'en dis rien au matin au P. la Combe. Il fut dire la Meffe : il eut mouvement de la dire de la dédicace de l'Eglife. Je fus encore plus confirmée ; & je crus que Notre Seigneur lui avoit fait connoître quelque chofe de ce qui s'étoit paffé en moi. Je le lui dis après la Meffe : il me répondit, que je m'étois trompée ; auffitôt mon efprit fe démit de toute penfée & certitude pour n'y plus fonger, & refta dans fon ordinaire, entrant plutôt dans ce que le Pere difoit, que dans ce qu'il avoit connu. La nuit fuivante je fus réveillée à la même heure & de la même maniere que la nuit précédente : & ces paroles me furent mifes dans l'efprit (a) *Fundamenta ejus in montibus fanctis.* Je fus mife dans le même état, qui dura jufqu'à quatre heures du matin : mais je ne penfai en nulle maniere à

(a) Pf. 86. v. 1. *Elle est fondée fur les faintes montagnes.*

ce que cela vouloit dire, n'y faisant aucune attention. Le lendemain après la Messe, le Pere me dit, qu'il avoit eu une certitude bien grande que *j'étois une pierre que* Dieu *destinoit pour le fondement d'un grand édifice :* mais il ne savoit pas non plus que moi ce que c'étoit que cet édifice. De quelque maniere que la chose doive être, ou que sa divine Majesté veuille se servir de moi en cette vie pour quelque dessein à lui seul connu, ou qu'il veuille bien me faire une des pierres de la Jérusalem céleste, il me semble que cette pierre n'est polie qu'à coups de marteau : il me paroit qu'ils ne lui ont été gueres épargnés depuis ce tems, comme on le verra dans la suite ; & que Notre Seigneur lui a bien donné les qualités de la pierre, qui sont la fermeté & l'insensibilité. Je lui dis ce qui m'étoit arrivé la nuit.

6. Je menai ma fille à Tonon. Cette pauvre enfant pris une amitié très-grande pour le P. la Combe, disant, que c'étoit le pere du bon Dieu. En arrivant à Tonon, j'y trouvai un Hermite, nommé Frere Anselme, d'une sainteté des plus extraordinaires qu'il y en ait gueres eu depuis long-tems. Il étoit de Geneve & Dieu l'en avoit tiré d'une maniere très-miraculeuse à l'âge de douze ans après lui avoir donné dès l'âge de quatre ans la connoissance qu'il se feroit Catholique. Il avoit, avec la permission du Cardinal, pour lors Archevêque d'Aix en Provence, pris à dix-neuf ans l'habit d'Hermite de S. Augustin : il vivoit seul avec un autre Frere dans un petit hermitage où ils ne voioient personne que ceux qui venoient visiter leur chapelle. Il y avoit douze ans qu'il étoit dans cet hermitage, ne mangeant jamais rien que des légumes avec du sel, & quelquefois de l'huile : il

jeûnoit continuellement, sans s'être jamais relâché un moment en douze ans. Il jeûnoit trois fois la semaine au pain & à l'eau : il ne beuvoit jamais de vin, & ne faisoit pour l'ordinaire qu'un repas en vingt & quatre heures. Il portoit pour chemise une grosse haire faite avec de grosses cordes de crin qui lui alloit du haut en bas, ne couchoit que sur le plancher ; il avoit un don d'oraison continuelle : il en faisoit de marquées huit heures chaque jour, & disoit son office : avec tout cela une soumission d'enfant. Dieu avoit fait par lui quantité de miracles éclatans. Il fut à Geneve croiant pouvoir gagner sa mere ; mais il la trouva morte.

7. Ce bon Hermite eut quantité de connoissances des desseins de Dieu sur moi & sur le P. la Combe ; mais Dieu lui fit voir en même tems qu'il nous préparoit d'étranges croix à l'un & à l'autre. Il connut que Dieu nous destinoit l'un & l'autre pour aider les ames. Il vit une fois dans son oraison, qui étoit toute en dons & lumieres, qu'étant à genoux, vêtue avec un manteau de couleur brune, on me coupa la tête, qui fut aussitôt rétablie ; & que l'on me vêtit d'une robe très-blanche & d'un manteau rouge, & que l'on me mit une couronne de fleurs sur la tête. Il vit le Pere la Combe que l'on divisoit en deux, & qui fut réuni bientôt : & que tenant dans sa main une palme, il fût dépouillé de ses habits, & revêtu de l'habit blanc & du manteau rouge : ensuite dequoi il nous vit tous deux proche d'un puits, & que nous abreuvions des peuples innombrables qui venoient à nous.

8. Il me semble, ô mon Dieu, que cette vision si mystérieuse a déja eu une partie de son effet, tant à cause des divisions qu'il a souffertes, & moi aussi, pourtant sans douleur ; que parce que

j'ai cette confiance, que vous l'avez dépouillé de lui-même pour le revêtir d'innocence, de pureté, & de charité. Oui, mon Dieu, il me semble que l'amour que vous avez mis en moi est tout pur, dégagé de tout intérêt propre, amour qui aime son Objet en lui-même & pour lui-même, sans aucun retour sur soi : il craindroit plus un retour que l'enfer ; car l'enfer sans amour propre, seroit changé pour lui en Paradis.

Notre Seigneur s'est aussi déja servi beaucoup de lui & de moi pour gagner les ames ; mais je ne sais quel dessein il pourroit avoir sur nous dans la suite : je sais que nous sommes à lui sans nulle reserve.

Un peu après que je fus arrivée aux Ursulines de Tonon, la Sœur M... me parla avec beaucoup d'ouverture, selon l'ordre que le P. la Combe lui en avoit donné. Elle me dit d'abord tant de choses extraordinaires, qu'elle me devint suspecte, & que je crus qu'il y avoit de l'illusion en son fait ; & je m'en voulois du mal à moi-même.

9. Je commençai à ressentir une peine incroyable d'avoir amené ma fille ; & je me trouvai bien à son égard un Abraham, lorsque le P. la Combe m'abordant me dit; vous soyez la bien-venue, fille d'Abraham. Je ne trouvois nulle raison de la laisser là, & je pouvois encore moins la garder avec moi, parce que nous n'avions pas de lieu, & que les petites filles que l'on prenoit pour faire Catholiques, étoient toutes mêlées avec nous, & avoient des maux dangereux. De la laisser là aussi, cela me paroissoit folie : le langage du pays, où l'on n'entendoit qu'à peine le François; la nourriture dont elle ne pouvoit user, pour être entierement différente de la nôtre, [y étoient à obstacles.] Je la voiois
tous

tous les jours maigrir & devenir à rien. Cela me reduisoit comme à l'agonie, & il me sembloit qu'on me déchiroit les entrailles. Tout ce que j'avois de tendresse pour elle se renouvella, & je me regardois comme sa meurtriere. J'éprouvois ce que souffrit Agar lorsqu'elle éloigna son fils Ismaël d'elle dans le désert, pour ne le point voir mourir. Il me paroissoit, que puisque j'avois bien voulu m'exposer sans raison, je devois au moins avoir épargné ma fille. Je voiois la perte de son éducation, & même la perte de sa vie, inévitables. Je ne disois pas mes peines là-dessus; & la nuit étoit le tems qui donnoit essor à ma douleur, qui devenoit tous les jours plus forte; parce que vous permîtes, ô mon Dieu, vous qui avez toujours voulu de moi des sacrifices sans reserve, que dans tout le tems que je fus là, on ne lui servît rien dont elle pût manger. Tout ce qui la faisoit subsister, c'étoit quelques cueillerées de méchant bouillon, que je lui faisois prendre malgré elle. Je vous en fis, ô mon Dieu, un sacrifice entier; & il me sembloit que, comme un autre Abraham, je tenois le couteau pour l'égorger. Je ne voulois pas la ramener; parce que l'on m'avoit dit que c'étoit la volonté de Dieu que je la laissasse là; & cette volonté de Dieu m'étoit préférable à toutes choses, & à la vie de ma fille, outre qu'elle auroit été encore plus mal à Gex pour la nourriture. Notre Seigneur me vouloit toute plongée en amertume, & que je lui fisse un sacrifice sans consolation. Il me faisoit voir d'un côté la douleur de sa grand' mere si elle apprenoit sa mort, & qu'il sembloit que je ne la lui aurois ôtée que pour la faire mourir : de l'autre, le reproche de toute sa famille. Ce qu'elle avoit de dons de la nature étoit comme des fléches qui me perçoient. Il faudroit avoir éprouvé ce que je souffris pour le comprendre. Il me sembloit qu'avec ses dispositions naturelles, elle auroit fait merveilles étant élevée en France, que je lui allois faire perdre tout cela, & la mettre hors d'état d'être propre à rien, ni de trouver des partis dans la suite tels qu'elle les pouvoit espérer; que je ne pouvois sans péché la faire mourir de cette sorte. Je souffris treize jours durant une peine presque inconcevable: tout ce que j'avois quitté sembloit ne m'avoir rien couté au prix de ce que ma fille me couta à sacrifier. Je crois que vous fîtes cela, mon Dieu, pour purifier une attache trop humaine que j'avois pour ses dons naturels: car après que je fus retirée des Ursulines, elles changerent leur maniere de nourriture, & en donnerent de conforme à la délicatesse de ma fille, ensorte qu'elle reprit sa santé.

CHAPITRE III.

On se déchaîne contr'elle sur sa sortie de France: elle le souffre en maniere divine, puis les appaise tous. Dieu lui donne facilité à tout souffrir & à tout faire; & lui amplifie l'esprit. L'Evêque de Geneve la visite, l'approuve avec conviction qu'elle est de Dieu: il lui fait l'éloge du Pere la Combe, & le lui donne pour Directeur. Elle est destituée dans une maladie dont le Pere la Combe la guérit miraculeusement. Vœux qu'elle fait à Dieu, & comment il les lui fait accomplir. Ce que c'est que la volonté devenue une avec celle de Dieu. Le vrai Esprit de l'Eglise, & celui de Jésus enfant. Le soin que Dieu a de son extérieur. Il la destine à être Mere spirituelle de plusieurs.

1. Sitôt que l'on sut en France que je m'en étois allée, ce fut une condamnation générale. Ceux qui m'attaquerent le plus fortement, furent les spirituels humains, & sur-tout le Pere la Mothe, qui m'écrivit, que toutes les personnes de doctrine & de piété, de robe & d'épée, me condamnoient. Il me mandoit de plus pour m'allarmer, que ma belle-mere, en qui je me fiois pour le bien de mes enfans & pour le cadet, étoit devenue en enfance, & que j'en étois cause: cela étoit cependant très-faux. Je n'en faisois rien paroître au dehors, quoiqu'il y eut des tems où ma peine alloit jusqu'à l'excès. Je m'enfermois autant que je pouvois; & là je me laissois pénétrer à la douleur, qui me paroissoit très-profonde. Je la portois fort passivement, sans pouvoir ni vouloir la soulager; au contraire, mon plaisir étoit de m'en laisser dévorer sans vouloir même la comprendre. Cette douleur étoit autant paisible, qu'elle étoit pénétrante. Je voulus une fois ouvrir le Nouveau Testament pour me soulager: mais j'en fus empêchée intérieurement; de sorte que je demeurai en silence, sans rien faire, me laissant dévorer à la douleur.

Il me sembloit que je commençai alors à porter les peines en maniere divine, & que l'ame pouvoit dès ce tems sans nul sentiment être en même tems & très-heureuse & très-douloureuse, très-crucifiée & béatifiée. Ce n'étoit point de même que j'avois porté mes premieres douleurs, ni comme je portai la mort de mon pere. Car alors l'ame étoit abîmée dans la paix, & dans une paix délicieuse; mais elle n'étoit point livrée à la douleur; ce qu'elle souffroit n'étoit qu'un accablement de la nature, un poids de douleur délicieuse. Ici, cela est tout différent: la même ame est livrée entierement à la souffrance, & elle la porte avec une force divine; & cette force fait que l'ame est divisée, sans division, de toute elle-même; ensorte que son bonheur invariable n'empêche point la plus dure souffrance. Mais ces souffrances lui sont imprimées de Dieu même, comme en Jésus-Christ : il souffrit en Dieu & en homme : il souffrit dans la force d'un Dieu & dans la foiblesse d'un homme : il étoit un Dieu bienheureux, & un homme de douleurs; enfin, Dieu-homme souffrant & jouissant, sans que la béatitude diminuât rien de la douleur, ni que la douleur interrompît ou altérât la parfaite béatitude.

2. Je répondis à toutes les lettres qu'on m'écrivit d'abord, toutes fulminantes, selon que l'esprit intérieur me dictoit; & mes réponses se trouverent très-justes : elles furent même fort goûtées : ensorte que Dieu le permettant ainsi, ces plaintes & ces foudres changerent bientôt en applaudissemens. Le Pere la Mothe parut revenir, m'estimer même; mais cela ne dura pas long-tems. Un certain intérêt étoit ce qui le faisoit agir. Lorsqu'il vit qu'une pension qu'il s'étoit imaginé que je lui ferois, n'étoit point, il changea tout-à-coup. La Sœur Garnier changea d'abord pour moi, & se déclara contre moi, soit que ce fut une feinte ou un changement véritable.

3. Pour mon corps & ma santé, je ne m'en mettois gueres en peine. Vous me faisiez, mon Dieu, sur cela trop de grace : car j'ai été deux mois sans presque dormir, & la nourriture que nous avions, étoit trop peu propre à me soutenir. La viande qu'on nous donnoit étoit pourrie & pleine de vers, parce que dans ce pays-là on tuoit la viande le jeudi pour l'avoir le ven-

dredi & le samedi : & à cause des grandes chaleurs elle étoit corrompue le dimanche : de sorte que ce que j'aurois autrefois regardé avec horreur, me servoit de nourriture. Rien ne me coutoit alors : car vous m'aviez rendu en me rendant la vie la facilité pour toutes choses. Il me semble que je pouvois tout faire sans nécessité de le faire : je pouvois ne rien faire sans manquer à rien. C'est bien en vous, ô mon Dieu, que l'on retrouve avec surcroît tout ce que l'on a perdu pour vous.

4. Cet esprit, que je croiois avoir perdu autrefois dans une stupidité étrange, me fut rendu avec des avantages inconcevables. J'en étois étonnée moi-même, & je trouvois qu'il n'y avoit rien à quoi il ne fût propre, & dont il ne vînt à bout. Ceux qui me voioient, disoient que j'avois un esprit prodigieux. Je savois bien que je n'avois que peu d'esprit ; mais qu'en Dieu mon esprit avoit pris une qualité qu'il n'eut jamais auparavant. J'éprouvois, ce me sembloit, quelque chose de l'état où les Apôtres se trouverent après avoir reçu le S. Esprit. Je savois, je comprenois, j'entendois, je pouvois tout, & je ne savois où j'avois pris cet esprit & ce savoir, cette intelligence, cette force, cette facilité, ni d'où elle m'étoit venue. J'éprouvois que j'avois toutes sortes de biens, & que je n'avois indigence de quoi que ce soit ; mais je ne savois d'où cela m'étoit venu. Je me souvins de ce beau passage de la Sagesse qui dit : (a) *Tous biens me sont venus avec elle.* Quand Jésus-Christ, Sagesse éternelle, est formé dans l'ame après la mort de l'homme pécheur Adam, & que cette ame est vraiement entrée en nouveauté de vie, elle trouve qu'en

(a) Sag. 7. v. 11.

Jésus-Christ, Sagesse éternelle, tous biens lui sont communiqués.

5. Quelque tems après mon arrivée à Gex Mr. de Geneve vint pour nous voir. Je lui parlai avec l'ouverture & impétuosité de l'esprit qui me conduisoit. Il fut si convaincu de l'Esprit de Dieu en moi, qu'il ne pouvoit se lasser de le dire. Il en fut même pris & touché, m'ouvrit son cœur sur ce que Dieu vouloit de lui, & sur ce qu'on l'avoit détourné de la fidélité à la grace : car c'est un bon Prélat, & c'est le plus grand dommage du monde qu'il soit foible au point qu'il l'est à se laisser conduire. Lors que je lui ai parlé, il est toujours entré dans ce que je lui ai dit, avouant que ce que je lui disois, portoit un caractere de vérité : & cela n'avoit garde d'être autrement ; puisque c'étoit l'esprit de vérité qui me faisoit lui parler, sans quoi je n'étois qu'une bête : mais sitôt que les gens qui vouloient dominer, & ne pouvoient souffrir le bien qui ne venoit pas d'eux, lui parloient, il se laissoit impressionner contre la vérité. C'est ce foible, avec quelques autres, qui l'ont empêché de faire tout le bien qu'il auroit fait dans son Diocése sans cela.

6. Après que je lui eus parlé, il me dit, qu'il avoit eu dans l'esprit de me donner le Pere la Combe pour Directeur : que *c'étoit un homme éclairé de Dieu, & qui entendoit bien les voies de l'intérieur ; qui avoit un don singulier de pacifier les ames* : ce sont ses propres termes : „ qu'il lui avoit „ même dit quantité de choses qui le regardoient „ qu'il savoit être fort véritables, puisqu'il sen- „ toit en lui-même ce que le Pere lui disoit ". J'eus beaucoup de joie de ce que Mr. de Geneve me le donnoit pour Directeur, voyant par-là que

l'autorité extérieure s'uniffoit avec la grace, qui fembloit déja me l'avoir donné par cette union & effufion de grace furnaturelle.

7. Les veilles & les fatigues, avec l'air qui eft affez mauvais en ce pays, me cauferent une grande fluxion de poitrine avec la fievre, & une retention dans l'eftomac de toutes les eaux que j'avois bues : ce qui me caufoit de violentes douleurs. Les Médecins me jugerent en danger : car avec cela j'avois pris plufieurs remédes que je ne rendois point. Vous permîtes, ô mon Dieu, fans doute cette maladie & pour exercer ma patience, (fi l'on peut appeller patience ce qui ne coute plus rien,) & pour vous glorifier dans le miracle éclatant que vous fîtes par votre ferviteur. Comme j'étois dans une très-grande foibleffe, je ne pouvois me lever de mon lit fans tomber en défaillance, & je ne pouvois refter au lit à caufe que je crevois des eaux & des remédes qui ne s'évacuoient point. Dieu permit que les fœurs me négligeaffent fort ; fur-tout celle qui avoit foin de l'économie, fut fi ménagere qu'elle ne me donna point le néceffaire à vivre. Je n'avois pas un fol pour m'en fournir ; car je ne m'étois rien refervé, & les Sœurs alors touchoient tout l'argent qui me venoit de France, qui étoit très-confidérable. Ainfi j'eus l'avantage de pratiquer un peu la pauvreté, & d'être en néceffité avec celles à qui j'avois tout donné. On écrivit au Pere la Combe pour le prier de me venir confeffer. Il marcha toute la nuit à pied avec beaucoup de charité quoiqu'il y eût huit grandes lieues : mais il n'alloit point autrement, imitant en cela, comme en tout le refte, Notre Seigneur Jéfus-Chrift. Si-tôt qu'il entra dans la maifon, fans que je le

fusse, mes douleurs s'appaiserent; & lors qu'il fut entré dans ma chambre, & qu'il m'eut béni m'appuyant les mains sur la tête, je fus guérie parfaitement, & je vuidai mes eaux, ensorte que je fus en état d'aller à la Messe. Les Médecins furent si fort surpris, qu'ils ne savoient à quoi attribuer ma guérison : car étant Protestans, ils n'avoient garde d'y reconnoître du miracle. Ils dirent, que c'étoit folie : que j'étois malade d'esprit, & cent extravagances dont étoient capables des gens d'ailleurs fâchés de ce qu'ils savoient que l'on venoit pour retirer de l'erreur ceux qui le voudroient. Il me resta cependant une toux assez forte, & ces Sœurs me dirent d'elles-mêmes, qu'il falloit aller auprès de ma fille pour prendre du lait durant quinze jours, & puis après que je reviendrois. Sitôt que je partis, le Pere la Combe qui s'en retournoit & qui étoit dans le même bateau, me dit : *que votre toux cesse* : elle cessa d'abord : & quoiqu'il vînt une furieuse tempête sur le lac, qui me fit vomir, je ne toussai plus du tout. Cette tempête devint si furieuse, que les vagues penserent renverser le bateau. Le Pere la Combe fit un signe de croix sur les ondes ; & quoique les flots devinssent plus mutinés, ils n'approcherent plus, mais se brisoient à plus d'un pied du bateau : ce qui fut remarqué des mariniers & de ceux qui étoient dans le bateau, qui le regardoient comme un Saint, & ainsi étant arrivé à Tonon dans les Ursulines, je me trouvai si parfaitement guérie, qu'au lieu de me faire des remédes, comme je me l'étois proposé, j'entrai en retraite, & j'y fus douze jours.

8. Ce fut là que je fis pour toujours les vœux, que je n'avois fait que pour un tems, de chasteté,

de pauvreté, & d'obéissance, d'obéir sans résistance à tout ce que je croirois volonté de Dieu, & à l'Eglise, & d'honorer Jesus-Christ Enfant en la maniere qu'il le vouloit. J'avoue que je ne sais ni pourquoi ni comment je fis ces vœux. Je ne trouvois rien en moi à vouer; & il me paroissoit que j'étois tellement vôtre, ô mon Dieu, que je ne savois où prendre ce que je vous vouois.

Je comprenois en même tems que la fin du vœu & sa consommation étoit donnée à mon ame autant intérieurement qu'extérieurement; que l'ame étant à Dieu sans reserve, sans partage, sans retour, & sans intérêt, avoit la parfaite *chasteté* de l'amour, puisqu'elle étoit même passée dans ce même amour. Il me paroissoit que vous m'aviez gratifiée, mon Dieu, de la parfaite *pauvreté* par le dépouillement total où vous m'aviez mise, tant intérieurement qu'extérieurement, ne me laissant rien de propre. Pour l'*obéissance*, ma volonté étoit si fort perdue dans la vôtre, que non-seulement elle ne trouvoit point de résistance; mais elle n'avoit pas même une répugnance: le même étoit pour la soumission à l'Eglise. Et pour honorer l'Enfance de Jésus-Christ, je ne savois par quel moyen; car celui qui me fut proposé, ne dépendoit pas de moi, mais de vous, ô mon Dieu! & il me paroissoit que l'honneur que je lui rendois, étoit de le porter lui-même dans ses états.

Je fis cependant tous ces vœux parce qu'on me dit de les faire; & je suivois sans choix, sans penchant, & sans répugnance ce que l'on me disoit de faire; & vous en avez tiré votre gloire d'une maniere connue à vous seul, dont l'effet parut bientôt. Car vous prîtes une nouvelle possession de mon extérieur, afin de me rendre le jouet de votre providence, comme vous avez fait dans la suite. Vous me dépouillâtes de mes biens par une nouvelle pauvreté, & vous me réduisîtes sans demeure & sans lieu sur la terre, n'ayant où reposer ma tête.

9. Pour l'obéissance, vous me la fîtes pratiquer un tems, comme l'on verra, dans un assujettissement d'enfant : mais aussi combien m'avez-vous obéi vous-même, ou plutôt, avez-vous rendu, ô Dieu, mes volontés merveilleuses les faisant passer en vous ? Il me semble de comprendre assez clairement le sens de ce passage de David ; (a) *Vous avez rendu mes volontés merveilleuses* : cela s'entend à la lettre de David en Jésus-Christ ; puisque Jésus-Christ, quoique fils de David selon la chair, étoit Fils de Dieu selon sa génération éternelle : étant Fils de Dieu, il n'avoit qu'une seule volonté, qui est Dieu : ce qui n'empêchoit pas qu'il n'eût sa volonté humaine, mais si perdue dans la divine, qu'elle lui étoit entièrement unie : & cette volonté est le but de toutes choses, & ce qui fait les merveilles, ainsi que Jésus-Christ le dit parlant comme homme ; (b) *Il est ainsi, mon Pere ; parce que vous l'avez voulu.* Mais outre ce sens, David éprouvoit lui-même ce qu'il me semble éprouver, ô mon Dieu, par votre grace, qui est, que lors que par la perte de nous-mêmes nous sommes passés en Dieu, & retournés dans notre origine, notre volonté est faite une même avec celle de Dieu, suivant la priere de Jésus-Christ, dont l'ame éprouve l'effet ; (c) *Mon Pere, qu'ils soient un comme*

(a) Ps. 15. v. 3. (b) Matth. 11. v. 26. (c) Jean 17. v. 22. 23.

nous sommes un ; & qu'ils soient consommés en un : ce qui se fait par la perte de l'ame en Dieu, où tout devient un en unité de principe, qui est la fin pour laquelle nous sommes créés. Dans cette unité, la volonté de l'ame se transforme en celle de Dieu pour ne vouloir que ce que Dieu lui fait vouloir, ou plutôt, ce qu'il veut lui-même. O c'est alors que cette volonté est rendue *merveilleuse*, tant parce qu'elle est faite volonté de Dieu, qui est la plus grande des merveilles & sa fin; que parce qu'elle opère des merveilles en Dieu, où, sitôt que Dieu lui fait vouloir quelque chose, comme c'est lui qui le veut en elle, cette volonté a son effet : à peine a-t-elle voulu, que la chose est faite.

On dira à cela : mais pourquoi tant de renversemens, tant de cruautés exercées par les créatures sur ces personnes ? si elles avoient tant de pouvoir, elles s'en délivreroient ? Il ne leur vient pas seulement une volonté d'en être délivrées ; & s'il leur en venoit une, & qu'elle ne fût pas exaucée, ce seroit la volonté de la chair, ou la volonté de l'homme, & non la volonté de Dieu. Car (au reste) quoique l'ame soit toute perdue en Dieu, il y a une volonté animale que l'ame connoit bien n'être pas une volonté ; c'est l'instinct de la brute, qui se porte à ce qui l'accommode, & qui fuit ce qui lui fait douleur : mais pour volonté, c'est toute autre chose ; & l'ame en trouve si peu, que si on lui disoit, que voulez-vous ? elle laisseroit Dieu vouloir pour elle ; & quand on la mettroit en mille pieces, elle ne pourroit dire autre chose que, je le veux si c'est la volonté de Dieu.

10. Pour ce qui regarde l'Eglise, que ne m'avez-vous point donné pour elle dans ce que vous m'a-

vez fait écrire? Ne m'avez-vous pas même communiqué son esprit d'une maniere singuliere ; esprit saint & indivisible, esprit moteur, esprit de vérité, esprit simple & droit?

Et pour celui du Saint Enfant Jésus, bon Dieu, à quel point en ai-je éprouvé les effets! Ne m'avez-vous pas mise dans un état d'enfance admirable, & ne l'ai-je pas porté d'une maniere singuliere? Honorer Jesus Enfant c'étoit, pour moi, porter Jésus-Christ Enfant, ainsi qu'il a voulu que je l'aie porté quantité de fois, & plusieurs de ses états, comme on le verra dans la suite. Cette digression ne servira pas peu pour le reste de ce que j'ai à écrire.

11. Je me levois toutes les nuits à minuit, & je n'avois que faire de réveil : car par votre bonté, ô mon Dieu, tant que vous l'avez voulu de moi, je m'éveillai toujours assez de tems avant minuit pour être levée à cette heure; & quand par défiance ou faute d'attention, j'ai monté mon réveil-matin, jamais je ne me suis éveillée. Cela me porta à m'abandonner davantage à votre conduite, ô mon Dieu : car je voyois que vous aviez sur moi un soin de Pere & d'Epoux. Lorsque j'avois quelque incommodité & que mon corps avoit besoin de repos, vous ne m'éveilliez pas ; mais je sentois en ce tems même en dormant, une possession singuliere de vous. J'ai été quelques années que je n'avois que comme un demi-sommeil : mon ame veilloit à vous avec d'autant plus de force, que le sommeil sembloit la dérober à toute autre attention. Notre Seigneur fit aussi connoître à quantité de personnes qu'il me destinoit pour Mere d'un grand peuple, mais peuple simple & enfantin. Elles prirent ces lumieres à la lettre, &

crurent qu'il s'agissoit de quelque nouvelle fondation ou Congrégation : mais il me paroît que ce n'est autre chose que les personnes que Dieu a voulu que je lui gagnasse dans la suite, & à qui il a voulu par sa bonté que je servisse de Mere, leur donnant pour moi la même union que celle des enfans pour une mere, mais union bien plus forte & plus intime; & me donnant pour elles tout ce qui leur étoit nécessaire pour les faire marcher par la voie par laquelle Dieu les conduisoit, ainsi que je le dirai dans la suite lorsque je parlerai de cet état de maturité.

CHAPITRE IV.

Combien son état d'alors étoit différent de celui qui avoit précédé sa purification fonciere & douloureuse. Nudité & élévation de son Oraison. Le vol d'esprit marque encore imperfection. Passage en Dieu, perte de soi & de tout entre-deux en lui par union d'unité. Etat heureux & ineffable du rétablissement après la perte de tout. Etat passif ou d'indifférence aux biens & aux maux. Son retour des Ursulines par Geneve & sa chûte périlleuse. Ceux de France la laissent en paix, & en font même l'éloge pour le même sujet pour lequel on la condamna ensuite.

AVANT que de parler de ce qui me reste à écrire, (que je supprimerois volontiers si j'avois quelque chose qui me fût propre, tant à cause de la difficulté de m'en expliquer, que parce qu'il y a peu d'ames capables d'une conduite si peu connue, & si peu comprise, que je n'ai jamais rien lû de semblable;) je dirai encore quelque chose des dispositions intérieures où j'étois alors, selon que je le pourrai faire entendre : ce qui me sera assez difficile, à cause de son extrême simplicité. Si cela vous sert, à vous qui voulez bien être du nombre de mes enfans, & si cela sert à mes enfans à les perdre davantage, & à les porter à laisser Dieu se glorifier en eux en sa maniere, & non en la leur ; je trouverai ma peine bien employée : & s'il y a quelque chose qu'ils ne comprennent pas, qu'ils meurent bien véritablement à eux-mêmes, & ils en feront bientôt une plus forte expérience que ce que je pourrois leur dire : car l'expression n'égale jamais l'expérience.

2. Après que je fus sortie de l'état de misere dont (*a*) j'ai parlé, je compris (ainsi que je l'ai dit) combien un état qui m'avoit paru si criminel, & qui ne l'étoit que selon mon idée, a voit purifié mon ame, lui arrachant toute propriété. Sitôt que mon esprit fut éclairé sur la vérité de cet état, mon ame fut mise dans une largeur immense. Je connus la différence des graces qui avoient précédé cet état, à celles qui lui ont succédé. Auparavant tout se recueilloit & concentroit au-dedans, & je possédois Dieu dans mon fond & dans l'intime de mon ame : mais après, j'en étois possédée d'une maniere si vaste, si pure & si immense, qu'il n'y a rien d'égal. Autrefois Dieu étoit comme renfermé en moi, & j'étois unie à lui dans mon fond : mais après, j'étois comme abîmée dans la mer même. Ci-devant les pensées & les vues se perdoient, mais en maniere apperçue, quoique fort peu ; l'ame les laissoit quelquefois tomber ; ce qui est encore une action : mais après, elles étoient comme disparues, & d'une maniere

(*a*) Ci-dessus dans les Chapitres XXIII. & XXVIII.

si nue, si nette, si perdue, que l'ame n'a nulle action propre, pour simple & délicate qu'elle soit; du moins, qui puisse tomber sous la connoissance.

Les puissances & les sens sont purifiés d'une maniere admirable : *l'esprit* est d'une netteté surprenante. J'étois quelquefois étonnée qu'il n'y paroissoit pas une pensée. Cette *imagination*, autrefois si incommode, n'incommode plus du tout en nulle maniere : il n'y a plus d'embarras, ni de trouble, ni d'occupation de mémoire : tout est nud & net, & Dieu fait connoître & penser à l'ame tout ce qu'il lui plait sans que les especes étrangeres incommodent plus l'esprit. Ceci est d'une très-grande pureté : Il en est de même dans la *volonté*, qui étant parfaitement morte à tous ses appétits spirituels, n'a plus aucun goût, penchant ni tendance : elle demeure vide de toute inclination humaine, naturelle, & spirituelle. C'est ce qui fait que Dieu l'incline où il lui plait, & comme il lui plait.

Cette vastitude, qui n'est terminée de chose quelconque pour simple qu'elle puisse être, s'accroît chaque jour; ensorte qu'il semble que cette ame en participant aux qualités de son Epoux, participe sur-tout à son immensité. Autrefois on étoit comme tiré & renfermé au-dedans : après j'éprouvois qu'une main bien plus forte que la premiere me tiroit hors de moi-même, & m'abîmoit sans vue, ni lumiere, ni connoissance en Dieu d'une maniere qui me ravissoit : & d'autant plus que l'ame s'étoit crue éloignée de cet état, d'autant plus étoit-elle ravie de le trouver. Combien alors est-il doux à cette ame, qui en est bien plus comprise qu'elle ne le comprend ?

3. Il m'arrivoit au commencement de cet état une chose à laquelle je ne sais point donner de

nom. Mon oraison étoit d'une nudité & d'une simplicité inconcevable, & en même tems d'une profondeur inexplicable. J'étois comme tenue fort haut, hors de moi : &, ce qui m'étoit fort surprenant, c'est que ma tête se sentoit comme élevée avec violence. Cela lui étoit d'autant plus nouveau, qu'autrefois ses premiers mouvemens étoient tout contraires, étant toute concentrée. Je crois que Dieu voulut que j'éprouvasse cela au commencement de la nouvelle vie (ce qui étoit si fort, quoique très-doux, que mon corps s'en alloit en défaillance,) je crois dis-je que Notre Seigneur permit cela, pour me faire comprendre en faveur des autres ames ce passage de l'ame en Dieu : car après que cela m'eût duré quelques jours, je ne sentis plus cette violence, quoique j'aie toujours éprouvé depuis, que mon oraison n'est plus en moi de la maniere que je l'éprouvois autrefois, où je disois, (*a*) *je porte en moi la priere que j'offre au Dieu de ma vie.* Il sera difficile de comprendre ce que je veux dire à moins de l'avoir éprouvé. Lorsque j'allois me confesser, je ne pouvois presque parler : non par recueillement intérieur, ni comme j'ai décrit, que j'étois au commencement : c'étoit comme immersion : c'est un mot dont je me sers sans savoir s'il est propre. J'étois abîmée & élevée. Je sentis une fois étant à confesse au P. la Combe à Gex cette élévation d'une si grande force, que je croyois que tout mon corps s'alloit élever de terre. Notre Seigneur se servoit de cela pour me faire concevoir ce que c'étoit que le *vol d'esprit*, qui élevoit le corps de quelques Saints d'une grande hauteur, & la différence qu'il y a de cela à la perte de l'ame en Dieu.

(*a*) Ps. 41. v. 9.

Avant de poursuivre ce qui m'arriva, j'en dirai quelque chose.

4. Le vol de l'esprit est bien plus noble que la simple défaillance d'extase, quoique quelquefois, & presque toujours, le vol d'esprit cause foiblesse au corps, Dieu attirant l'ame fortement non dans (*a*) son fond, mais en lui-même, afin de l'y faire passer (avec force,) cette ame n'étant pas encore assez purifiée pour passer en Dieu sans violence ; ce qui ne s'opére qu'après le trépas mystique, où l'ame sort véritablement d'elle-même pour passer en son divin objet : ce que j'appelle *trépas*, c'est-à-dire, *passage* d'une chose à une autre : & c'est là véritablement la *Pâque* heureuse pour l'ame, & le passage dans la terre promise. Cet esprit, qui est créé pour être uni à son principe, a quelque chose de si fort pour y retourner, que s'il n'étoit pas arrêté par un miracle continuel, il a une qualité motrice qui feroit entraîner le corps par-tout où il voudroit, à cause de son impétuosité & de sa noblesse : mais Dieu lui a donné un corps terrestre qui lui sert de contrepoids. Cet esprit donc, créé pour être uni à son principe sans aucun milieu, se sentant attiré par son divin objet, y tend avec une extrême violence, de sorte que Dieu suspendant pour quelque tems le pouvoir que le corps a de retenir l'esprit, il suit avec impétuosité : mais comme il n'est pas assez purifié pour passer en Dieu, il retourne peu à peu à lui-même ; & le corps reprenant peu à peu sa qualité, il retourne à terre. Les Saints qui ont été les plus consommés en cette vie, n'ont rien eu de tout cela : & une partie même des Saints à qui cela est arrivé, l'ont perdu sur la fin de leur vie, demeurans

(*a*) C. à d. non en la concentrant en elle.

simples & communs comme les autres, parce qu'ils avoient en réalité & permanence ce qu'ils n'avoient eu premierement que comme des essais dans le tems de l'élévation de leur corps.

5. Il est donc certain que l'ame par la mort à elle-même passe en son divin objet; & c'est ce que j'éprouvois alors : & je trouvois que plus j'allois en avant, plus mon esprit se perdoit en son Souverain, qui l'attiroit à soi de plus en plus : & il vouloit au commencement que je connusse cela pour les autres, & non pour moi. Tous les jours cet esprit se perdoit davantage, & son principe l'attiroit toujours plus, jusqu'à ce qu'à force de le tirer il s'éloigna tant de lui-même, qu'il se perdit entierement de vue, & ne s'apperçut plus. Mais le même Amour qui l'attiroit à soi, le clarifioit & purifioit pour le faire passer en soi, & ensuite le transformer en lui-même. Dans le commencement de la nouvelle vie je voiois clairement que l'ame étoit unie à son Dieu sans moien ni milieu : mais elle n'y étoit pas parfaitement perdue. Elle s'y perdoit chaque jour, comme l'on voit un fleuve qui se perd dans l'Océan s'y unir d'abord, ensuite s'y écouler, mais d'une maniere que le fleuve se distingue de la mer pendant un tems, jusqu'à ce qu'enfin il se transforme peu à peu dans la même mer, qui en lui communiquant peu à peu ses qualités, le change si fort en elle, qu'il ne fait plus qu'une même mer avec elle. J'ai éprouvé les mêmes choses de mon ame, comment Dieu peu à peu la perd en soi, & lui communique ses qualités, la tirant de ce qu'elle a de propre.

6. Au commencement de la nouvelle vie je commettois des fautes : & ces fautes, qui n'au-

roient paru rien, & qui au contraire auroient été des vertus dans un autre état, étoient de petites propriétés légéres & en superficie, une précipitation, une légére émotion, mais si légére que rien plus. J'éprouvois d'abord que cela faisoit un entre-deux entre Dieu & mon ame : c'étoit comme un brin de poussiere : mais comme cela n'étoit qu'en superficie, l'entre-deux me paroissoit plus délié qu'une toile d'araignée ; & il vouloit alors que j'allasse m'en purifier par la Confession, ou bien il m'en purifioit lui-même ; & je voiois clairement cet entre-deux, qui étoit comme un crêpe, qui ne rompoit pas l'union, ni ne l'altéroit point ; mais la couvroit : & cet entre-deux si léger faisoit remarquer plus de distinction entre l'Epoux & l'Epouse. Je ne sais si je me fais comprendre. L'ame souffroit de ce petit entre-deux ; mais d'une maniere paisible : elle voioit qu'elle pouvoit bien mettre l'entre-deux ; mais non pas l'ôter. Peu à peu tout entre-deux se perdit ; & plus les entre-deux étoient rares & délicats, plus l'union se perdit pour devenir *Unité*, jusques à tel point, qu'il ne se fit qu'un des deux, & que l'ame se perdit si fort, qu'elle ne pût plus se distinguer de son Bien-aimé, ni le voir. C'est ce qui a fait sa peine dans la suite. Pour sa Confession, elle étoit étonnée qu'elle ne savoit que dire ; qu'elle ne trouvoit plus rien ; quoiqu'il eût semblé qu'elle eût fait plus de fautes à cause de la liberté de parler, de dire, de faire, qu'elle n'avoit pas autrefois ; mais cela ne lui fait plus de peine, ni ne lui est plus marqué comme faute. Une innocence inconcevable, non connue ni comprise de ceux qui sont encore resserrés en eux, est sa vie. Mais il faut reprendre ce que j'ai discontinué.

7. Etant donc au Confeſſionnal, avant que d'en venir à cet état, je me ſentis ſi fort tirée hors de moi, que mon corps s'en affoibliſſoit : la ſueur m'en vint au viſage, je m'aſſis : mais ſentant que cela augmentoit en maniere délicieuſe, très-pure pourtant & ſpirituelle, je me retirai. Il me prit un friſſon depuis la tête juſqu'aux pieds : je ne pûs parler ni manger de tout le jour : & depuis ce moment, ou plutôt cette opération, qui dura trois jours, mon ame fut beaucoup plus perdue en ſon divin objet, quoique non entierement. La joie que l'ame poſſéde alors eſt ſi grande, qu'elle éprouve ces paroles du Roi-prophête : (a) *Tous ceux qui ſont en vous, Seigneur, ſont comme des perſonnes ravies de joie* : mais la joie eſt, qu'il paroit à l'ame qu'elle ne lui ſera plus ôtée. Il ſemble que ces paroles de Nôtre Seigneur s'adreſſent à elle : (b) *Nul ne vous ravira votre joie.* Elle eſt comme abîmée dans un fleuve de paix ; & elle en eſt ſi pénétrée, qu'elle n'eſt que paix. Son oraiſon eſt continuelle : rien ne peut empêcher ni de prier ni d'aimer en elle. Elle éprouve très-réellement ces paroles ; (c) *je dors ; mais mon cœur veille* : car elle éprouve que le ſommeil n'empêche point que l'eſprit ne prie en elle. O bonheur ineffable ! qui auroit jamais penſé qu'une pauvre ame qui ſe croioit dans la derniere miſere, pût trouver dans la miſere même un bonheur égal à celui qu'elle goûte ſans le goûter ? Ce n'eſt pas qu'elle n'éprouve quelquefois des peines qui lui ôtent même l'appétit ; & le corps, qui n'eſt pas accoutumé à cela, en eſt tout languiſſant : mais cette peine eſt ſi douce & paiſible, que l'on ne ſauroit diſtinguer ſi c'eſt une peine douce ou une douceur pénible. L'ame ſent tous

(a) Pſ. 86. v. 7. (b) Jean 16. v. 22. (c) Cant. 5. v. 2.

les jours fa capacité croître & s'élargir, & ce qui l'étonne, c'eſt que la lumiere de cet état augmente l'état qu'elle poſſédoit auparavant ſans le connoître.

8. O heureuſe pauvreté, heureuſe perte, heureux néant, qui ne donne pas moins que Dieu même dans ſon immenſité, non plus ajuſté en la maniere bornée de la créature, dont il n'eſt plus poſſédé ; mais qu'il poſſéde entierement, la tirant toujours plus d'elle pour l'abîmer en lui ! L'ame connoit alors que tous les états des viſions, révélations, aſſurances, ſont plutôt des obſtacles, qu'ils ne ſervent à cet état qui eſt bien au-deſſus ; parce que l'ame accoutumée aux ſoutiens a de la peine à les perdre, & qu'elle ne peut arriver ici ſans cette perte. Alors toute intelligence eſt donnée ſans autre vue que la foi nue ; & c'eſt où ſe vérifient ces paroles du B. Jean de la Croix : (*a*) *Lors que je n'ai voulu rien poſſéder par amour propre, tout m'a été donné ſans aller après.* O heureuſe (*b*) *pourriture du grain de froment*, qui lui fait produire du fruit au centuple ! L'ame eſt alors ſi (*c*) paſſive & pour les biens & pour les maux, que cela eſt étonnant ; quoiqu'auparavant elle parût l'être beaucoup, ce n'eſt point ici le même : car à préſent, elle eſt affermie d'une maniere ſurprenante. Elle reçoit les uns & les autres ſans aucun mouvement qui lui ſoit propre, les laiſſant écouler & perdre comme ils viennent. Je ne ſais ſi c'eſt parler proprement ; car c'eſt que cela paſſe comme ſi cela ne la touchoit point.

9. Après que j'eus fait ma retraite aux Urſu-

(*a*) Enigme de la Montagne. (*b*) Jean 12. v. 25. (*c*) C. à d. ſi diſpoſée à recevoir également de la main de Dieu les biens & les maux.

lines de Tonon, je m'en retournai par Geneve: & n'ayant point trouvé de commodité, Mr. le Réfident me prêta un cheval. Comme je ne favois point me fervir de cette voiture, j'en fis quelque difficulté: mais comme on m'affura qu'il étoit fort doux, je me réfolus de faire un effai. Il y avoit un efpece de Maréchal qui me regardant d'un œil hagard, donna un coup fur la croupe du cheval fitôt que je fus montée. Il fit un faut effroyable, & me jetta par terre d'une telle force, que l'on crut qu'il m'avoit tuée. Je tombai fur la temple: je devois affurément mourir de ce coup, car l'os de la joue fut rompu en deux, & j'eus deux dens enfoncées. Je fus foutenue dans ma chûte d'une main invifible: je ne laiffai pas de me remettre du mieux que je pus fur un autre cheval que l'on me donna pour achever mon voyage, & un homme que j'avois fe mit à côté de moi pour me foutenir. Mais il arriva une chofe furprenante: c'eft que durant le chemin quelque chofe de fort me pouffoit du même côté que j'étois tombée; & quoique je me jettaffe de toutes mes forces de l'autre côté, & que l'on me tint affez ferme, je ne pouvois réfifter à ce qui m'y pouffoit. J'étois à tout coup en danger de me tuer, mais fort aife de me voir à la merci de la divine providence. Je compris d'abord que c'étoit le Démon: mais j'étois fort affurée qu'il ne me feroit qu'autant de mal que mon Maître lui en permettroit.

10. Mes parens, après une légére tentative, me laifferent en repos à Gex. On commença même à m'eftimer beaucoup: & comme on avoit écrit à Paris ma guérifon miraculeufe, cela faifoit grand éclat. Vous le permîtes, ô mon Dieu,

pour me faire tomber d'autant plus bas que vous m'aviez élevée plus haut. Presque toutes les personnes qui étoient alors en réputation de sainteté, m'écrivirent. Les Demoiselles de Paris, qui étoient dans les plus grandes œuvres, me congratuloient. Je reçus des lettres de Mademoiselle de Lamoignon, & d'une autre Demoiselle, qui fut si contente de ma réponse, qu'elle m'envoya cent pistoles pour notre maison, & me manda que lorsque nous aurions besoin d'argent, je n'avois qu'à lui écrire ; qu'elle m'envoieroit tout ce que je pourrois désirer. On ne parloit à Paris que du sacrifice que j'avois fait. Tous approuvoient & louoient mon action, jusques là, qu'on voulut en faire imprimer une rélation, & y mettre le miracle qui avoit été fait. Je ne sais qui l'empêcha. Cela fait voir ce que c'est que l'inconstance de la créature : car le même voyage qui m'attiroit alors tant de louanges, est le même que l'on a pris pour prétexte d'une si étrange condamnation.

CHAPITRE V.

Comment elle se défait de son bien, & regarde les croix comme venant de Dieu, avec compassion pour ceux qui les lui procurent. Le Démon la persécute par lui-même, puis par l'entremise des hommes. Source de ses persécutions par un ecclésiastique qui indispose l'Evêque contre elle & contre le Pere la Combe qu'il lui avoit donné lui-même pour Directeur. Sa conduite & manière de vie à Gex. Postposant le parti des prospérités spirituelles & sensibles, elle choisit le parti de la croix & de la seule Gloire de Dieu, lequel lui prédit, & au Pere la Combe croix & opprobres. Diverses vexations qu'on lui fait.

1. Mes proches ne firent aucune inſtance pour mon retour. La premiere choſe qu'ils me propoſerent un mois après mon arrivée à Gex, ce fut non-ſeulement de me défaire de ma (*a*) gardenoble ; mais de plus, de donner tout mon bien à mes enfans, & de me réſerver une penſion. Quoique la propoſition venant des gens qui ne regardoient que leur intérêt, comme il eſt aiſé de le voir dans la ſuite, dût me paroître dure, elle ne me le fut nullement. Je n'avois ni amis ni conſeil. Je ne ſavois à qui en demander pour la maniere de faire la choſe : car pour l'inclination de la faire, je l'avois toute entiere. Il me ſembloit par là que j'avois le moien d'accomplir mon vœu & l'extrême déſir que j'avois d'être conforme à Jéſus-Chriſt pauvre, nud, & dépouillé de tout. Il fallut envoyer une procuration, qu'ils firent dreſſer. Notre Seigneur ne permit pas que je m'apperçuſſe des clauſes qu'on y avoit miſes. Moi, qui la crus de bonne foi, je la ſignai. Il y avoit, que quand mes enfans viendroient tous à mourir, je n'hériterois pas de mon propre bien : mais qu'il iroit aux collatéraux. Il y avoit encore d'autres choſes à mon deſavantage. Quoique ce que je m'étois réſervé fût ſuffiſant pour le lieu où j'étois alors, il ne l'eſt qu'à peine pour vivre ailleurs. Je me défis donc de mon bien avec plus de joie, pour être conforme à Jéſus-Chriſt, que ceux qui me le demandoient n'en pouvoient avoir. C'eſt une choſe dont je n'ai jamais eu ni répentir ni chagrin. O mon Dieu, quel plaiſir de tout perdre, de tout

──────────
(*a*) Tutelle d'enfans nobles.

quitter pour vous ! (a) *Amour de pauvreté, royaume de tranquillité !*

2. J'ai oublié à dire, que fur la fin de l'état de mifere & de peine, lors que je fus prête d'entrer en nouveauté de vie, Notre Seigneur m'éclaira pour me faire voir que les croix extérieures venoient de lui : fi bien que je ne pouvois avoir de peines contre les perfonnes qui me les procuroient : au contraire, je fentois une tendreffe de compaffion pour elles, enforte que j'avois plus de peine de celles que je leur caufois innocemment, que de celles qu'elles me faifoient. J'avois déja éprouvé quelque chofe de pareil par intervalles du vivant de mon mari : mais cela n'étoit pas établi en moi comme alors, & comme il l'a été depuis. Je voiois que ces perfonnes vous craignoient trop, mon Dieu, pour me faire ce qu'elles me faifoient fi elles l'avoient connu. Je voiois votre main là dedans, & je reffentois la peine qu'elles fouffroient par la contrariété de leur humeur. On auroit peine à croire la tendreffe que vous me donnâtes pour ces perfonnes, & le défir qu'on a de leur procurer toute forte d'avantage ; mais fincerement

3. Après l'accident qui m'arriva de ma chûte de cheval, qui me bleffa tellement que je crachai le fang qui me venoit du cerveau, & que j'en mouchai plus de huit jours ; (ce qui n'eut point de fuite par votre bonté, ô mon Dieu ;) le Demon commença à fe déclarer plus ouvertement mon ennemi, & à fe déchaîner contre moi. Une nuit, lorfque j'y penfois le moins, il fe préfenta à mon efprit quelque chofe de fi monftrueux &

(a) Ste. Cathérine de Genes, en fa Vie Chap. XIV.

de si effroyable que rien plus. Ce n'étoit qu'une face que l'on voioit à la faveur d'une lueur bluâtre. Je ne sais si la flamme composoit elle-même cette face horrible : car cela étoit si mélangé, & passa si vîte, que je ne le pûs bien discerner. Mon ame resta dans sa même assiette & sa même assurance, comprenant que c'étoit le Démon. Les sens en eurent quelque petit effroi ; mais pour l'ame, elle demeura dans son assiette, ferme & immobile, sans aucun mouvement propre, & sans permettre au corps même de faire un signe de croix ; parce que quoique cela eût chassé le Démon pour ce moment, cela lui eut fait voir qu'on le craignoit, ou que l'on savoit que c'étoit lui. Cette maniere de le mépriser lui fait bien plus de dépit ; aussi ne parut-il plus jamais de cette maniere : mais il entra dans une telle rage, que toutes les nuits, comme je me levois à minuit, il venoit à cette heure là, & faisoit des tintamarres effroyables dans ma chambre. Après que j'étois couchée c'étoit encore pis : il sécouoit mon lit des quarts d'heures ; puis il alloit donner dans les chassis de papier, qu'il crevoit : & tous les matins, tant que cela dura, les chassis se trouverent crevés. Je n'avois aucune peur, pas même aucun frémissement dans les sens. Je me levois ; & j'allumois ma bougie à une lampe que je tenois allumée dans ma chambre parce que j'avois pris l'office de Sacristine, & le soin d'éveiller les Sœurs à l'heure qu'elles se doivent lever, sonnant les *Ave*, sans que j'aie jamais manqué pour mes incommodités de les éveiller, & d'être la premiere à toutes les observances. Je me servois de ma petite clarté pour regarder par toute la chambre & aux chassis dans le tems que le Démon y frappoit plus fort qu'à l'ordinaire : mais comme il vit que je n'avois peur de rien, il quitta tout-à-coup, & ne m'attaqua plus en personne ; mais il le fit en soulevant les hommes contre moi ; & cela lui réussit bien mieux : car il les trouva disposés à faire ce qu'il leur suggeroit, & à le faire avec tant de zele, qu'ils le regardoient comme un bien.

4. Une des Sœurs que j'avois amenées, & qui étoit une fort belle fille, se lia avec un Ecclésiastique qui avoit autorité dans ce lieu. Il lui inspira d'abord de l'aversion pour moi, jugeant bien que si elle avoit de la confiance en moi, je ne lui conseillerois pas de souffrir ses visites si fréquentes. Elle entreprit une retraite : je la priai de ne la point faire que je n'y fusse ; car c'étoit dans le tems que je faisois la mienne. Cet Ecclésiastique étoit bien aise de la lui faire faire afin d'entrer dans toute sa confiance : ce qui lui eut même servi de prétexte pour de fréquentes visites. Monsieur de Geneve avoit donné pour Directeur de notre Maison le P. la Combe sans que je l'en eusse prié : de sorte que cela venoit tout purement de Dieu. Je priai donc cette fille, que comme le P. la Combe devoit faire faire les retraites, elle voulût l'attendre. Comme je commençois déja de m'insinuer dans son esprit, elle me l'accorda malgré sa propre inclination, qui étoit assez de la faire sous cet Ecclésiastique. Je commençai à lui parler d'oraison, & à la lui faire faire. Notre Seigneur y donna tant de bénédiction, que cette fille, d'ailleurs très-sage, se donna à Dieu tout de bon & de tout son cœur. La retraite acheva de la gagner. Or comme elle connut apparemment que de se lier avec cet Ecclésiastique étoit quelque chose d'imparfait ; elle fut plus réservée.

cela choqua beaucoup ce bon Eccléfiaftique, & l'aigrit contre le P. la Combe & contre moi : & ce fut là la fource de toutes les perfécutions qui m'arriverent. Le bruit de ma chambre finit lorfque cela commença.

5. Cet Eccléfiaftique, qui confeffoit dans la Maifon, ne me regardoit plus de bon œil. Il commençoit en fecret à parler de moi avec mépris. Je le favois, & ne lui en témoignois jamais rien, & ne ceffois pour cela de me confeffer à lui. Il vint un certain Religieux le voir qui haïffoit à mort le P. la Combe à caufe de fa régularité. Ils fe lierent enfemble, & conclurent qu'il me falloit faire fortir de la Maifon, & s'en rendre maîtres. Ils machinerent pour cela tous les moiens qu'ils purent trouver. L'Eccléfiaftique, qui fe voioit fécondé, ne gardoit plus de mefure. Ils difoient que j'étois une bête : que j'avois l'air niais. Ils ne pouvoient juger de mon efprit que par mon air ; car je ne leur parlois gueres. Cela fût fi loin, que l'on prêchoit tout haut ma Confeffion, & qu'elle courut même dans tout le diocefe : on difoit, qu'il y avoit des perfonnes d'un orgueil effroyable, qui au lieu de fe confeffer de gros péchés, ne fe confeffoient que de pécadilles : puis on faifoit le détail de tout ce dont je m'étois confeffée mot pour mot. Je veux croire que ce bon Prêtre n'étoit accoutumé qu'à confeffer des payfans ; car les fautes d'une perfonne en l'état où j'étois, l'étonnoient, & lui faifoient regarder ce qui étoit vraiement des fautes en moi, comme des chofes en l'air : car fans cela, il n'en auroit pas affurément ufé de la forte. Je m'accufois cependant toujours d'un péché de ma vie paffée ; mais cela ne le contentoit pas. Je fus qu'il faifoit

un fort grand bruit de ce que je ne m'accufois pas de péchés plus notables. J'écrivis au P. la Combe pour favoir fi je pouvois confeffer les péchés paffés comme préfens, afin de contenter ce bon homme : il me manda que non ; & que je me donnaffe bien de garde de les confeffer autrement que comme paffés, & qu'il falloit dans la Confeffion une extrême fincérité.

6. Ma maniere de vie étoit telle, que je n'avois point ou que très-peu d'occafions de commettre des fautes : car je ne me mêlois de chofe au monde dans la Maifon, laiffant difpofer les Sœurs du temporel comme il leur plaifoit, perfuadée comme je l'étois, qu'elles en ufoient bien. Peu après que je fus là, je reçus une fomme de dix-huit cens livres qu'une de mes amies me prêtoit pour achever de nous meubler, & que je lui rendis en faifant ma donation : elles les reçurent encore. Elles ménageoient autant qu'elles pouvoient, & étoient affez bonnes économes, mais fans expérience : & elles n'avoient pas ce qu'il faut pour les établiffemens. Je ne me mêlois d'aucune chofe que de faire mon office de Sacriftine, & d'affifter à tous les offices que nous faifions, cette Sœur dont j'ai parlé & moi. Il n'y avoit que nous deux pour dire l'office, que nous difions avec autant d'exactitude que fi nous avions été plufieurs : & à la réferve des repas & des récréations, je reftois tout le jour enfermée dans ma chambre. Je leur laiffois rendre & recevoir toutes les vifites, je n'entrois point dans tout cela. Tout ce que je faifois étoit de dire quelque mot à celles qui fe retiroient pour fe faire Catholiques ; & Notre Seigneur donnoit une telle bénédiction à ce que je leur difois, qu'on en vit quelques-unes, dont on

ne savoit auparavant que faire, qui goûtoient Dieu d'une maniere admirable, & qui avoient une affection inconcevable de rester à l'Eglise. Vivant de cette sorte, je n'avois donc pas trop d'occasions de faillir.

Ce bon Monsieur gagna une de nos Sœurs qui avoit l'esprit assez foible : c'étoit celle qui étoit économe. Cela commença un peu à me causer des croix de leur part. Quelques jours avant que ces persécutions se remuassent, étant à l'heure de minuit auprès de Notre Seigneur, je lui dis; il me semble que vous ne m'aviez promis ici que des croix; & où sont-elles donc ? je ne les vois pas. Cette pensée me fut à peine venue, qu'il m'en vint un si grand nombre, qu'elles se précipitoient, pour ainsi dire, les unes sur les autres.

7. Avant que de poursuivre je dirai que sitôt que nous fûmes arrivées, Monsieur de Geneve eut la bonté de nous permettre d'avoir le Saint Sacrement chez nous. D'abord que notre chapelle fut en état de cela nous eûmes cet avantage : & comme nous le voulions mettre le jour de la sainte Croix, qui étoit notre Fête, & dont j'avois même pris le nom sans savoir pourquoi, afin de n'être pas connue ; la chapelle n'étant pas encore suffisamment fermée, je gardai trois nuits le Saint Sacrement couchant seule dans la chapelle. Jamais je n'en ai passé avec plus de contentement. J'eus mouvement de prier pour cette ville infortunée qui étoit l'objet de ma tendresse, & qui fait la matiere de toutes mes disgraces. J'avois la foi, comme je l'ai encore plus à présent, qu'elle seroit un jour, ô mon divin Epoux, le trône de vos miséricordes ; & je n'en puis douter.

8. Monsieur de Geneve sachant que j'aimois

le Saint Enfant JESUS, m'envoia une simple image de papier, pour mettre dans notre petite chambre, d'un Enfant JÉSUS qui tenoit des croix dans ses mains pour les distribuer. En la recevant il me frappa au cœur qu'il venoit les mains pleines pour me les distribuer, & je les recevois de tout mon cœur. Car vous avez toujours eu cette bonté pour moi, mon Dieu, de ne me donner jamais des croix extraordinaires sans avoir tiré premierement mon consentement, non sur la nature de la croix en elle-même, mais pour une croix extraordinaire à souffrir qui m'étoit proposée, & en même tems ces paroles dites pour Jésus-Christ mon divin modele me venoient dans l'esprit; (a) *Proposito sibi gaudio, sustinuit crucem.* Il me sembla alors, ô mon Dieu, qu'il me fut proposé de choisir ou l'approbation des hommes & le succès, accompagné de l'assurance de mon salut; ou la croix, la misere, le rebut, la persécution de toutes les créatures, la privation même de toute assurance de salut, & rien que VOTRE SEULE GLOIRE. O Amour, ce dernier fut l'objet de mon choix & de ma tendre inclination ! Oui, *proposito sibi gaudio, sustinuit crucem.* Je me prosternai longtems le visage contre terre comme pour recevoir sur moi tous vos coups, ô aimable justice de mon Dieu, dont je me sentis dès ce moment passionnée. Tout intérêt propre étant péri & détruit en moi, il ne me restoit plus que l'intérêt de votre divine Justice. Frappez, ô divine Justice qui n'avez pas épargné Jésus-Christ homme-Dieu, qui s'est livré à la mort pour vous satisfaire. Vous n'avez trouvé que lui digne de vous;

(a) Hebr. 12. v. 2. *Au lieu de la joie dont il pouvoit jouir, il a choisi de souffrir la croix.*

& vous trouvez encore en lui des cœurs qui vous sont propres pour exercer vos amoureuses cruautés.

9. Peu de jours après mon arrivée à Gex je vis la nuit en songe (mais songe mystérieux, car je le distinguai très-bien) le P. la Combe attaché à une grande croix, mais d'une grandeur extraordinaire. Il étoit nud en la même maniere que l'on dépeint Notre Seigneur. Je voiois un monde épouvantable qui me combloit de confusion, & qui rejettoit sur moi l'ignominie de son supplice. Il me sembla qu'il avoit plus de douleur que moi; mais que j'avois plus d'opprobres que lui. Cela me surprit d'autant plus, que ne l'ayant vu alors qu'une fois je ne pouvois m'imaginer ce que cela pouvoit signifier : mais je l'ai bien vû accompli. Ces paroles me furent imprimées en même tems que je le vis attaché de cette sorte à la croix ; (a) *Je frapperai le pasteur, & les brebis seront dispersées :* & ces autres; *j'ai prié pour toi en particulier, Pierre, afin que ta foi ne défaille point : Satan a demandé de te cribler.*

10. Ce bon Ecclésiastique, comme j'ai dit, gagna cette fille, & puis après la Supérieure. J'étois d'une complexion fort délicate ; & quelque bonne volonté que j'eusse, cela ne donnoit point de force à mon corps. J'avois deux filles pour me servir ; mais comme la Communauté avoit besoin de l'une pour faire la cuisine & de l'autre pour la porte & pour d'autres usages, je les leur donnai, croiant cependant qu'elles ne trouveroient pas mauvais que je m'en servisse quelquefois, puisque d'ailleurs je leur laissois recevoir tout ce qui me revenoit ; car sitôt que ma donation fut faite, el-

(a) Matth. 26. v. 31. & Luc 22. v. 31. 32.

les reçurent d'avance la moitié de ma pension. Je crûs donc qu'elles agréeroient que ces deux filles me rendissent les services que je ne pouvois me rendre à moi-même : mais Notre Seigneur permît qu'elles ne le voulurent pas. L'Eglise étoit fort grande à balayer : Il me la falloit balayer seule. Il m'est arrivé plusieurs fois de tomber en défaillance sur le balai, & de rester en de petits coins toute éteinte. Cela m'obligea de prier que quelquefois on la fit balayer par de grosses filles, paysannes qui étoient là nouvelles Catholiques, & à la fin elles eurent la charité de le permettre. Ce qui m'embarrassoit le plus étoit, que je n'avois jamais blanchi, & il falloit blanchir tout le linge de la Sacristie. Je prenois une des filles que j'avois amenées, afin de le faire, parce que j'avois tout gâté. Ces bonnes Sœurs venoient la tirer de ma chambre par le bras, lui disant, qu'elle fit son affaire. Je ne faisois pas semblant de le remarquer, & de quelque maniere qu'elles en usassent je n'en témoignois rien; de sorte que ce bon Ecclésiastique vit bien que je ne me retirerois pas pour tout cela. D'ailleurs cette autre bonne Sœur s'attachoit de plus en plus à Notre Seigneur par le moyen de l'oraison, & elle prenoit plus d'amitié pour moi. C'est ce qui augmentoit la peine de ce bon Ecclésiastique, de maniere qu'il ne pouvoit retenir son feu contre moi. Un jour il s'avisa d'apporter à cette bonne fille un certain livre qui étoit fort suspect. Je le lui rendis, le priant instamment après l'avoir ouvert de ne point apporter de ces sortes de livres dans cette Maison : il s'en offensa extrêmement & il partit pour aller à Anneci brouiller les cartes.

CHAPITRE VI.

L'Evêque de Geneve se laisse indisposer contre elle par cet Ecclésiastique qui devient aussi le persécuteur du Pere la Combe, & le rend suspect à l'Evêque qui le menace d'interdit. Madame Guyon se retire aux Ursulines de Tonon, où les persécutions la suivent. Un Saint homme lui en prédit divinement la continuation.

1. Jusqu'alors Monsieur de Geneve avoit eu beaucoup d'estime & de bonté pour moi : c'est pourquoi il le surprit adroitement. Il fit entendre à ce Prélat, qu'il falloit pour m'assurer à cette Maison, m'obliger d'y donner le peu de fonds que je m'étois reservé, & de m'y engager en me faisant Supérieure. Il savoit fort bien que je ne m'y engagerois jamais, & que ma vocation étant pour ailleurs, je ne donnerois jamais mon fonds à cette maison, où je n'étois venue que comme en passant; & que je ne me ferois pas non plus Supérieure, ainsi que je l'avois déja témoigné plusieurs fois ; & que quand bien même je m'engagerois, ce ne seroit qu'à condition que cela ne seroit point. Je crois bien que cette peine, d'être Supérieure, étoit un reste de proprieté colorée d'humilité.

2. Monsieur de Geneve ne pénétra en nulle maniere les intentions de cet Ecclésiastique, que l'on appelloit dans le pays le petit Evêque, à cause de l'ascendant qu'il avoit pris sur l'esprit de Monsieur de Geneve. Il crut que c'étoit par affection pour moi & par zèle pour cette maison que cet homme désiroit de m'y engager : c'est pour-

quoi il donna d'abord avec zèle dans cette proposition, se résolvant de la faire réussir à quelque prix que ce fût. L'Ecclésiastique voyant qu'il avoit si bien réussi, ne garda plus aucune mesure à mon égard. Il commença par faire arrêter les lettres que j'écrivois au P. la Combe: ensuite il fit prendre toutes celles que j'écrivois du côté de Paris, & celles que l'on m'écrivoit, afin de pouvoir impressionner les esprits comme il voudroit, & que je ne pusse ni le savoir, ni me défendre, ni mander les manieres dont j'étois traitée. Une des filles que j'avois amenées voulut s'en retourner, ne pouvant rester en ce lieu; ainsi il ne m'en resta plus qu'une, qui étoit infirme & trop occupée pour m'aider en bien des choses dont j'aurois eu besoin. Comme le P. la Combe devoit venir pour les retraites, je crus qu'il adouciroit l'esprit aigri de cet homme, & qu'il me donneroit conseil.

3. Cependant on me proposa l'engagement & la Supériorité. Je répondis, que pour l'engagement il m'étoit impossible, puis que ma vocation étoit pour ailleurs; que pour la Supériorité, je ne pouvois être Supérieure avant que d'être novice; qu'elles avoient toutes fait deux ans de noviciat avant de s'engager, & que quand j'en aurois fait autant je verrois ce que Dieu m'inspireroit. La Supérieure me répondit assez brusquement, que si je les voulois quitter un jour, je n'avois qu'à le faire tout-à-l'heure. Cependant je ne me retirai pas pour cela: j'en usai toujours à mon ordinaire; mais je voyois le ciel se grossir peu-à-peu, & les orages venir de tout côté. La Supérieure cependant affecta un air plus doux: elle me témoigna qu'elle désiroit aussi bien que

moi d'aller à Geneve, que je ne m'engageaſſe pas, & que je lui promiſſe ſeulement de la prendre ſi j'y allois. Elle me demanda, ſi je n'étois pas engagée pour Geneve, pour quelque choſe : elle vouloit me ſonder afin de voir ſi je n'avois point quelque deſſein, ou peut-être quelque engagement de vœu : Mais comme je n'avois point de conſeil du P. la Combe je ne lui dis rien. Elle me témoigna même beaucoup de confiance, & ſembloit être unie à moi. Comme je ſuis fort franche, & que Notre Seigneur m'a donné beaucoup de droiture, je crus qu'elle alloit de bonne foi : je lui témoignai même que je n'avois nul attrait pour la maniere de vie des nouvelles Catholiques, à cauſe des intrigues du déhors. Je lui témoignai encore que certaines abjurations & certains détours ne me plaiſoient pas, parce que je voulois que l'on fût droit en tout ; de ſorte même que le refus que je fis de ſigner celles qui n'étoient pas ſelon la bonne foi, les choqua un peu. Elle n'en fit rien paroître. Elle étoit bonne, & ne faiſoit ces choſes que parce que cet Eccléſiaſtique lui diſoit qu'il étoit néceſſaire d'en uſer de la ſorte pour accréditer la Maiſon au loin, & attirer des charités de Paris. Je lui diſois, que ſi nous allions droit, Dieu ne nous manqueroit jamais ; qu'il feroit plutôt des miracles. Je remarquai une choſe, qui fut, que ſitôt que l'on prit cette maniere d'agir ſi éloignée de la droiture & de la ſincérité, & même de la juſtice, ce que l'on croioit faire pour attirer les charités, eut pour effet, ſans que perſonne ſût rien de cela, que l'on ſe refroidit, & que la charité ſe reſſerra. O Dieu, n'eſt-ce pas vous qui inſpirez la charité ? & n'eſt-elle pas ſœur de la vérité ?

comment donc l'attirer par le déguisement ? Il faut l'attirer par la confiance en Dieu ; & alors elle devient extrêmement libérale, toute autre maniere d'en user la porte à se resserer.

4. Un jour après que la Supérieure eut communié, elle me vint trouver, & me dit que Notre Seigneur lui avoit fait connoître combien le P. la Combe lui étoit agréable, & que c'étoit un saint ; qu'elle se sentoit fort portée à faire vœu de lui obéïr. Elle paroissoit dire cela de la meilleure foi du monde, & je crois qu'elle parloit alors sincérement ; car elle avoit des hauts-&-bas de foiblesse qui sont assez l'appanage de notre sexe, dont nous devons beaucoup nous humilier. Je lui dis qu'elle ne devoit point faire cela : elle me dit qu'elle le vouloit, & qu'elle alloit le prononcer. Je m'y opposai fortement, disant que des choses de cette nature ne devoient pas se faire à la légere ni sans avoir consulté la personne à laquelle on veut obéïr pour voir si elle l'agréera : Elle se contenta de ma raison, & écrivit au P. la Combe tout ce qu'elle disoit s'être passé en elle, & comme elle vouloit faire vœu de lui obéïr ; que c'étoit Dieu qui la poussoit à cela. Le P. la Combe lui fit réponse ; & elle me montra la lettre. Il lui mandoit, qu'elle ne devoit jamais faire vœu d'obéïr à aucun homme, & qu'il ne le lui conseilleroit jamais : que tel qui nous est propre dans un tems, ne l'est pas dans l'autre : qu'il faut rester libre, ne laissant pas d'obéïr avec amour & charité tout de même que si l'on étoit engagé par vœu : qu'à son égard il n'en avoit jamais reçu de personne, ni n'en recevroit jamais ; que cela leur étoit même défendu par leur régle : qu'il ne laisseroit pas de la servir autant qu'il le pourroit ;

& qu'il iroit dans peu faire faire les retraites. Elle lui avoit mandé aussi dans cette lettre, qu'elle le prioit de demander à Notre Seigneur qu'il lui fît connoître s'il la destinoit pour Geneve, si elle iroit avec moi, qu'elle étoit contente de toutes les volontés de Dieu ; seulement qu'il lui dît les choses telles qu'il les connoissoit. Il lui manda, que sur cet article il lui diroit simplement ce qu'il en penseroit.

5. Il est vrai que le principal caractere du P. la Combe est la simplicité & la droiture. Lorsqu'il fut venu pour les retraites, qui fut la troisieme fois & la derniere qu'il vint à Gex, elle lui parla la premiere journée avec beaucoup d'empressement. Elle lui demanda si elle seroit un jour unie à moi dans Geneve. Il lui répondit avec sa droiture ordinaire, ma Mere, Notre Seigneur m'a fait connoître que vous ne vous établirez jamais dans Geneve, du moins vous; car pour les autres je n'en ai pas de lumiere : (elle est morte aussi, c'est pourquoi cela s'est bien vérifié.) Sitôt qu'il lui eut fait cette déclaration, elle parut animée contre lui & contre moi d'une maniere surprenante. Elle fut trouver l'Ecclésiastique, qui étoit avec l'Econome dans une chambre, & ils prirent ensemble des mesures pour m'obliger à m'engager ou à me retirer. Ils croioient que j'aimerois mieux m'engager que de me retirer, & veillerent de plus près sur mes lettres.

6. Le Pere prêcha à sa priere ; car ce n'étoit que pour tendre des piéges. Il avoit fait à la Paroisse un Sermon de la charité qui avoit enlevé tout le monde : elle lui demanda un Sermon un peu intérieur. Il lui en prêcha un qu'il avoit prêché à la Visitation de Tonon ; (a) *La*

(a) Ps. 44. v. 14.

beauté de la fille du Roi vient du dedans. Il leur fit comprendre ce que c'étoit que d'être intérieur, & ce que c'étoit que de faire ses actions par ce principe. Cet Ecclésiastique, qui y étoit avec un de ses affidés, dit que c'étoit contre lui qu'on avoit prêché, & que c'étoit des erreurs. Il tira huit propositions que le Pere n'avoit point prêchées, & ne laissa pas de les ajuster le plus malicieusement qu'il pût, & les envoya à un de ses amis à Rome pour les faire, disoit-il, examiner à la Sacrée Congrégation & à l'Inquisition. Quoiqu'il les eût très-mal digerées, elles ne laissérent pas de passer pour très-bonnes. Son ami lui manda qu'il n'y avoit rien du tout de mauvais. Cela le fâcha fort, car il n'est pas assez bon Théologien, à ce que j'ai ouï dire, pour juger de rien par lui-même : Il fit plus : c'est qu'il vint avec une colere surprenante le lendemain trouver le P. la Combe, le querellant fortement, disant qu'il avoit fait ce sermon pour l'offenser. Le Pere le lui tira de sa poche & lui montra qu'il avoit écrit dessus les lieux où il l'avoit prêché, le tems, & les années; de sorte qu'il demeura interdit, mais non pas appaisé. Il se mit encore plus en colere devant bien des gens qui s'assemblérent là. Le Pere se mit à genoux, & en cette posture entendit demi-heure durant toutes les injures qu'il plût à cet Ecclésiastique de lui dire. On me le vint rapporter : mais je ne voulus pas entrer en tout cela.

7. Le Pere, après avoir été traité de la sorte, dit à cet Ecclésiastique, avec autant de douceur que d'humilité, qu'il étoit obligé d'aller à Anneci pour quelques affaires de leur Couvent, & que s'il vouloit mander quelque chose à Monsieur de

Geneve, il se chargeroit des lettres. L'autre lui répondit de l'attendre, & qu'il alloit écrire : Ce bon Pere eût la patience d'attendre plus de trois heures entieres sans entendre de ses nouvelles. On me vint dire ; savez-vous bien que le P. la Combe n'est pas parti, qu'il est dans l'Eglise où il attend des Lettres de Mr. N.... parlant de ce Prêtre qui l'avoit si maltraité, jusqu'à lui faire arracher des mains une lettre que je venois de lui donner pour ce bon Hermite dont j'ai parlé. J'allai à l'Eglise le prier d'envoyer un valet qui devoit l'accompagner à Anneci voir si le paquet de ce Monsieur-là étoit prêt, parce que le jour s'avançoit si fort qu'il lui faudroit coucher en chemin. Cet homme trouva un valet de l'Ecclésiastique à cheval, qui lui dit ; c'est moi qui y vais ; & comme il entroit ce même Mr. disoit à un autre Valet, d'aller à toute bride, & qu'il soit à Anneci avant le Pere. Il ne l'avoit fait attendre que pour faire partir un homme avant lui pour prévenir l'esprit de l'Evêque, & il renvoya dire au Pere qu'il n'avoit point de lettres à lui donner.

8. Le Pere la Combe ne laissa pas d'aller à Anneci. Lorsqu'il fut là, il trouva l'Evêque fort prévenu & aigri. Il lui dit : Mon Pere, il faut absolument engager cette Dame à donner ce qu'elle a à la maison de Gex, & la faire Supérieure. Monseigneur, lui répondit le P. la Combe, vous savez ce qu'elle vous a dit elle-même de sa vocation & à Paris & en ce pays ; & ainsi je ne crois pas qu'elle veuille s'engager : & il n'y a point d'apparence qu'ayant tout quitté dans l'espérance d'entrer à Geneve, elle s'engage ailleurs, & qu'elle se rende par là impuissante d'accomplir

les desseins de Dieu sur elle. Elle s'est offerte de rester avec ces bonnes filles comme pensionnaire : si elles veulent bien la garder en cette qualité, elle restera avec elles ; sinon, elle est résolue de se retirer dans quelque Couvent jusqu'à ce que Dieu en dispose autrement. Monsieur de Geneve lui répondit : mon Pere, je sais tout cela ; mais je sais en même tems qu'elle est si obéissante, que si vous lui ordonnez de le faire, elle le fera assurément. C'est par cette raison, Monseigneur, qu'elle est fort obéissante que l'on doit se précautionner dans les commandemens qu'on lui fait, repartit le Pere : il n'y a pas d'apparence que je porte une Dame étrangere, qui n'a pour toute subsistance que ce qu'elle s'est reservé, de s'en dépouiller en faveur d'une Maison qui n'est pas encore établie, & qui peut-être ne s'établira pas. Si la Maison vient à manquer, ou à n'être plus utile, de quoi cette Dame vivra-t-elle ? ira-t-elle à l'hôpital ? Effectivement cette Maison avant qu'il soit peu ne sera d'aucune utilité, parce qu'il n'y a plus de Protestans en France. Monsieur de Geneve lui dit : mon Pere, toutes ces raisons ne sont bonnes à rien ; si vous ne faites pas faire cela à cette Dame, je vous interdirai. Cette maniere de parler surprit un peu le Pere, qui sait assez les règles de l'interdit, qui ne se fait pas sur des choses de cette nature. Il lui dit : Monseigneur, je suis prêt non-seulement de souffrir l'interdit, mais même la mort, plutôt que de rien faire contre mon honneur ni contre ma conscience ; & se retira.

9. Il m'écrivit en même tems toutes choses par un exprès, afin que je prisse mes mesures là dessus. Je n'eus point d'autre parti à prendre que

de me retirer dans un Couvent : mais avant que de le faire je dis encore à ces bonnes Sœurs, que je m'en allois : car il survint en même tems une lettre que la Religieuse à laquelle j'avois confié ma fille, & qui étoit celle qui parloit moins mal François, & qui étoit fort vertueuse, étoit tombée malade ; de sorte qu'elle me prioit d'aller pour quelque tems auprès de ma fille. Je leur montrai cette lettre, & leur dis que je voulois me retirer dans cette Communauté ; que si elles cessoient de me poursuivre comme elles faisoient, & qu'on laissât en repos le P. la Combe, qui passoit pour l'Apôtre du pays à cause du fruit admirable qu'il faisoit dans ses Missions, je retournerois sitôt que la maîtresse de ma fille se porteroit mieux. C'étoit mon intention de le faire. Au lieu de cela, elles me poursuivirent avec plus de force, écrivirent à Paris contre moi, arrêtérent toutes mes lettres, envoiérent des libelles où il y avoit que l'on reconnoîtroit la personne à une petite croix de bois qu'elle portoit. C'est que j'avois au col une petite croix du tombeau de St. François de Sales.

10. Cet Ecclésiastique & son ami allerent dans tous les lieux où le P. la Combe avoit fait la Mission le décrier, & parler contre lui avec tant de force, qu'une femme n'osoit dire son *Pater*, parce, disoit-elle, qu'elle l'avoit appris de lui. Ils firent dans tout le pays un scandale effroyable. Le P. la Combe n'étoit pas au pays ; car le lendemain de mon arrivée aux Ursélines de Tonon, il partit dès le matin pour aller prêcher le Carême à la Vallée d'Aoste. Il vint me dire adieu, & il me dit en même tems qu'il iroit de là à Rome, & qu'il n'en reviendroit peut-être pas ; que ses Su-

périeurs pourroient bien l'y retenir, qu'il étoit bien fâché de me laisser dans un pays étranger sans secours & persécutée de tout le monde: si cela ne me faisoit point de peine? Je lui dis; mon Pere, je n'ai nulle peine de cela : je me sers des créatures pour Dieu & par son ordre ; je m'en passe fort bien par sa miséricorde lors qu'il les retire; & je suis fort contente de ne vous voir jamais si telle est sa volonté, & de rester dans la persécution. Lors qu'il me disoit cela, il ne savoit pas qu'elle deviendroit aussi forte qu'elle fut. Après il me dit, qu'il partoit fort content de me voir dans ces dispositions, & s'en alla de cette sorte.

11. Mais avant de poursuivre davantage, je dirai ce qui étoit arrivé avant ce tems. Sitôt que je fus arrivée aux Ursulines un Prêtre fort âgé, qui passe pour un très-saint homme, & qui depuis vingt ans n'étoit pas sorti de sa solitude, me vint trouver, & me dit ; qu'il avoit eu une Vision à mon occasion avant mon arrivée : qu'il avoit vu une femme dans un bateau sur le lac, & que Monsieur de Geneve avec quelques-uns de ses Prêtres faisoient tous leurs efforts pour enfoncer le bateau où elle étoit, & la faire noier. Qu'il avoit eu cette Vision durant plus de deux heures avec peine d'esprit: qu'il sembloit quelquefois que cette femme étoit toute noiée & qu'elle ne paroissoit plus du tout ; puis lors qu'elle sembloit perdue, tout-à-coup elle reparoissoit. Enfin, dit-il, j'ai vu deux heures durant cette femme tantôt perdue, tantôt prête à sortir de danger sans que Mr. de Geneve ait jamais désisté de la poursuivre. Cette femme étoit toujours également tranquille ; mais jamais je ne l'ai vue avoir une en-

tiere liberté : de forte que je conclus, que Mr. de Geneve vous pourfuivra, & qu'il n'en reviendra jamais. Une telle perfonne croit qu'il reviendra : & moi je viens vous affurer que non, qu'il mourra en vous perfécutant & qu'il ne changera pas.

J'avois une intime amie ; c'étoit la femme de ce Gouverneur dont j'ai parlé, (*a*) dans cette hiftoire. Comme elle vit que j'avois tout quitté pour Dieu, elle eut un extrême défir de me fuivre. Elle fit fes diligences pour difpofer toutes chofes afin de me venir trouver : mais quand elle eut appris la perfécution, elle vit bien qu'il n'y avoit pas d'apparence d'aller dans un lieu d'où je ferois peut-être obligée de me retirer, & elle mourut bientôt après.

CHAPITRE VII.

Etendue de fes perfécutions & de fon décri par ceux de Gex jufqu'en France. Son fond inébranlable, paifible, indifférent, abandonné parfaitement & à tout moment à Dieu. De deux fortes de voies, celle de la pure & nue foi, & celle des lumieres perceptibles; & comment Dieu retire, par fon moyen le Pere la Combe de cette derniere pour qu'il fe rende à la premiere. L'Evêque approuve encore fon deffein, & rend un témoignage infigne au Pere la Combe : puis il fe laiffe changer par l'Ecclefiaftique.

1. SITÔT donc que le P. la Combe fut parti, la perfécution devint plus forte qu'auparavant. Mr. de Geneve me fit encore quelques honnêtetés, tant pour voir s'il me feroit faire ce qu'il

(*a*) Ci-deffus Chap. XX.

défiroit, que pour avoir le tems de fonder comme les choses passeroient en France, & pour prévenir les esprits contre moi, empêchant toujours que je ne reçusse des lettres. Je n'en faisois tenir que très-peu, & celles qui étoient indispensables. L'Ecclésiastique & un autre avoient vingt deux lettres ouvertes sur leur table qui n'étoient pas parvenues jusqu'à moi. Il y en avoit une où l'on m'envoioit une procuration à signer, qui étoit fort nécessaire. Ils furent obligés d'y remettre une autre enveloppe pour me l'envoier. Mr. de Geneve écrivit au P. la Mothe & il n'eut pas de peine à le faire entrer dans ses intérêts. Il étoit mal content de ce que je ne lui avois pas fait la pension qu'il espéroit, ainsi qu'il me l'a dit quantité de fois fortement; & il trouvoit mauvais que je ne prisse pas ses avis en tout, joint à cela quelques autres intérêts. Il se déclara d'abord contre moi. Mr. de Geneve qui ne vouloit ménager que lui se trouva assez fort de l'avoir dans son parti. Il en fit même son confident, & c'étoit lui qui débitoit les nouvelles qu'on lui écrivoit. La commune opinion est que ce qui le faisoit agir de la sorte, & Mr. son frere, fut la crainte que je n'annullasse la donation si je revenois; & qu'ayant du support & des amis, je n'y fisse trouver dequoi la rompre: ils se trompoient bien en cela: car je n'ai jamais eu la pensée d'aimer autre chose que la pauvreté de Jésus-Christ. Durant quelque tems le Pere me ménageoit encore. Il m'écrivoit des lettres qu'il adressoit à Mr. de Geneve: & ils s'accommodoient si bien, qu'il étoit le seul dont je reçusse des lettres. Notre Seigneur me donna de très-belles lettres à lui écrire: mais au lieu d'en être touché, ils s'en irritoit. Je ne crois pas qu'il s'en puisse gueres trouver de plus fortes ni de plus touchantes.

2. Mr. de Geneve, comme j'ai dit, me ménagea encore quelque tems, me faisant à croire qu'il avoit de la considération pour moi : mais il écrivit à beaucoup de gens à Paris, & les Sœurs aussi à toutes ces personnes de piété dont j'avois reçu des lettres, afin de les prévenir contre moi, & d'éviter le blâme qui leur devoit venir naturellement d'avoir traité si indignement une personne qui avoit tout abandonné pour se dévouer au service de son Diocése, & de ne l'avoir maltraitée qu'après qu'elle s'étoit défaite de tous ses biens, & qu'elle n'étoit plus en état de retourner en France. Pour éviter, dis-je, un blâme si juste, il n'y avoit point d'Histoire fausse & fabuleuse qu'ils n'inventassent pour me décrier. Outre que je ne pouvois faire savoir la vérité en France, c'est que Notre Seigneur m'inspiroit de tout souffrir sans me justifier. Je le fis envers le P. la Mothe. Comme je vis qu'il tournoit tout de travers, & qu'il paroissoit plus aigri que l'Evêque, je cessai de lui écrire. D'autre côté les Nouvelles Catholiques qui sont en fort grand crédit, me blâmoient & condamnoient pour se disculper de leur violence. On ne voioit que condamnation & accusation sans aucune justification. Il n'étoit pas difficile de blâmer & imposer à qui ne se défendoit pas.

3. J'étois dans ce Couvent : & je n'avois vû le P. la Combe que ce que j'ai marqué. Cependant on ne laissoit pas de faire courir le bruit que je courois avec lui, qu'il m'avoit promené en carosse dans Geneve, que le carosse avoit versé, & cent folies malicieuses. Le P. la Mothe débitoit

lui-même tout cela, soit qu'il le crut véritable, ou autrement. Il auroit pourtant dû cacher ces choses quand même il les auroit cru véritables: Mais, que dis-je, mon Dieu, & où m'égaré-je? N'étoit-ce pas vous qui permettiez que lui & son frere s'imprimassent de ces choses, & que les croiant vraies ils pussent les dire sans scrupule? Pour son frere, je crois qu'il ne le croioit que sur le rapport du P. la Mothe qui les lui faisoit croire véritables. Le P. la Mothe débita de plus, que j'avois été en croupe à cheval derriere le P. la Combe, ce qui étoit d'autant plus faux que je n'ai jamais été de cette maniere. Toutes ces calomnies tournerent en ridicule des personnes que l'on estimoit auparavant des Saints. C'est en quoi il faut admirer la conduite de Dieu; car quel sujet avois-je donné de parler de la sorte? j'étois dans un Couvent à cent cinquante lieues du P. la Combe, & on ne laissoit pas de faire de lui & de moi les contes les plus sanglans du monde.

4. Je ne savois pas que l'on poussât les choses si loin & avec tant de force; parce que je n'avois nulle nouvelle. Je voiois bien que je ne recevois plus de lettres d'aucun côté, ni de mes amis, ni des personnes de piété; mais comme je savois que l'on retenoit toutes mes lettres, je n'en étois pas surprise. Je vivois dans cette Maison auprès de ma fille fort en repos: & ce fut une très-grande providence : car ma fille ne savoit plus parler François: elle avoit pris parmi ces petites filles des montagnes un air étranger & des manieres fâcheuses. Elle avoit oublié le peu qu'elle avoit appris en France. J'eus bien sur son sujet dequoi en toutes manieres renouveller des sacrifices. Pour son esprit & son jugement, il étoit à sur-

prendre, & les meilleures inclinations du monde: il n'y avoit que de petites colères, qu'on lui avoit même fait naître par certaines contrariétés hors de saison & par des caresses mal appliquées: cela ne venoit que faute de savoir la maniere d'élever: Dieu pourvut à tout à son égard, ainsi que je le dirai.

5. Je ne saurois presque rien dire de l'état intérieur que je portois alors; parce qu'il étoit si simple, si nud, & si perdu, que les choses étoient en moi comme naturelles. Je n'en pouvois juger que par les effets. Mon silence étoit assez grand, & j'avois au commencement le loisir de goûter Dieu dans l'inconnu de lui-même dans ma petite cellule. Mais après, cette bonne Sœur (comme je dirai) m'interrompoit continuellement; & je me laissois aller à tout ce qu'elle vouloit de moi, & par condescendance & par un certain fond que j'avois, qui m'auroit fait obéir à un enfant. Je n'étois, ce me semble, interrompue de rien: toute cette tempête ne faisoit pas la moindre altération à mon esprit ni à mon cœur. Mon fond étoit dans une généralité, paix, liberté, largeur inébranlable: & quoique je souffrisse quelquefois quelque chose dans les sens, à cause des renversemens continuels, cela n'entroit point, & c'étoient des vagues qui se brisoient contre le rocher. Le fond étoit si perdu dans la volonté de Dieu, qu'il ne pouvoit vouloir ou ne vouloir pas. Je demeurois abandonnée, sans me mettre en peine ni de ce que je ferois, ni de ce que je deviendrois, ni quelle seroit la fin d'une si effroyable tempête, qui ne faisoit que commencer. La conduite de la providence dans le moment présent faisoit toute ma conduite sans conduite; car l'ame dans l'état dont je parle, ne peut désirer ni chercher une provi-

dence particuliere ni extraordinaire ; mais je me laissois conduire par la providence journaliere de moment en moment sans penser au lendemain. J'étois comme un enfant entre vos mains, ô mon Dieu : je ne songeois pas d'un moment à l'autre : mais je reposois à l'ombre de votre protection, sans penser à rien, & sans me soucier de moi-même non plus que si je n'eusse plus été. Mon ame étoit dans un abandon si parfait, tant pour l'intérieur que pour l'extérieur, qu'elle ne pouvoit prendre ni regle ni mesure pour rien. Il lui étoit indifférent d'être d'une maniere ou d'une autre, dans une compagnie ou dans une autre, à l'oraison ou à la conversation. Il faut avant de poursuivre que je dise comment Notre Seigneur travailla à me mettre dans cette indifférence.

6. Lors que j'étois encore dans mon ménage sans autre Directeur que son Esprit, quelque possédée que je fusse de lui, & de quelque maniere que je me trouvasse à l'oraison, sitôt qu'un de mes petits enfans venoit frapper à ma porte, ou que la moindre personne venoit à moi, il vouloit que je l'interrompisse. Et une fois que j'étois si pénétrée de la Divinité que je ne pouvois presque parler, il vint frapper à mon Cabinet un de mes petits enfans, qui vouloit jouer auprès de moi. Je crus qu'il ne falloit pas interrompre pour cela, & je renvoiai l'enfant sans lui ouvrir. Notre Seigneur me fit comprendre que tout cela étoit propriété ; & ce que j'avois cru conserver, se perdit. D'autrefois il m'envoioit rappeller ceux que j'avois congédiés. Il me fallut devenir souple comme une feuille dans votre main toute adorable, ô mon Dieu, ensorte que je reçusse tout également de votre providence. Quelquefois ils venoient

Tome II.

m'interrompre pour des choses qui n'avoient pas l'ombre de raison, & cela à tout coup: il me les falloit recevoir également, la derniere fois comme la premiere, tout cela m'étant égal dans votre providence.

7. Ce ne sont point, ô mon Dieu, les actions en elles-mêmes qui vous sont agréables; mais l'obéissance à toutes vos volontés & la souplesse à ne tenir à rien. C'est que par les petites choses l'ame insensiblement se dégage de tout, elle ne tient à rien, elle est propre pour tout ce que Dieu veut d'elle, & elle se trouve sans aucune résistance. O volonté de Dieu, marquée par tant de petites providences, qu'il fait bon vous suivre! parce que vous accoutumez l'ame à vous connoître, à ne tenir à rien, & à aller avec vous en quelque lieu que vous la meniez.

Mon ame étoit alors, ce me sembloit, comme une feuille, ou comme une plume, que le vent fait aller comme il lui plait: elle se laissoit aller à l'opération de Dieu & à tout ce qu'il faisoit intérieurement & extérieurement de même maniere; se laissant conduire sans aucun choix, contente d'obéir à un enfant comme à un homme de science & d'expérience, ne regardant que Dieu dans l'homme & l'homme en Dieu, qui ne permet jamais qu'une ame qui lui est entierement abandonnée, soit trompée.

8. Je ne saurois souffrir l'injustice que font la plupart des hommes, qui ne font nulle difficulté de s'abandonner à un autre homme, & qui regardent cela comme prudence. On s'abandonne à des hommes qui ne sont rien, & on dit hardiment; cette personne là ne peut être trompée; car elle se fie à un tel, qui est très-honnête homme: &

si l'on parle d'une ame qui s'abandonne toute à son Dieu, & qui le suit avec fidélité, on dit hautement; cette personne est trompée avec son abandon. O Amour-Dieu! manquez-vous ou de force, ou de fidélité, ou d'amour, ou de sagesse pour conduire ceux qui s'abandonnent à vous, & qui sont vos plus chers enfans? J'ai vû des hommes assez hardis pour dire: Suivez-moi; vous ne serez trompés ni égarés. O mon Amour, que ces gens-là sont eux-mêmes égarés par leur présomption, & que j'irois bien plutôt à celui qui craindroit de m'égarer, qui ne se fiant ni à sa science, ni à son expérience ne s'appuieroit que sur vous seul! Tel étoit, ô mon Dieu, le pere que vous m'avez donné, qui ne vouloit pas conduire les ames par ses propres voies, mais par l'abandon à votre divine conduite, tâchant de suivre votre Esprit en elles.

9. Sitôt que je fus arrivée aux Ursulines de Tonon, Notre Seigneur me fit voir en songe deux voies par lesquelles il conduisoit les ames sous la figure de deux gouttes d'eau. L'une me paroissoit d'une clarté, d'une beauté & netteté sans pareille: l'autre me paroissoit avoir aussi de la clarté; mais elle étoit toute pleine de petites fibres ou filets de bourbe: & comme je les regardois attentivement, il me fut dit: Ces deux eaux sont toutes deux bonnes pour étancher la soif; mais celle-ci se boit avec agrément, & l'autre avec un peu de dégoût. Il en est de même de la voie de la foi pure & nue que de cette goutte fort claire & nette: elle plait beaucoup à l'Epoux; parce qu'elle est toute pure & sans propriété. Il n'en est pas de même de la voie de lumiere, qui ne plait pas tant à l'Epoux, & ne lui est pas à beaucoup près si agréable.

10. Il me fut ensuite montré que cette voie si pure étoit celle par laquelle notre Seigneur avoit eu la bonté de me conduire jusqu'alors : que celle de lumiere étoit celle par laquelle quelques ames de lumiere marchoient, & qu'elles y avoient entraîné le Pere la Combe. En même tems il me parut revêtu d'une robe toute déchirée, & je vis tout-à-coup que l'on raccommoda cette robe sur moi. On en fit d'abord un quart, & ensuite un autre quart ; puis long-tems après l'autre moitié fut toute faite, & il fut habillé de neuf magnifiquement. Comme j'étois en peine de ce que cela signifioit, Notre Seigneur me fit entendre, que sans que je le susse il me l'avoit donné, l'attirant à une vie plus parfaite que celle qu'il avoit menée jusqu'alors; que c'étoit dans le tems de ma petite vérole qu'il me l'avoit donné, & qu'il m'en avoit couté ce mal & la perte de mon cadet; qu'il n'est pas seulement mon Pere, mais mon fils ; & que l'autre quart de la robe s'étoit fait lors que passant par le lieu de ma demeure, il fut touché plus vivement, & qu'il embrassa une vie plus intérieure & plus parfaite; & que depuis ce tems là il a toujours continué ; mais qu'il faut à présent que tout s'acheve, Dieu voulant se servir de moi pour le faire marcher dans la foi nue & dans la perte : ce qui est arrivé. Le lendemain ce Pere étant venu dire la Messe aux Ursulines, & m'ayant demandé, je n'osois lui rien dire (quoique Notre Seigneur me poussât très-fort à le faire) par un reste d'amour propre qui auroit passé pour humilité autrefois dans mon esprit. Je parlois pourtant devant les Sœurs qui étoient avec moi de la voie de foi, combien elle étoit plus glorieuse à Dieu & plus avanta-

geuse à l'ame que toutes ces lumieres & assurances, qui font toujours vivre l'ame à elle-même. Cela les rebuta d'abord, & lui aussi, jusqu'à leur faire sentir de la peine contre moi. Je voiois qu'ils étoient peinés, comme ils me l'ont avoué depuis. Je ne leur en dis pas pour lors davantage : mais comme le Pere est d'une humilité achevée, il m'ordonna d'expliquer ce que je lui avois voulu dire. Je lui contai une partie de mon songe des deux gouttes d'eau : il n'entra pas cependant pour lors dans ce que je lui dis, l'heure n'étant pas encore venue. Mais quand il vint à Gex pour faire les retraites, Notre Seigneur me fit connoître la nuit, en faisant l'oraison, que j'étois sa mere, & qu'il étoit mon fils ; il me confirma le songe que j'avois eu ; & m'ordonna de le lui dire, & que pour preuve de ce que je lui dirois, il examinât dans quel tems il fut touché d'une violente contrition & si ce n'étoit pas dans le tems de ma petite vérole. Notre Seigneur me fit encore connoître, qu'il donnoit à des ames quantité de personnes sans le leur faire connoître que quelquefois ; & qu'il m'en avoit donné encore une pour laquelle acheter il m'avoit ôté ma fille : ce qui se trouva juste en ce tems.

11. Ma difficulté étoit de le dire à ce Pere, que je ne connoissois qu'à peine. Je voulois me le dissimuler à moi-même, & dire que c'étoit présomption, quoique je sentisse fort bien que c'étoit l'amour propre qui vouloit éluder cela pour éviter la confusion. Je me sentois pressée de le dire jusqu'au trouble. Je le fus trouver comme il se préparoit pour dire la Messe, & m'étant approchée de lui comme pour me confesser, je lui dis, mon Pere, Notre Seigneur veut que je

vous dife que je fuis votre mere de grace, & je vous dirai le refte après votre Meffe. Il dit la Meffe, où il fut confirmé de ce que je lui avois dit. Après la Meffe il voulut que je lui diffe toutes les circonftances de toutes chofes, & du fonge. Je les lui dis. Il fe fouvint que Notre Seigneur lui avoit fait fouvent connoître qu'il avoit une mere de grace, qu'il ne connoiffoit point : & m'ayant demandé le tems que j'avois eu la petite vérole, je lui dis, à la St. François & que mon cadet étoit mort peu de jours avant la Tous-Saints. Il reconnut que c'étoit le tems d'une touche fi extraordinaire que Notre Seigneur lui donna, qu'il penfa mourir de contrition. Cela lui donna un tel renouvellement intérieur, que s'étant retiré pour prier, (car il fe fentoit fort recueilli,) il fut faifi d'une joie intérieure & d'une émotion très-grande, qui le fit entrer dans ce que je lui avois dit de la voie de la foi. Il m'ordonna de lui écrire ce que c'étoit que la voie de foi, & la différence qu'il y avoit entre la voie de foi & celle de lumieres. Ce fut en ce tems & pour lui que j'écrivis cet écrit (a) *de la foi*, que l'on a trouvé beau. Je n'en ai aucune copie : je crois pourtant qu'il fubfifte encore. Je ne favois ni ce que j'écrivois ni ce que j'avois écrit, non plus que dans tout ce que j'ai écrit depuis. Je le donnai au Pere, qui me dit, qu'il le liroit en allant à Aofte. Je dis les chofes comme elles me viennent, fans ordre.

12. Pour reprendre mon hiftoire, fitôt que je fus fortie de Gex, on commença par tourmen-

---

(a) C'eft apparemment celui qui eft dans le I. Tome des Difcours Spirituels & Chrétiens, le Difcours LXII. Voyez auffi dans le II. Tome les Difcours XIV, XV, XVI, XVII.

ter étrangement cette bonne fille qui s'étoit donnée à Dieu, & pour laquelle toute la tragédie s'étoit jouée. L'Ecclésiastique l'attaqua plus fortement que jamais ; & pour y mieux réussir, il me dépeignit d'une maniere pitoyable, afin que comme elle a de l'esprit, le ridicule dont il me tourneroit lui fît perdre toute l'estime qu'elle avoit pour moi, & la portât à suivre sa conduite. Elle se confessoit toujours à lui, mais elle ne vouloit entrer avec lui en rien de plus particulier : d'un autre côté les Sœurs lui faisoient voir l'amitié qu'elle avoit pour moi comme des crimes effroyables. Elles vouloient lui faire dire ce qui n'étoit pas : on la tourmentoit sans lui donner aucun relâche. Monsieur de Geneve lui écrivoit de mettre toute sa confiance dans cet Ecclésiastique. Elle me dit, que dans le fort de sa peine, elle me voioit toutes les nuits en songe ; que je l'encourageois à souffrir, & lui disois ce qu'il falloit répondre. Comme il n'y a point chez eux de vœux, sur-tout d'obéissance, & qu'on ne lui avoit rien défendu, elle trouva moien de m'écrire un billet : ils la surprirent : il n'y avoit rien qu'un peu d'amitié. L'Ecclésiastique lui refusa l'absolution & la Communion un mois durant à cause de ce billet. Les Sœurs d'un autre côté lui faisoient de très-grandes peines ; mais Dieu lui faisoit la grace de tout souffrir. Nous ne pouvions avoir aucun commerce ensemble : cependant Notre Seigneur la soutint toujours.

13. Après Pâques de l'année 1682, Monsieur de Geneve vint à Tonon. J'eus occasion de lui parler à lui-même ; & Notre Seigneur faisoit que lors que je lui avois parlé, il restoit content : mais les personnes qui l'avoient animé reve-

noient à la charge. Il me pressa fort de retourner à Gex & de prendre la Supériorité. Je lui répondis, que pour la Supériorité, nul n'étoit Supérieur sans avoir été novice ; & que pour l'engagement, il savoit lui-même ma vocation, & ce que je lui avois dit à Paris & à Gex : que cependant je lui parlois comme à un Evêque qui tenoit la place de Dieu ; qu'il prît garde de ne regarder que Dieu en ce qu'il me diroit : que s'il me disoit de m'engager tenant la place qu'il tenoit, je le ferois. Il demeura tout interdit, & me dit : *Puisque vous me parlez de cette sorte, je ne puis point vous le conseiller. Ce n'est point à nous à aller contre les vocations ; mais faites du bien, je vous prie, à cette Maison.* Je lui promis de le faire ; & ayant reçu ma pension, je leur envoiai cent pistoles, avec le dessein de continuer la même chose tout le tems que je serois dans le Diocese. Il se retira fort content : car assurément il aime le bien, & c'est dommage qu'il se laisse gouverner comme il fait. Il me dit même ; *J'aime le P. la Combe : c'est un vrai serviteur de Dieu ; & il m'a dit bien des choses dont je ne pouvois douter ; car je les sentois en moi : mais,* dit-il, *lorsque je dis cela, on dit, que je me trompe, & qu'il deviendra fou avant qu'il soit six mois.* C'étoit le Religieux mécontent, ami de l'Ecclésiastique, qui lui avoit dit cela. Cette foiblesse m'étonna. Il me dit, qu'il étoit très-content des Religieuses que le P. la Combe avoit conduites, & qu'il n'avoit rien moins trouvé que ce qu'on lui avoit dit. Je pris de là occasion de lui dire, qu'il devoit en toutes choses s'en rapporter à lui-même, & non pas aux autres : il en demeura d'accord. Cependant à peine s'en fut-il retourné, qu'il rentra dans ses premiers soupçons : il m'envoya dire par le même Ecclésiastique, que je m'engageasse à Gex, & que c'étoit son sentiment. Je priai cet Ecclésiastique de lui dire que je me tenois au conseil qu'il m'avoit donné : qu'il m'avoit parlé en Dieu, & qu'on le faisoit à présent parler en homme.

CHAPITRE VIII.

Sa tranquillité ordinaire dans les vexations & en toutes choses. Description d'une ame de cet état de foi nue; sa pureté sans plus d'entre-deux ni de brouillards; son immobilité à souffrir les peines, les tentations, les épreuves, & même les dons. Obstacles à cet état, où peu ont le courage d'entrer. Contentement de ces ames-là : leur liberté à parler de soi en bien, ce qu'on ne pouvoit faire auparavant. Degrés jusqu'à cet état de liberté, de conformité à Jésus-Christ, de support de tous, de Vie Apostolique, où peu sont appellés, & qui paroit comme une vie commune, & pourtant bien cachée.

1. Mon ame étoit, ainsi que je l'ai dit, dans un abandon entier & dans un très-grand contentement au milieu de si fortes tempêtes. Elle ne pouvoit faire autre chose que de demeurer dans sa premiere indifférence, ne voulant rien, même de Dieu, ni grace ni disgrace, ni douceur ni croix. Autrefois elle vouloit la croix & la désiroit de telle sorte qu'elle en étoit toute languissante : alors elle ne la pouvoit ni désirer ni choisir, mais elle recevoit toutes les croix d'un esprit toujours égal, les acceptant toutes indifférem-

ment de la main de l'Amour, soit d'une façon ou d'une autre, rudes ou légeres, tout étoit bien venu.

Ces personnes me venoient dire cent extravagances contre le Pere la Combe, croyant par là m'engager à ne plus suivre ses conseils. Plus ils m'en disoient des choses désavantageuses, plus Notre Seigneur m'en donnoit d'estime dans le fond. Je leur disois ; „ Peut-être ne le verrai-je „ jamais : mais je suis bien aise de lui rendre jus- „ tice. Ce n'est point lui qui m'empêche de m'en- „ gager ; mais c'est que ce n'est pas ma voca- „ tion. " On me demanda, qui savoit mieux la connoître que l'Evêque : & on me disoit que j'étois trompée ; que mon état ne valoit rien : cela m'étoit indifférent. Je ne pouvois ni être assurée, ni être incertaine : je me laissois là comme une personne qui n'a rien à penser ni à vouloir, ayant remis à Dieu le soin de vouloir pour elle, & d'exécuter ce qu'il veut, & en la maniere qu'il le veut.

2. Une ame de cet état n'a aucune douceur ni saveur spirituelle : cela n'est plus de saison : elle demeure telle qu'elle est, dans son rien pour elle-même, & c'est sa place ; & dans le tout pour Dieu, sans retour ni réflexion sur elle-même. Elle ne sait si elle a des vertus, des dons & des graces en celui qui est l'auteur de tout cela : elle n'y pense pas & ne peut rien vouloir ; & tout ce qui la regarde lui est comme étranger. Elle n'a pas même de désir de procurer la gloire de Dieu, laissant à Dieu le soin de se la procurer ; & elle est pour elle comme il lui plait. Dans cet état Dieu l'applique quelquefois à prier pour quelque ame ; mais cela se fait sans choix ni prémédita-

tion, en paix, sans désir du succès. Que fait donc cette ame, dira-t-on ? Elle se laisse conduire par les providences & par les créatures (*a*) sans résistance. Sa vie au déhors est toute commune : & pour le dedans, elle n'y voit rien, elle n'a aucune assurance intérieure ni extérieure ; & cependant elle ne fut jamais plus assurée. Plus tout est désespéré, plus son fond est tranquille malgré le ravage des sens & des créatures, qui durant quelque tems après la nouvelle vie fait quelque petit nuage entre-deux, ainsi que je l'ai dit. Il faut remarquer qu'il ne se fait d'entredeux que parce que l'ame n'est qu'unie immédiatement, mais non transformée : car sitôt qu'elle est mêlangée & entierement passée dans son Etre original, il n'y a plus d'entre-deux. Si elle faisoit des péchés, il faudroit qu'elle fût rejettée & vomie, pour ainsi parler. Elle ne trouve donc plus ces entre-deux, même les plus subtils & délicats ; j'entends les réflexions, les propriétés légéres & superficielles, les fautes actuelles d'auparavant, que l'ame sentoit alors fort bien comme des entre-deux, de même que l'impureté qui venoit de l'agir humain, d'une parole précipitée, d'un agir naturel ou d'un empressement, qui causoit un brouillard, qu'elle ne pouvoit empêcher, ni y remédier, ni même le vouloir, ayant tant de fois expérimenté que ses propres efforts non-seulement lui avoient été inutiles, mais aussi dommageables, & qu'ils la salissoient encore plus, à cause de l'état de perte où elle étoit.

3. Au commencement de la voie de foi l'ame fait usage de ses défauts, en étant humiliée par un

(*a*) *Entant qu'elles servent d'instrumens à accomplir la volonté de Dieu.*

retour simple, paisible, tranquille, aimant l'abjection qui lui en revient. Plus elle avance, plus cette simple action sans action se simplifie. Ensuite, il n'est plus question de cela, l'ame demeure inébranlable, immobile, portant sans mouvement la peine que lui cause sa faute, sans action pour simple qu'elle soit. C'est ce que Dieu exige de l'ame dès qu'elle est fort passive : & cette conduite est celle qu'il a tenue sur moi dès les premieres années, long-tems avant l'état de mort. Mais quelque fidélité que l'ame eût à ne faire nulle action sensible pour se défaire de sa peine, il y avoit cependant une action presque imperceptible que l'ame alors ne connoît pas, & qu'elle n'a connu que parce qu'elle s'est trouvée dans la suite dans un état exempt de cette simple, mais très-simple action. Il est impossible de me comprendre sans expérience. Cet endroit est fort difficile ; & l'ame n'est forte dans ce procédé sans procédé qu'après bien des infidélités : car alors, comme la faute est réelle, & que l'ame sent son impureté, elle sent en même tems un secret instinct de s'en défaire : mais dans ce dégré ici, outre qu'elle n'y remédieroit pas par rien qui vienne d'elle, c'est que c'est le seul amour de sa propre excellence qui la porte à se mouvoir. Il faut au dégré dont je parle que toute la purification vienne de Dieu : il faut attendre en repos sans repos apperçu, quelquefois, que le Soleil de justice dissipe ces brouillards. Dans la suite cette conduite devient si naturelle, que l'ame n'a pas même envie de rien faire. Elle se laisse en proie aux brûlemens intérieurs avec une fermeté inébranlable : & quand elle verroit tout l'enfer armé, elle ne changeroit pas de conduite. C'est alors qu'elle dit avec raison aussi bien que le Roi-prophète; (a) *Quand je verrois une armée rangée en bataille, je ne craindrois pas; & leur force redoubleroit mon courage.* Elle pourroit bien avoir une petite peur dans les sens; mais elle demeure fixe & ferme comme un rocher, aimant mieux être le jouet des démons dans son abandon parfait, que de s'assurer par un soupir.

4. L'ame en cet état ne fait point de faute volontaire : je le crois de la sorte : car il n'y a pas d'apparence que n'ayant de volonté pour quoi que ce puisse être, grand ou petit, doux ou amer, pour honneur, bien, vie, perfection, salut, éternité, elle en trouvât pour offenser son Dieu : aussi cela n'est-il point. Ses imperfections sont toutes dans la nature, & non en elle; encore est-ce en superficie, & cela se perd peu à peu. Il est vrai que notre nature est si rusée, qu'elle se fourre par-tout, & que l'ame n'est pas impeccable; mais ses plus grandes fautes sont ses réflexions, qui lui sont alors très-dommageables, voulant se regarder sous prétexte même de dire son état. C'est pourquoi il ne faut nullement se mettre en peine de dire son état & d'en rendre compte si Dieu ne met dans l'esprit ce qu'il veut que l'on dise : & lors que le Directeur connoît l'état de l'ame, il ne l'exige pas : s'il l'exigeoit, ou que la lumiere actuelle en fût donnée, il le faudroit faire sans retour ni réflexion. La vue propre est comme celle du Basilic, qui tue.

5. La même fermeté de l'ame pour ne pas remuer dans les peines de ses défauts, elle la doit avoir dans les tentations. Le diable craint fort d'approcher de telles ames, & il les laisse d'abord, n'osant plus les attaquer : il n'attaque que celles qui plient, ou qui le craignent.

(a) Ps. 26. v. 3.

Les ames conduites par la foi ne font pas d'ordinaire éprouvées par les démons : cela est pour les ames conduites par les lumieres. Car il est nécessaire de savoir, que les épreuves sont toujours conformes à l'état de l'ame. Ceux qui sont conduits par les lumieres, par les dons extraordinaires, extases &c. ont aussi des épreuves extraordinaires, qui se font par l'entremise des démons : car comme tout chez eux est dans l'assuré, l'épreuve même est une assurance. Mais il n'en est pas de même des ames de foi nue : comme elles sont conduites par la nudité, par la perte, & par le plus commun, leur épreuve aussi est toute commune ; mais cela est bien plus terrible, & les perd bien davantage ; ce qui leur cause la mort, n'est rien d'extraordinaire : ce n'est que le déréglement de leur propre tempérament ; ce sont des peines qu'elles regardent comme de véritables fautes, & qui ne leur donnent aucune assurance si ce n'est celle de leur perte totale. Ces deux états se sont trouvés en S. Paul. Il dit en un endroit, (*a*) qu'il lui *a été donné un ange de Satan, qui le souffletoit, afin qu'il ne s'élevât pas pour ses hautes révélations.* Voila l'épreuve conforme aux lumieres. Mais comme ce grand Docteur & Maître de la vie spirituelle devoit éprouver de tous états, il n'en demeure pas là ; il a une autre épreuve qu'il appelle, *l'aiguillon de la chair*, afin de faire voir qu'il avoit éprouvé de tout : il a *prié*, dit-il, *trois fois* ; & il lui a été dit : *Ma grace te suffit : car la vertu se perfectionne dans l'infirmité.* Tout ceci, quoique pour l'humilier, se fait encore en assurance. Cependant parce que ces révélations étoient assurées, il a éprouvé un autre

(*a*) 2. Cor. 12. v. 7, 8, 9.

état qu'il appelle *le corps* du péché, & cette expreſſion eſt admirable : car comme après la mort le corps ne ſe pourrit que de ſa propre corruption ; auſſi en cet état il ſemble que l'ame n'éprouve que les exhalaiſons du corps de péché, c'eſt-à-dire d'un corps corrompu par le péché : (a) *Miſérable*, dit-il, *qui eſt-ce qui me délivrera de ce corps de mort ?* car je ſens que c'eſt un corps qui porte en ſoi la mort, & auquel je ne ſaurois rendre la vie : & puis, convaincu de ſon impuiſſance, pour ſe délivrer d'un ſi grand mal, après avoir déploré ſa miſere, qui eſt alors ſans aſſurance, & avec connoiſſance de ſon impuiſſance, *miſérable, que je ſuis ! qui eſt-ce qui me délivrera de ce corps de mort ?* (de ce corps puant & infect que je porte quoique je ſois vivant ?) il ſe répond à lui-même : *Ce ſera la grace de Dieu par Notre Seigneur Jéſus-Chriſt.* Et comment entendez-vous cela, ô Paul ? C'eſt que Jéſus-Chriſt prenant en moi la place de mon homme pécheur & charnel, en me dépouillant de ce vieil homme, de ce corps corrompu par le péché, me revêtira d'un nouveau ; parce qu'il a vaincu la mort en moi lors qu'il a dit ; (b) *O mort, je ſerai ta mort ! ô enfer, je ſerai ta morſure. Or l'aiguillon de la mort, eſt le péché.* Lorſque Jéſus-Chriſt aura vaincu en moi la mort par ſa vie, & que dans ce duel admirable ſa vie aura ſurmonté ma mort, il n'y aura plus d'aiguillon dans la mort, puis qu'il n'y aura plus de péché ; & ce ſera alors que la grace me délivrera de ce corps de péché par Jéſus-Chriſt mon Sauveur.

Je dis donc que la même fermeté que l'on doit avoir pour les défauts & les tentations, pour ne

(a) Rom. 7. v. 24, 25. (b) Oſ. 13. v. 14. 1. Cor. 15, v. 55. 56.

donner aucune prise au démon, il la faut avoir pour les dons & les graces.

6. En cet état tout est si intime, que rien ne s'apperçoit: mais s'il en tombe quelque chose sur les sens, l'ame est inébranlable pour laisser aller & venir la grace, ne faisant nul mouvement, quelque simple qu'il soit, ni pour goûter ni pour connoître. Elle laisse le tout comme s'il se passoit dans un autre, sans y prendre nulle part. Au commencement, & assez longtems, l'ame voit que la nature veut y prendre sa part; & alors sa fidélité consiste à la retenir, sans lui permettre le moindre épanchement: mais puis après, l'habitude qu'elle a prise à la retenir, fait qu'elle demeure immobile, & comme si c'étoit une chose qui ne la touche plus: elle ne regarde plus rien, elle ne s'approprie plus rien, & elle laisse tout écouler en Dieu avec pureté, comme il en est sorti. Jusqu'à ce que l'ame soit en cet état elle salit toujours un peu par son mêlange l'opération de Dieu, semblable à ces ruisseaux qui contractent la corruption des lieux par où ils coulent: mais sitôt que ces mêmes ruisseaux coulent dans un lieu pur, alors ils restent dans la pureté de leur source. Ceci détruit beaucoup la nature, & la chasse de chez elle, ne lui laissant aucun refuge: mais à moins de l'expérience, & que Dieu ne fasse connoître cette conduite à l'ame, elle ne la peut comprendre ni se l'imaginer à cause de sa grande nudité. L'esprit est vuide; n'est plus traversé de pensées; rien ne remplit un certain vuide qui n'est plus pénible, & l'ame découvre en elle une capacité immense que rien ne peut ni borner ni empêcher. Les emplois extérieurs ne font plus de peine, & l'ame est dans un état de consistance
qui

qui ne fe peut exprimer, & même qui fera peu compris.

7. O fi les ames avoient affez de courage pour fe laiffer perdre, fans avoir pitié d'elles-mêmes, fans regarder à rien ni s'appuier fur rien, quels progrès ne feroient-elles pas ? Mais perfonne ne veut perdre terre : tout au plus avance-t-on quelques pas ; mais fitôt que la mer eft agitée on craint, on jette l'ancre, & fouvent on quitte la navigation. L'amour du propre intérêt fait tous ces défordres.

Il eft encore de conféquence ici de ne point regarder fon état, fuivant le confeil de l'Epoux à l'époufe : (a) *Détournez vos yeux de moi ; car ils me font envoler*: non-feulement pour ne pas perdre courage ; mais auffi à caufe de l'amour propre, qui eft tellement enraciné, que l'ame s'apperçoit fouvent de fa vie & de l'empire qu'il voudroit prendre par certaine complaifance & préférence de fon état. Souvent auffi l'idée que l'on prend de la grandeur de fon état, fait que l'on voudroit voir la même perfection dans les autres. On prend des idées trop baffes des autres : on fe fait une peine de converfer avec des gens trop humains. Il n'en eft pas de même de l'ame bien abandonnée & bien morte : elle aimeroit mieux converfer avec les démons par l'ordre de la providence, que de converfer avec les Anges par fon propre choix.

8. C'eft pourquoi elle ne fait que choifir, ni état, ni condition, quelque parfaits qu'ils foient : elle fe contente de tout ce qu'elle a ; elle fe tient paifible par tout où on la met, haut & bas, dans un pays ou dans un autre ; tout ce qu'elle a, eft

(a) Cant. 6. v. 4.

tout ce qu'il lui faut pour être pleinement contente. Elle ne sauroit se mettre en peine de l'absence ni se réjouir de la présence des personnes les plus à Dieu, & qui sembleroient lui être les plus nécessaires, & auxquelles elle a une entiere confiance ; parce qu'elle est pleinement satisfaite, & qu'elle a tout ce qu'il lui faut quoique tout lui manque. C'est ce qui fait qu'elle ne cherche point de voir ni de parler ; mais qu'elle reçoit les providences & pour l'un & pour l'autre, sans quoi il y a toujours de l'humain, quelque beau que soit le prétexte dont on se couvre. L'ame sent fort bien que tout ce qui se fait par choix & élection, & non par providence, lui nuit, loin de lui aider ; ou que du moins tout lui est très-peu fructueux.

Mais qu'est-ce qui rend cette ame si parfaitement contente ? Elle n'en sait rien : elle est contente sans savoir le sujet de son contentement, & sans le vouloir savoir ; mais contente d'une maniere vaste, immense, indépendante des événemens extérieurs ; plus contente dans l'humiliation de ses propres miseres & du rebut de toutes les créatures par ordre de la providence, que sur le trône par son choix. S'il falloit qu'elle fit un soupir pour sortir du lieu le plus affreux, elle ne le feroit pas.

9. O vous seul qui conduisez ces ames, & qui pouvez enseigner ces voies si perdues, & si contraires à l'esprit ordinaire de la dévotion pleine de soi-même & de ses propres recherches, conduisez y des ames sans nombre, afin de vous faire aimer purement ! Ce sont seulement ces ames-là qui vous aiment comme vous voulez être aimé : tout autre amour, quelque grand & ardent qu'il paroisse, n'est point le PUR AMOUR, mais bien

un amour mêlangé de la propriété. Ces ames ne peuvent plus faire d'auſtérités par elles-mêmes, ni en déſirer : mais elles font indifféremment celles qu'on leur fait faire. Elles n'ont rien d'extraordinaire au déhors, & leur vie eſt des plus communes : elles ne penſent point à s'humilier, ſe laiſſant telles qu'elles ſont ; car l'état d'anéantiſſement où elles ſont, eſt au-deſſous de toute humilité. Telles ames ne doivent point être jugées de celles qui ſont encore en état de ſe perfectionner par leurs ſoins ; car elles prendroient ſouvent la ſimplicité avec laquelle ces perſonnes, exemptes de propriété, parlent de toutes choſes & d'elles-mêmes, pour orgueil. Mais qu'elles ſachent que cela n'eſt point ; que ces ames ſont les délices de Dieu, qui fait ſes (a) *délices d'être avec les enfans des hommes*, c'eſt-à-dire, avec ces ames toutes enfantines & innocentes. Elles ſont bien loin de l'orgueil, ne ſe pouvant attribuer que le néant & le péché ; & elles ſont ſi unes en Dieu, qu'elles ne voient plus que lui, & toutes choſes en lui. Elles publieroient les graces de Dieu avec la même facilité qu'elles diroient leurs miſeres ; & elles diſent l'un & l'autre indifféremment, ſelon que Dieu le leur permet & qu'il peut être utile pour le bien des ames.

10. Ces retenues ſi bonnes & ſi ſaintes en un tems que Notre Seigneur conſacre par un profond ſilence toutes ſes graces & les peines, (ainſi que l'on a pû voir qu'il a fait en moi) ſeroient une propriété à l'ame dont je parle ; parce qu'elle eſt au-deſſus de ſoi. Ce paſſage de Jérémie eſt ſi beau : (b) *Il s'aſſéra, & ſe taira, & s'élévera par-deſſus ſoi.* Tant que l'ame eſt encore dans la fo-

(a) Prov. 8. v. 31.   (b Lam. de Jer. 3. v. 28.

solitude d'elle-même, il faut qu'elle se contente du silence & du repos : mais ensuite il faut qu'elle passe outre, & qu'elle s'éléve si fort au-dessus d'elle-même, qu'enfin elle se perde elle-même en Dieu ; & toutes choses avec elle : & c'est alors qu'elle ne connoit plus ses vertus comme vertus, mais elle les a toutes en Dieu comme de Dieu, sans retour ni rapport à elle-même. C'est pourquoi celles qui sont encore en elles-mêmes ne doivent point mesurer la liberté de ces ames, ni la comparer avec leur agir retréci, quoique très-vertueux & propre pour elles, mais il faut qu'elles comprennent, que ce qui fait la perfection de leur état, seroit imparfait pour les ames dont je parle.

11. Ce qui fait la perfection d'un état, fait toujours l'imperfection & le commencement de l'état qui suit. Il en est comme dans les dégrés des sciences : celui, par exemple, qui acheve une classe & qui y est consommé, est imparfait dans celle qui suit, & il faut qu'il quitte sa maniere d'agir qui le rendoit parfait dans sa classe, pour entrer dans une autre toute différente. S. Paul dit si bien : (a) *Quand j'étois enfant, je parlois en enfant, j'agissois en enfant* ; & c'étoit la perfection de l'état d'enfance, qui a cent agrémens : mais lors qu'on est devenu homme parfait, les choses changent bien de face. S. Paul en parle encore d'une autre maniere lors que, parlant de la loi (ce que l'on peut bien appliquer aux lois de perfection que l'on s'impose soi-même,) il dit : (b) *La loi nous a servi comme d'un précepteur pour nous conduire à Jésus-Christ.* Donc cette loi & cette perfection que l'on s'impose, & que Notre Seigneur même nous fait

(a) 1. Cor. 13. v. 11.   (b) Gal. 3. v. 24.

pratiquer, est très-nécessaire pour arriver à Jésus-Christ: mais lors que Jésus-Christ est devenu notre vie, ce précepteur qui nous a été si utile, nous est rendu inutile; & si nous voulions toujours le suivre, nous ne nous laisserions pas assez conduire par Jésus-Christ, & nous n'entrerions jamais dans la parfaite liberté des enfans de Dieu qui naît de l'Esprit de Dieu.

12. Lorsqu'on se laisse conduire à l'Esprit de Dieu, il nous fait entrer dans la liberté de ses enfans adoptés en Jésus-Christ & par Jésus-Christ; car (a) *où est l'Esprit de Dieu, là aussi est la liberté*: parce qu'il (b) *ne nous donne pas son Esprit par mesure*: car (c) *ceux qu'il a prédestinés* pour être de ses enfans libres, *il les a appellés*: *& ceux qu'il a appellés, il les a justifiés*: c'est donc lui qui opére en eux cette justice qui est conforme à leur appel. Mais à quoi les a-t-il destinés ces ames si chéries ? *à être conformes à l'image de son Fils.* O c'est ici le grand secret de cet appel & de cette justification, & pourquoi si peu d'ames arrivent à cet état. C'est que l'on y est prédestiné à être conforme à l'image du Fils de Dieu. Mais, dira-t-on, tous les Chrétiens ne sont-ils pas appellés à être conformes à l'image du Fils de Dieu? Oui, chacun est appellé à lui être conforme en quelque chose : car si un Chrétien ne portoit pas sur lui l'image de Jésus-Christ, il ne seroit pas sauvé; puis qu'il n'est sauvé que par ce caractere. Mais les ames dont je parle, sont destinées à porter Jésus-Christ lui-même, & à lui être conformes en tout : & plus leur conformité est parfaite, plus aussi sont elles parfaites. On verra

(a) 2. Cor. 3. v. 17. (b) Jean 3. v. 34. (c) Rom. 8. v. 29. 30.

dans la suite de ce que j'ai à écrire combien il a plû à Notre Seigneur de se conformer mon ame.

13. C'est dans ces ames que Dieu engendre son Verbe. Il leur fait porter les inclinations de ce même Verbe, sans que l'ame découvre en soi ces mêmes inclinations durant un très long tems. Mais lors que la lumiere est donnée ou pour parler, ou pour écrire, l'ame connoit fort bien que comme Jésus-Christ a mené une vie commune & comme naturelle, sans rien d'extraordinaire, si ce n'est sur la fin de sa vie ; telle ame aussi n'a rien d'extraordinaire durant un fort long tems. La conduite de la Providence suivie à l'aveugle, fait toute sa voie & sa vie, se faisant toute à tous, son cœur devenant tous les jours plus vaste pour porter le prochain, quelque défectueux qu'il soit: & elle voit bien que lors qu'elle préfére le vertueux au défectueux, elle commet une faute, préférant une certaine simpatie à l'ordre de Dieu. Jusqu'à ce qu'on en soit là, on est peu propre pour le prochain : ce n'est qu'alors que l'on commence à lui aider efficacement. Ceci est difficile, & l'on a peine à s'y rendre d'abord ; parce que l'on regarde cette maniere d'agir comme perte du tems, défaut, amusement : mais l'ame en qui Jésus-Christ vit, & dont il est la voie, la lumiere, la vérité & la vie, voit bien les choses d'une autre maniere. Elle ne trouve plus de créature antipatique ni difficile à porter, elle les porte par le cœur de Jésus-Christ.

14. C'est où commence la vie Apostolique. Mais tout le monde est-il appellé à cet état ? très-peu, autant que je le puis comprendre ; & même de ce peu qui y sont appellés, peu y marchent en vraie pureté. Les ames en lumiere passive &

dons extraordinaires, quoiqu'elles soient saintes & toutes Séraphiques, n'entrent point dans cette voie. Il y a une voie de lumiere, une vie sainte où la créature paroit toute admirable : comme cette vie est plus apparente, elle est aussi plus estimée des personnes qui n'ont pas la plus pure lumiere. Ces personnes ont des choses fort éclatantes dans leur vie, elles ont une fidélité & un courage qui étonne : & c'est ce qui orne admirablement la vie des Saints. Mais pour les ames qui marchent cet autre sentier, elles sont très-peu connues. Dieu les dépouille, les affoiblit, les denue tant & tant, que leur ôtant tout appui & tout espoir, elles sont obligées de se perdre en lui. Elles n'ont rien de grand qui paroisse : de là vient que plus leur intérieur est grand, moins elles en peuvent parler ; car (comme on l'a pû remarquer par ce qui a été dit,) très longtems elles ne peuvent y voir que miseres, & que pauvretés ; ensuite elles ne se voient plus elles-mêmes. Les plus grands saints les plus intérieurs sont ceux dont on a parlé le moins. Pour la Ste. Vierge il est vrai qu'on n'avoit plus rien à en dire après avoir dit qu'elle étoit Mere de Dieu, sa maternité renfermant toute la perfection possible d'une pure créature : mais voyez S. Joseph, la Madelaine, Ste. Scholastique, & tant d'autres, qu'en dit-on ? rien du tout. S. Joseph a passé une partie de sa vie à faire de la charpente : quel emploi pour l'Epoux de la Mere d'un Dieu ! Jésus-Christ tout de même. O si je pouvois exprimer ce que je conçois de cet état ! mais je ne puis que bégayer.

Je me suis beaucoup écartée de mon histoire, mais je ne suis pas maitresse de faire autrement,

CHAPITRE IX.

Retirée à Tonon, elle y est persécutée d'ailleurs, aussi bien que le Pere la Combe, alors à Rome, où il est en estime. Elle est visitée & secourue de sa sœur; exercée par une Religieuse qui se croyoit fort avancée, sans savoir cependant qu'on ne vient au tout que par le néant. Elle est rebutée de plusieurs autres sans étonnement. Disette & maladie d'elle & de sa fille. Paix inaltérable & fixe de cet état, qui pourtant n'exclut point les peines venant de la main de Dieu pour conformer l'ame à Jésus-Christ.

1. Etant, comme j'ai dit, aux Ursulines de Tonon après avoir parlé à Monsieur de Geneve, & voiant comme il changeoit à mesure que les autres l'impressionnoient de ce qu'ils vouloient, je lui écrivis quelques lettres, & au P. la Mothe. Mais comme je vis que cela étoit inutile, & qu'il en étoit plus aigri; que plus je voulois débrouiller les choses, plus l'Ecclésiastique prenoit un plus grand soin de les brouiller, je laissai tout là, sans plus agir. Je voiois venir la tempête fondre sur nos têtes sans pouvoir y remédier. J'avois songé que je tirois une corde qui sembloit d'abord de diamant, & qui ensuite me parut de fer; & qu'en même tems voiant un orage effroyable tomber sur ma tête, je m'abandonnai à la merci des ondes : je voiois clairement les croix qui naissoient de toutes parts, & mon ame demeuroit dans une profonde paix attendant venir les coups qu'elle ne pouvoit éviter. Je n'avois pas fait la moindre chose qui pût m'attirer cela, & je regardois

le torrent defcendre avec impétuofité fans avoir contribué à l'orage. Comme je voiois que je n'y avois pas contribué & qu'il n'y avoit rien à faire pour moi qu'à fouffrir, je demeurois en repos fans me mettre en peine du fuccès. Un jour que l'on me vint dire que cet Eccléfiaftique avoit gagné tout de nouveau cette pauvre fille que j'aimois beaucoup, & qui m'avoit déja couté bien des peines, on me donna en même tems un moien de l'empêcher : mais cet agir humain répugnoit à mon fond, & ces paroles me furent mifes dans l'efprit (a) *Nifi Dominus* &c. Je la facrifiai à Dieu, comme le refte. Mais Notre Seigneur, qui n'avoit permis cela que pour me détacher d'un amour que j'avois pour fa perfection, y pourvut lui-même, l'empêchant de fe lier à lui d'une maniere d'autant plus admirable, qu'elle fut plus naturelle, & plus contraire à leurs intentions. Dieu fit voir enfuite à cette bonne fille qu'il l'avoit tirée de là par une bonté toute paternelle. Je ne lui cachai point ce qu'elle m'avoit couté : car affurément la chofe étoit telle, que je n'aurois pas tant fenti la mort d'un de mes enfans que fa perte. Tant que je fus auprès d'elle, elle fut toujours vacillante, & l'on ne pouvoit s'affurer fur elle, de forte qu'il falloit à fon égard vivre d'abandon : mais, ô bonté & puiffance infinie de mon Dieu, pour conferver fans nous ce que nous perdrions fans vous! je ne fus pas plutôt éloignée d'elle, qu'elle devint inébranlable.

2. Pour moi, il ne fe paffoit prefque point de jour qu'on ne me fît des infultes nouvelles &

(a) Pf. 126. v. 1. C. à d. *Si le Seigneur ne bâtit lui-même la maifon, en vain travaillent ceux qui la bâtiffent.*

des assauts qui venoient à l'improviste. Les nouvelles Catholiques sur le rapport de Mr. de Geneve, de l'Ecclésiastique, & des Sœurs de Gex, souleverent contre moi toutes les personnes de piété. J'étois peu sensible à cela. Si je l'avois pû être à quelque chose, c'eût été de ce que l'on faisoit presque tout tomber sur le P. la Combe quoiqu'il fut absent; & l'on se servoit même de son absence pour détruire tout le bien qu'il avoit fait dans le pays par ses Missions & par ses Sermons, & qui étoit inconcevable. Le diable gagna beaucoup à cette affaire. Je ne pouvois cependant plaindre ce bon Pere, remarquant en cela la conduite de Dieu, qui vouloit l'anéantir. Je fis au commencement des fautes par le trop de soin & d'empressement que j'avois de le justifier, ce que je croiois une vraie justice. Je n'en faisois pas de même pour moi : car je ne me justifiois pas : mais Notre Seigneur me fit comprendre que je devois faire pour le Pere ce que je faisois pour moi, & le laisser détruire & anéantir; parce qu'il tireroit de cela une plus grande gloire qu'il n'avoit fait de toute sa réputation.

3. On inventoit tous les jours quelque nouvelle calomnie : il n'y avoit point de ruse ni d'invention dont on ne se servît contre moi. Ils venoient me voir pour tâcher de me surprendre en mes paroles; mais Dieu me gardoit si bien qu'ils étoient eux-mêmes pris. Je n'avois nulle consolation des créatures : car la Sœur qui étoit auprès de ma fille, devint ma plus grande croix : elle disoit que j'étois venue trop tard. Ce sont des personnes qui ne se réglent que par leurs lumieres; & quand elles ne voient pas que les choses réussissent, comme elles ne les regardent que par

le succès, & qu'elles ne veulent pas avoir l'affront que l'on croie leurs lumieres douteuses, elles cherchent hors de là de quoi s'appuier. Pour moi, qui n'avois point de lumiere, je ne me souciois d'aucun succès; & je trouvois que tout réussissoit assez bien, puis qu'il alloit à nous détruire. D'un autre côté, la fille que j'avois amenée, & qui étoit restée avec moi, me faisoit des peines inconcevables : elle s'ennuioit, & auroit voulu retourner : elle me contrarioit & me condamnoit depuis le matin jusqu'au soir, me représentant les biens que j'avois quittés, & que j'étois là entierement inutile. Il me falloit porter toutes les mauvaises humeurs que son mécontentement lui faisoit naître.

4. Le P. la Mothe m'écrivoit, que j'étois rebelle à mon Evêque; que je ne restois dans son Diocése que pour lui faire de la peine. Je voiois d'ailleurs qu'il n'y avoit rien à faire pour moi dans ce Diocése tant que l'Evêque me seroit contraire. Je faisois ce que je pouvois pour le gagner; mais il m'étoit impossible d'en venir à bout sans entrer dans l'engagement qu'il demandoit de moi & qui m'étoit impossible : cela, joint au peu d'éducation de ma fille, mettoit quelquefois mes sens à l'agonie; mais le fond de mon ame étoit tranquille à un point que je ne pouvois ni rien vouloir ni rien résoudre, me laissant comme si ces choses n'eussent point été. Lors qu'il me venoit quelque petit jour d'espérance, il m'étoit ôté d'abord; & le désespoir faisoit ma force.

5. Durant ce tems le P. la Combe fut à Rome, où loin d'être blamé, il fut reçu avec tant d'honneur, & sa doctrine estimée au point, que la sacrée Congrégation lui fit l'honneur de pren-

dre son sentiment sur certains points de doctrine, qu'elle trouva si justes & si clairs, qu'elle les suivit. Pendant qu'il étoit à Rome la Sœur ne vouloit point soigner ma fille : & lorsque j'en prenois le soin, elle le trouvoit mauvais : de sorte que je ne savois que faire. D'un côté je ne lui voulois point faire de peine, & de l'autre j'en avois beaucoup de voir ma fille comme elle étoit. Je priois cette Sœur avec instance de la soigner & de ne lui laisser point venir de mauvaises habitudes ; mais je ne pouvois pas même gagner sur elle qu'elle me promit d'y travailler : au contraire, je voiois tous les jours qu'elle l'abandonnoit davantage. Je croiois que lorsque le P. la Combe seroit de retour, il mettroit ordre à tout, ou qu'il me diroit quelque chose de consolant : non que je le souhaitasse ; car je ne pouvois ni m'affliger de son absence, ni vouloir son retour. Quelquefois j'étois assez infidelle pour me vouloir sonder moi-même & voir ce que je pourrois vouloir : mais je ne trouvois rien, pas même d'aller à Geneve. J'étois comme les frénétiques, qui ne savent ce qui leur est propre.

6. Comme l'on sut dans le pays que j'étois aux Ursulines, que j'avois quitté Gex, & que j'étois fort persécutée, Mr. de Monpezat, Archevêque de Sens, qui avoit bien de la bonté pour moi, sachant que ma sœur, qui étoit Ursuline de son Diocése, étoit obligée d'aller aux eaux pour une espece de paralisie, il lui donna son obédience pour y aller & pour aller aussi dans le Diocése de Geneve demeurer avec moi aux Ursulines, ou me ramener avec elle. D'un autre côté les Ursulines de Tonon témoignerent vouloir prendre les Constitutions de celles de Paris, & que ma sœur

les leur apportât. Elle vint donc ; & la providence se servit d'elle pour m'amener une fille qu'elle me vouloit donner à son gré pour la façonner à sa mode, & pour m'être propre. Ma sœur vint me trouver avec cette bonne fille au mois de Juillet 1682. Notre Seigneur me l'envoia tout à propos pour apprendre à ma fille à lire, & la soigner un peu. Je le lui avois déja appris ensorte qu'elle lisoit même dans l'Ecriture : mais durant le tems que je l'avois laissée on lui avoit donné un si mauvais accent, que c'étoit pitié. Ma sœur racommoda tout cela : mais si elle me procura cet avantage en la personne de ma fille, elle me causa quelques croix ; car elle prit d'abord opposition pour la Sœur qui soignoit ma fille, & cette Sœur pour elle, de sorte qu'elles ne pouvoient s'accorder. Je faisois ce que je pouvois pour les mettre d'accord : mais outre que je n'en pouvois venir à bout, c'est que le soin que je prenois faisoit croire à ma sœur que j'avois plus d'affection pour cette Religieuse que pour elle : ce qui la peinoit extrêmement ; quoique cela ne fût point du tout : car j'avois moi-même beaucoup à souffrir d'elle, dont je ne disois rien : mais il me fâchoit de voir un bruit où j'avois goûté une si profonde paix. La fille que j'avois amenée, & qui étoit mécontente de cette Religieuse & d'être là, parce qu'elle desiroit de retourner auprès de ses parens, brouilloit encore plus les choses : elle entretenoit ma sœur dans son chagrin. Il est vrai que ma sœur pratiquoit la vertu, & souffroit certaines choses qui sembloient choquer sa raison : car elle ne pouvoit comprendre qu'étant une Religieuse fort agée, étrangere, elle dût se soumettre à une Religieuse encore du Noviciat, qui étoit dans sa propre Maison,

& de très-basse naissance. Je lui faisois voir ce que Jesus-Christ avoit souffert. Ce qui m'étonnoit extrêmement, c'est que je venois mieux à bout de ma sœur, qui n'étoit point spirituelle, que de cette fille qui se croioit fort élevée dans les dons & lumieres, & cependant, lors qu'elle avoit conçu une chose, il n'étoit pas possible de la faire changer.

7. J'ai connu, ô mon Dieu, par cette fille, que ce n'étoit pas les plus grands dons qui sanctifient, s'ils ne sont accompagnés d'une profonde humilité; & que la mort à toutes choses nous est infiniment plus utile: & cette même fille, qui se croioit au faîte de la perfection, a bien vû par les épreuves qui lui sont arrivées dans la suite, qu'elle en étoit encore bien éloignée. O mon Dieu, qu'il est vrai que l'on peut avoir de vos dons, & être encore très-imparfait, & plein de soi-même! mais qu'il faut être pur & petit pour passer en vous, ô vráie vie! Jesus-Christ nous dit en soupirant; (a) *O que la porte qui conduit à la vie est étroite!* O qu'elle est étroite cette porte qui conduit à cette vie en Dieu, & qu'il faut être petit & dépouillé de tout pour y passer! Mais sitôt que l'on est passé par cette porte étroite, qui n'est autre que la mort à nous-mêmes, ô que l'on trouve de largeur! David disoit, ô mon Dieu, que vous l'aviez (b) *mis au large*, & que vous l'aviez *sauvé*. Le salut se trouve dans la perte de toutes choses. (c) *Vous m'avez conduit*, dit-il, *dans des lieux spacieux*. Quels sont ces lieux spacieux si n'est vous-même, Etre infini, principe de tout être, où tous les êtres aboutissent? Mais de quelle maniere, ô David, avez-vous été conduit dans ces lieux spacieux? par la boue, le néant, l'élévation

(a) Mat. 7. v. 24. (b) Pf. 117. v. 5. 14. (c) Pf. 17. v. 20.

& l'abaissement. Il le dit, (*a*) *Vous m'avez élevé jusqu'aux nues, puis vous m'avez brisé tout entier*. *J'ai été* (*b*) *dans un abime de boue* dont je ne pouvois plus sortir. (*c*) *J'ai été réduit au néant, & je ne l'ai pas sû*. Il s'est ignoré soi-même. N'est-il pas dit ailleurs; (*d*) *Je suis perdu*. C'est donc par des voies si nues, si perdues, que l'on trouve ce large immense, c'est par le rien que l'on trouve tout.

8. Après que le P. la Combe fut arrivé, il me vint voir, & écrivit à Mr. de Geneve pour savoir s'il agréeroit que je m'en servisse, & me confessasse à lui comme j'avois fait autrefois. L'Evêque me manda de le faire, & ainsi je le fis dans toute la dépendance possible. En son absence je m'étois toujours confessée au Confesseur de la Maison. La premiere chose qu'il me dit, ce fut que toutes ses lumieres étoient tromperies, & que je pouvois m'en retourner. Je ne savois pourquoi il me disoit cela. Il ajouta, qu'il ne voioit jour à rien, & qu'ainsi il n'y avoit pas d'apparence que Dieu voulût se servir de moi en ce pays. Ces paroles furent le premier bon jour qu'il me donna. Elles ne m'étonnérent ni ne me firent aucune peine; parce qu'il m'étoit indifférent d'être propre à quelque chose, ou de n'être propre à rien; que Dieu voulût se servir de moi pour faire quelque chose pour sa gloire, ou qu'il ne me voulût employer à rien : tout m'étoit égal ; qu'il se servît de moi ou d'un autre. C'est pourquoi ces paroles ne firent que m'affermir dans ma paix. Que peut craindre une ame qui ne veut rien & qui ne peut rien désirer? Si elle pouvoit avoir quelque

(*a*) Ps. 101. v. 11. (*b*) Ps. 68. v. 3. (*c*) Ps. 72. v. 22. (*d*) Job 19. v. 10.

plaisir, ce seroit d'être le jouet de la Providence.

9. Mr. de Geneve écrivit au P. la Mothe pour l'engager à me faire retourner. Le P. la Mothe me le manda : mais Mr. de Geneve m'assura que cela n'étoit pas ainsi. Je ne savois que croire. Lorsque le P. la Combe me fit la proposition de m'en retourner, j'y sentis quelque légére répugnance dans les sens, qui ne dura que peu. L'ame ne peut que se laisser conduire par l'obéissance : non pas qu'elle regarde l'obéissance comme vertu ; mais c'est qu'elle ne peut ni être autrement ni vouloir faire autrement : elle se laisse entraîner sans savoir pourquoi ni comment, comme une personne qui se laisseroit entraîner au courant d'une riviere rapide. Elle ne peut point appréhender la tromperie, ni même faire retour sur cela. Autrefois c'étoit par abandon ; mais dans son état présent, c'est sans savoir ni connoître ce qu'elle fait, comme un enfant, que sa mere tiendroit sur les vagues d'une mer agitée, qui ne craint rien parce qu'il ne voit ni ne connoit le péril ; ou comme un fou qui se jette dans la mer sans crainte de s'y perdre. Ce n'est point encore cela : car se jetter dans la mer c'est une action propre, que l'ame n'a point ici : elle s'y trouve, & elle dort dans le vaisseau sans craindre le danger. On fut longtems que l'on ne m'envoioit aucune assurance pour mon temporel. Je me voiois dépouillée de tout, sans assurance & sans aucuns papiers, sans peine & sans aucun souci de l'avenir, sans pouvoir craindre la pauvreté & la disette.

10. Le premier Carême que je passai aux Ursulines j'eus trois fois mal aux yeux d'une maniere très-douloureuse : car ce même abcès que j'avois eu autrefois entre le nez & l'œil, se renou-

nouvella jusqu'à trois fois. L'air & la chambre mal fermée où j'étois, joint à la nourriture du Carême, n'y contribuerent pas peu. Il est vrai que je souffris tout ce tems de très-violentes douleurs: j'en avois la tête d'une enflûre horrible, & avec cela, sans secours ni consolation. Mais que dis-je? Ma joie & ma consolation n'étoit-elle pas dans ma douleur & dans la plus étrange désolation? Oui assurément. C'étoit une chose assez particuliere, de voir quantité de bonnes ames qui ne me connoissoient pas, m'aimer & me plaindre; & tout le reste animé contre moi comme des furieux, sans me connoître & sans savoir pourquoi ils le faisoient.

Pour comble d'affliction, ma fille tomba malade à la mort. Ma sœur n'étoit pas encore arrivée: il n'y avoit presque plus d'espérance de vie, lorsque sa Maîtresse tomba aussi fort malade. Les médecins ne trouvoient plus de remedes pour la faire vivre. Je vis par là tout ce qu'on avoit espéré, renversé: cependant je n'en pouvois avoir de peine, ni aucune vue sur l'avenir: mon abandon sans abandon dévoroit tout.

11. Parmi tant de traverses, qui augmentoient chaque jour, & qui loin de paroître sur leur déclin, sembloient ne faire que commencer, comme il s'est trouvé bien vrai, ayant eu une si étrange suite: Parmi tant de traverses, dis-je, mon ame restoit dans la même immobilité. Elle ne désiroit ni secours, ni assurance: l'abandon des créatures & de Dieu même (en apparence) faisoit toute ma force sans force propre. O Dieu, lorsque vous êtes le maître absolu d'un cœur, il ne peut avoir de trouble ni de souci: c'est vous seul qui remplissez tous ses désirs. Le cœur que vous possé-

dez pleinement, n'en a plus; & il est si paisible, que la paix est toute sa nourriture. Il semble que cette ame soit elle-même paix. Ste. Cathérine de Genes avoit éprouvé cela lorsqu'elle dit, (a) qu'elle étoit si pénétrée de paix, qu'elle l'étoit jusqu'à la moëlle des os. Cette paix même, comme je l'ai déja dit, est bien différente de celle d'autrefois: car autrefois la paix étoit plus savoureuse & plus apperçue: mais ici elle ne s'apperçoit plus : elle ne laisse pas d'être infiniment plus étendue, plus stable, plus en source, puisque (comme je l'ai dit) cette paix est Dieu même. O étendue de l'ame! O vastitude admirable! Tu peux bien comprendre, mais tu ne seras jamais comprise que de Dieu! O Amour, quand il n'y auroit jamais d'autre recompense des petits services que l'on vous rend que cet état fixe, audessus des vicissitudes, n'est-ce pas assez? Les sens sont quelquefois comme des enfans vagabonds qui courent; mais ils ne troublent point ce fond sans fond, qui est tout perdu, tout nu, & qui n'est plus empêché de rien, comme il n'est plus soutenu de rien. La voie par laquelle Dieu conduit l'ame ici est si fort différente de ce que l'on se figure ordinairement, qu'à moins que Dieu n'en donne l'intelligence on ne le peut comprendre.

12. Lorsque je parle d'un état fixe & ferme dans le fond, je ne pretends pas en rigueur qu'on ne puisse plus décheoir ni tomber; (ce qui n'est que pour le ciel:) Je l'appelle permanant & fixe par rapport aux états qui l'ont précédé, pleins de vicissitudes & de variations. Je ne veux pas exclure non plus un état de souffrance dans le sens & la partie inférieure, ou qui ne vient que de quel-

(a) En sa vie. Chap. XVIII.

que impureté superficielle qui reste à purifier, & qu'on peut comparer, si l'on veut, à un or très-épuré dans sa substance, qui ne laisse pas de contracter quelque crasse au-dehors : cet or n'a plus besoin d'être purifié au feu, parce qu'il a souffert toute la purification fonciere que celui qui l'emploie lui a voulu donner selon le dégré de pureté où il le destine : mais comme il se salit au dehors, il faut quelquefois le nettoyer extérieurement. Cela étoit de cette sorte alors.

13. Il y a encore une peine en cet état qui est infligée de Dieu même, & qui ne peut venir que de lui. Tous les renversemens du dehors ne peuvent causer la moindre peine du fond, pour légere qu'elle soit : ils ne font que passer légérement, & effleurer la peau. Ces ames ne peuvent souffrir nulles peines que celles qui sont infligées de la main de Dieu, comme (cela s'est fait) en Jésus-Christ; nulles douleurs que celles que Dieu opére ou pour se les conformer, ou pour le prochain, ainsi que je le dirai dans la suite. La pratique proprietaire du moindre bien, ou la résistance à quelque chose que Dieu voudroit d'elles, seroit la source de terribles peines. Mais l'ame délaissée, qui ne se reprend point, n'a plus rien à souffrir en l'état où elle est arrivée jusqu'ici ni des hommes, ni des démons, quoiqu'ils déchargent sur elle toute leur rage. C'est contre une telle ame que tout l'enfer se remue. Tout cela cependant n'est pas proprement une souffrance, & ces ennemis n'auroient aucun pouvoir s'il ne leur étoit donné d'enhaut. La vraie souffrance, c'est l'application de la main de Dieu, comme en Jésus-Christ. Le Pere appliqua toute la force de son bras pour le faire souffrir : il porta le

poids de toute la juſtice vengereſſe d'un Dieu; & il falloit un Dieu pour porter tout le poids d'un Dieu juſte & vengeur. Il faut auſſi une ame transformée en Dieu pour porter le poids de Jéſus-Chriſt homme-Dieu accablé du poids de la juſtice de ſon Pere. Ce ſont ces ames qui ſont deſtinées pour être victimes de la juſtice de Dieu, pour en porter tout le poids, & pour (a) *achever ce qui manque à la paſſion de Jéſus - Chriſt.* Mais qu'eſt-ce qui manquoit à votre paſſion, ô mon Seigneur? *Tout* n'a-t'il pas été (b) *conſommé?* Vous l'avez dit vous-même. O c'étoit l'extention de votre paſſion dans vos membres. Les ames dont je parle portent des ſouffrances très-fortes ſans que la paix de leur fond en ſoit alterée ni interrompue pour peu que ce ſoit; & cette paix pour grande qu'elle ſoit ne diminue rien de la force de la ſouffrance; parce qu'il faut porter Jéſus-Chriſt Homme - Dieu, le plus ſouffrant des hommes & le plus heureux, puis qu'il étoit Dieu glorieux & [homme] ſouffrant. Il peut y avoir en même tems une paix & un contentement parfait, & une peine de douleur exceſſive. Jéſus-Chriſt au jardin en eſt l'expreſſion, où il ſouffrit exceſſivement de l'abandon de Dieu ſon Pere & du poids des péchés de tous les hommes. Il y a même des ſouffrances ſi exceſſives, que les ſens pleurent, crient & déſirent leur délivrance, ſans cependant rien diminuer de ce fond de paix & d'unité avec la volonté de Dieu, qui eſt d'autant plus grand qu'il eſt moins apperçu.

(a) Col. 1. v. 24 (b) Jean 19. v. 30.

CHAPITRE X.

Guérison surnaturelle de sa fille. Nouveaux sujets de peines. Support des défauts, & condescendance qu'on doit avoir ou ne pas avoir pour des personnes de différents états. Digression sur la source & les causes du repos & des peines où se trouvent les ames de toutes sortes d'états, tant ici que dans l'autre vie.

1. MA fille recouvra sa santé. Il faut dire de quelle maniere cela arriva. Elle avoit la petite vérole & le pourpre : on avoit fait venir un Médecin de Geneve qui en désespéra. On fit entrer le P. la Combe pour la confesser : il lui donna sa bénédiction : dans le même instant la petite vérole & le pourpre disparurent, & la fiévre la quitta. Le Médecin, quoique Protestant, s'offrit de donner un certificat du miracle.

Mais quoique ma fille fût rétablie, mes croix n'en furent pas abrégées, à cause de sa mauvaise éducation. Les persécutions continuoient de la part des nouvelles Catholiques, & devenoient même plus fortes, sans que je laissasse pour cela de leur faire tout le bien que je pouvois. Ce qui me fit quelque peine fut, que la maitresse de ma fille venoit beaucoup s'entretenir avec moi. Je voiois tant d'imperfection dans ses entretiens, quoique spirituels, que je ne pouvois m'empêcher de le lui témoigner : & comme cela la peinoit, j'étois assez foible pour avoir peine de lui en faire, & pour continuer par pure condescendance des choses que je voiois fort imparfaites.

2. Le P. la Combe mit ordre à bien des choses

qui regardoient ma fille : mais la maîtresse en eut tant de peine, que l'amitié qu'elle avoit eue pour moi se changea en froideur & en éloignement. Cependant comme elle avoit de la grace, elle revenoit facilement : mais le fond de son naturel l'emportoit. Je lui dis ma pensée sur ses défauts que je remarquois, parce qu'on me l'ordonna; mais quoique dans le moment Dieu l'éclairât pour voir que je disois la vérité, & qu'elle en fût encore plus éclairée dans la suite, cela ne laissoit pas de la refroidir. Les débats entre elle & ma sœur devenoient plus forts & plus aigres. J'admirai en cela la conduite de Dieu & l'esprit qu'il donna à ma fille, qui n'avoit que six ans & demi : c'est qu'elle trouva par ses petites adresses la maniere de les contenter toutes deux, aimant mieux faire deux fois ses petits exercices pour les faire auprès de l'une & de l'autre : ce qui ne dura pas long-tems : car comme sa maîtresse la négligeoit ordinairement, & qu'elle faisoit les choses dans un tems, puis les laissoit dans un autre, elle fut réduite à n'apprendre que ce que ma sœur lui enseignoit avec moi. Il est vrai que la vivacité de ma sœur est si excessive, qu'il est difficile sans une grace particuliere de s'y accommoder ; mais il me paroissoit qu'elle se surmontoit en bien des choses. Autrefois j'avois peine à supporter ses manieres, mais dans la suite j'aimois tout en Dieu.

3. Lorsque je dis que ces différens me causoient (a) de la *peine*, c'est une maniere de m'expliquer ; car je les voyois comme permission divine aussi bien que le reste ; ensorte que j'en étois contente. Autrefois ma plus grande peine auroit été de faire souffrir quelqu'un ; mais alors j'au-

(a) Supr. §. 1.

rois été aussi contente dans l'ordre de Dieu d'être la croix de tout le monde, comme d'en être moi-même crucifiée. J'avois pourtant un certain instinct pour pacifier toutes choses, & je le faisois autant qu'il m'étoit possible. Vous m'aviez donné, ô mon Dieu, une facilité à porter les défauts du prochain & une adresse très-grande pour le contenter, une compassion de ses misères que je n'avois pas auparavant. O Dieu, vous seul pouvez donner cette charité sans bornes. Je portois plus aisément les plus grands défauts des ames imparfaites que certains défauts qui ne paroissoient rien dans les ames que Dieu veut perfectionner. Je sens mon cœur s'élargir par la compassion sur les premieres, & une certaine fermeté pour les autres afin de ne les pas tolérer dans des défauts qui sont d'autant plus dangereux, qu'ils s'en défient moins à cause de leur subtilité. Quoiqu'il semble que mes miséres dussent m'imposer le silence, je ne saurois m'empêcher de reprendre ces ames là de leurs défauts, sans quoi je souffrirois beaucoup. Je n'ai pas peu souffert pour les imperfections de certaines ames que Dieu me faisoit sentir, & dont il m'appliquoit la souffrance de leur purification. J'en dirai tantôt quelque chose. Plus l'ame dont il s'agit est d'une grace éminente, plus elle m'est unie étroitement, plus aussi le poids & la souffrance que j'en porte est violente. Je vois leur fond & leurs manquemens; (je parle des manquemens fonciers, car les autres ne m'étonnent pas, ni même ne me font point de peine:) je les vois, dis-je, comme s'ils m'étoient découverts extérieurement. Cette vue ne diminue point l'estime que j'ai pour la personne; mais elle me fait connoître ce qui lui manque, & m'engage souvent à le dire.

4. Je n'ai nulle peine à user de condescendance avec les personnes imparfaites ; au contraire, je suis portée sans en savoir la raison, à en user de cette maniere avec elles ; & j'en aurois du reproche si j'y manquois : mais avec les ames de grace, je ne puis porter cet agir humain, & je ne puis souffrir les conversations longues & fréquentes. C'est une chose dont peu de personnes sont capables, & qui n'est gueres connue. Les personnes spirituelles disent que ces conversations servent beaucoup : je crois que cela est vrai pour un tems, & non pour l'autre ; & qu'il y a un tems où cela nuit, sur tout lorsque c'est par choix ; notre penchant humain corrompant tout ; de sorte que les mêmes choses qui nous seroient utiles, quand Dieu nous y laisse entraîner par providence, deviendroient défectueuses lorsque nous les ferions par nous-mêmes. Cela me paroît si clair, qu'il me semble que si par obéissance ou par ordre de la providence je passois tout le jour avec les démons, cela m'ennuieroit moins que d'être une heure avec une personne spirituelle par choix & par inclination humaine : & cela est si vrai que quelque morte que paroisse la nature lorsqu'elle fait élection d'une personne plutôt que de l'autre parce qu'elle lui plait, pour s'entretenir avec elle sans nécessité, elle s'apperçoit que la nature y a pris part, qu'elle a quelque peine à s'en séparer, & qu'elle auroit plus d'inclination d'être avec cette personne qu'avec une autre : ce qui est une propriété contraire à la suprême indifférence & à l'abandon total. Lorsque c'est la nécessité ou la providence, quelque conformité ou inclination

que nous ayons avec elle, cela ne nous fait point de tort; parce que l'ordre & la volonté de Dieu purifient toutes choses.

5. La divine providence fait toute la régle & la conduite d'une ame perdue en Dieu : & comme une telle ame ne peut avoir de vue sur soi, ni pour se regarder, ni pour se précautionner, elle pourroit avoir de la peine de ce qu'elle fait des fautes sans pouvoir ni les prévoir, ni s'en défendre. Mais qu'elle se laisse conduire par la providence dans tous les momens, elle trouvera que sans y penser elle fera tout bien & qu'elle aura tout ce qu'il lui faut; parce que Dieu, à qui elle s'est confiée, lui fait faire à chaque moment ce qu'il veut d'elle, & lui fournit les occasions propres pour cela. Quand je dis qu'elle fera tout bien, c'est du côté de Dieu, qui aime ce qui est de son ordre & de sa volonté; mais non selon l'idée de l'homme ou de la raison, même de celle qui est illuminée; parce que Dieu cache ces personnes à tous les yeux, afin de se les conserver pour lui-même.

Mais d'où vient donc que les ames de ce dégré ne laissent pas de faire des fautes? C'est qu'elles ne sont pas fidelles à se laisser au moment présent : souvent même pour vouloir être trop fidelles, vous verrez des ames très-avancées faire quantité de fautes qu'elles ne peuvent ni prévoir ni éviter. Elles ne peuvent à la vérité les prévoir; & ce seroit pour elles une infidélité de le vouloir faire; & comme elles sont dans un grand oubli d'elles-mêmes, elles ne peuvent non plus les éviter. Qu'est-ce donc? Est-ce que Dieu abandonne les ames qui se confient à lui? Nullement. Dieu feroit plutôt un miracle pour les empêcher de tomber si elles étoient si abandonnées. Mais elles le paroissent toutes ? Il est vrai qu'elles le sont quant à la volonté de l'être ; mais elles ne le sont pas quant au moment présent : c'est ce qui fait qu'étant hors de l'ordre de Dieu elles tombent & retombent aussi longtems qu'elles sont hors de cet ordre divin ; & sitôt qu'elles y rentrent, tout se fait très-bien.

Et assurément si les ames de ce dégré étoient assez fidelles pour ne laisser échapper aucun des momens de l'ordre de Dieu sur elles, elles ne tomberoient point de cette sorte : cela me paroît plus clair que le jour : un os, par exemple, démis de sa place, & hors du lieu où l'économie de la sagesse divine l'avoit placé, ne cesse de faire mal jusqu'à ce qu'il soit dans son ordre naturel. D'où vient tant de troubles, de renversemens ? c'est que l'ame n'a pas voulu demeurer dans sa place, ni se contenter de ce qu'elle a & de ce qui lui arrive de moment en moment. Il en est de l'ordre de la grace comme de celui de la nature. Les diables mêmes souffriroient plus hors de l'enfer contre l'ordre de Dieu que dans l'enfer. De là vient qu'il y a de la miséricorde dans l'enfer même; & Ste. Cathérine de Genes assure, (a) que si l'ame qui meurt en péché mortel ne trouvoit pas l'enfer, qui est le lieu propre à son état, elle seroit dans des tourmens plus grands que ceux qu'elle trouve en ce lieu-là, & que c'est ce qui fait qu'elle s'y précipite d'elle-même avec impétuosité.

6. Si les hommes savoient ce secret, ils seroient tous pleinement contens & satisfaits. Mais, ô malheur trop déplorable ! au lieu de se contenter de ce que l'on a, on veut toujours ce que

(a) En son traité du Purgatoire.

l'on n'a pas. Mais lorſqu'il plaît à Dieu d'éclairer l'ame de ceci, elle commence d'être en paradis. Qu'eſt-ce qui fait le paradis ? C'eſt l'ordre de Dieu, qui rend tous les Saints infiniment contents quoique fort inégaux en gloire. D'où vient que des pauvres qui manquent de tout ſont ſi contens, & que des Rois à qui tout abonde ſont ſi malheureux ? C'eſt que l'homme qui ne ſait pas ſe contenter de ce qu'il a, ne ſera jamais ſans déſirs; & qui déſire quelque choſe ne ſera jamais content.

7. Toutes les ames ont des déſirs plus ou moins forts, excepté celles qui ſont dans le moment divin. Il y a même de grandes ames qui n'en ont que de preſque imperceptibles; d'autres qui en ont de ſi grands, qu'ils ſont l'admiration de ceux qui les connoiſſent. Les uns languiſſent ſur la terre, parce qu'ils brûlent d'aller voir Dieu. Les autres ſouhaitent de ſouffrir, & ſe conſument d'ardeur pour le martyre; d'autres pour le ſalut du prochain. Tout cela eſt très-excellent : mais celui qui ſe contente du moment divin, quoique exempt de tous ces deſirs, eſt infiniment plus content, & glorifie Dieu davantage.

Ce n'eſt pas que dans le moment qu'il faut ſouffrir, comme c'eſt alors l'ordre de Dieu, le déſir de ce que l'on a n'accompagne la choſe même. Il eſt écrit touchant Jéſus-Chriſt lorſqu'il chaſſa du Temple ceux qui le profanoient ; (a) *le Zele de votre maiſon m'a dévoré*; & ce fut dans ce moment l'ordre de Dieu que ces paroles euſſent leur effet; car hors de là, combien de fois Jéſus-Chriſt n'a-t-il pas été au temple ſans de tels déſirs ? Ne dit-il pas lui-même en diverſes rencon-

(a) Jean 2. v. 17.

contres, que son heure n'étoit pas encore venue ? Tant de Saints, comme S. André, témoignent leurs désirs pour la croix lorsqu'ils la possedent.

8. Les Saints, dans le ciel, désirent toujours Dieu, & le possedent toujours. Ce n'est pas proprement un désir de ces choses. C'est un *appétit*, que le bien présent fait naître, & qui loin de causer de la peine & de l'inquiétude, augmente le plaisir de la jouissance. Ce désir est pris pour un vol, ou un pas de l'esprit. C'est un avancement en Dieu que le désir des Anges; d'où vient qu'ils jouissent continuellement & avancent sans cesse dans la jouissance, découvrant de nouvelles beautés en Dieu qui les ravissent, sans que l'éternité puisse jamais épuiser ces trésors toujours nouveaux de cette beauté toujours ancienne & toujours nouvelle. Ils connoîtront toujours ce qu'ils ont connu d'abord, & il y aura à tous les instans des nouveautés qui charmeront & qui les feront entrer dans de nouvelles jouissances. Ce sont là les désirs des Anges.

9. Ste. Cathérine de Genes assure, (*a*) qu'une ame dans le purgatoire ne sauroit désirer sa délivrance; car ce seroit une propriété imparfaite, dont ces ames ne sont pas capables : Elles demeurent abîmées dans l'ordre divin, sans pouvoir réfléchir sur elles-mêmes. Elle entend sans doute parler de ce désir qui porte avec soi un retour propriétaire qui regarde l'avantage de l'ame propre : ce désir étant hors de l'ordre & de la disposition divine sur ses ames, troubleroit leur tranquillité, & les mettroit dans une imperfection actuelle, dont elles sont absolument incapables.

(*a*) Dans son Traité du Purgatoire.

Mais pour l'inſtinct foncier qu'elles ont de retourner à leur centre, & qui eſt dans leur nature, il eſt ſi fort, quoique paiſible, qu'il ſeroit capable d'anéantir ces ames ſi elles n'étoient ſoutenues par une vertu divine. Quant aux déſirs pris comme produits par leur volonté, elles n'en ont aucun : mais pour l'inſtinct de l'union à leur origine, il eſt ſi fort, que c'eſt ce qui fait leur véritable tourment, empêchées qu'elles ſont de le ſuivre par leurs imperfections. Car la pente de l'ame vers ſon centre eſt ſi forte, que toutes les impétuoſités que nous voyons dans les autres créatures inanimées pour retourner au leur, ne ſont pas l'ombre de la tendance de l'ame pour ſa fin. La raiſon en eſt priſe du côté de l'éminence du centre, qui a en ſoi une qualité d'autant plus attirante qu'il eſt plus excellent. L'excellence de Dieu étant infinie, il eſt aiſé de juger de la force de ſon attrait : La nobleſſe de l'ame, qui ne tend qu'à ſon élévation, fait qu'elle a un poids d'impétuoſité très-fort vers ſon centre : & de cet attrait infini de Dieu, auſſi bien que de la pente de l'ame à ſuivre cet attrait central, on peut juger de la peine des ames du purgatoire, qui ſont arrêtées, plus ou moins, ſelon que les obſtacles qui les empêchent de ſe perdre en Dieu ſont plus ou moins forts.

C'eſt auſſi la peine du dam aux ames qui ſont dans l'enfer, peine d'autant plus grande qu'elle eſt accompagnée du déſeſpoir de pouvoir jamais être unies à leur centre, qui eſt la fin de leur création : car éternellement elles ſeront attirées de Dieu par une extrême violence, & repouſſées avec plus de force par lui. C'eſt le plus fort tourment des damnés, tourment inconcevable.

10. Ce qui fait que nous ne ſentons pas ici ce

poids si fort de notre retardement, & cet attrait puissant pour notre centre, c'est à cause de notre corps qui en s'amusant à tous les objets créés, fait diversion, & ôte l'attention de l'ame, ensorte qu'elle ne sent cette vertu attirante du centre que par une inquiétude qui l'empêche de trouver aucun repos sur la terre. Une ame bien perdue en Dieu, souffriroit toutes les peines possibles en paix & sans nul retour sur elle, tant parce qu'elle seroit abîmée dans l'ordre & la volonté de Dieu, que parce qu'étant dans le repos central, elle ne peut plus souffrir d'inquiétude; ce qui pourtant n'empêche pas la souffrance toute pure & très-forte, de même que l'abandon parfait n'empêche pas la souffrance des ames du purgatoire.

Je crois qu'il en est de même pour la purification (de l'autre vie) comme pour la souffrance (en celle-ci.) Là ces ames se laissent purifier à Dieu dans une passiveté consommée, laissant aux flammes le soin de faire ce que Dieu leur commande, sans retour ni réflexion. Ici les ames perdues en Dieu se laissent purifier à Dieu sans y mettre la main, se laissant dévorer au feu intérieur que leurs fautes leur causent. Et de même que l'ame de purgatoire lorsqu'elle n'a plus rien à purifier ne souffre plus dans les flammes; aussi lorsque Dieu par son activité divine a purifié le défaut de la créature, la peine cesse, & l'ame sent bien qu'elle est remise en sa place : & comme dans le purgatoire les ames souffrent plus ou moins, selon qu'elles ont plus ou moins à purifier; de même l'ame dans cet état après sa chûte souffre plus ou moins, selon la qualité de la faute. Je me suis furieusement écartée.

(*Fin de l'an* 1682.).

CHAPITRE XI.

Doute du Pere la Combe au sujet de ce qu'il entre dans l'état de foi nue ; & sur le sens des prédictions. Diverses providences & persécutions, sans qu'elle se mette en peine de ce qu'on dit d'elle. Maternité spirituelle, même par rapport à ce Pere. Une retraite l'unit purement à Dieu, qui lui donne d'écrire d'une maniere divine. Elle écrit un traité. Dieu l'oblige à se communiquer par écrit au Pere la Combe, à lui déclarer les défauts qu'il a encore, & ceux d'une autre personne ; & combien elle en souffre.

1. APRES que le Pere la Combe fut revenu de Rome approuvé avec éloge pour sa doctrine, il fit ses fonctions de prêcher & de confesser comme à l'ordinaire : & comme j'avois en mon particulier une permission de Monsieur de Geneve de me confesser à lui, je m'en servis. Il me dit d'abord qu'il falloit m'en retourner, comme je l'ai dit. Je lui en demandai la raison. C'est que je crois, dit-il, que Dieu ne fera rien de vous ici, & que mes lumieres sont tromperies. Ce qui le fit parler de la sorte fut, qu'étant à Lorette en dévotion dans la Chapelle de la Ste. Vierge, il fut tiré tout-à-coup de sa voie de lumieres & mis dans la voie de foi nue. Or comme cet état fait défaillir à toute lumiere distincte, l'ame qui s'y trouve plongée, se trouve dans une peine d'autant plus grande, que son état avoit été plus lumineux. C'est ce qui lui fait juger que toutes les lumieres sur lesquelles elle s'appuyoit auparavant ne sont que tromperies : Ce qui est vrai dans un sens ; & non dans un autre : puisque

les lumieres font toujours lumieres bonnes & véritables lorfqu'elles font de Dieu : mais c'eft qu'en nous y appuyant, nous les entendons ou les interprêtons mal. Et c'eft en cela qu'eft la tromperie : car elles ont une fignification connue de Dieu ; mais nous leur donnons un fens ; puis l'amour propre fâché de ce que les chofes n'arrivent pas felon fes lumieres, les accufe de fauffeté. Elles font néanmoins très-véritables en leur fens. Par exemple : une Religieufe avoit dit au P. la Combe que Dieu lui avoit fait connoître que le Pere feroit un jour *Confeffeur de fa Souveraine.* Cela en un fens fe pouvoit prendre pour confeffer ou diriger la Princeffe ; & c'eft dans ce fens qu'on le prenoit : mais il me fut donné à connoître qu'il s'entendoit de la perfécution, où il a eu l'occafion de confeffer fa foi, & de fouffrir pour la volonté de Dieu, qui eft fa Souveraine; & ainfi de mille autres chofes. N'ai-je pas été auffi *fille de la croix de Geneve*, (ce qui m'avoit été prédit,) puifque le voyage de Geneve m'a attiré tant de croix ; & *mere d'un grand peuple*, comme l'on verra dans la fuite par les ames que Dieu m'a données, & qu'il me donne encore tous les jours au milieu de ma captivité ?

2. Je rendis compte au P. la Combe de ce que j'avois fait & fouffert en fon abfence, & lui dis le foin que vous preniez, ô mon Dieu, de toutes mes affaires. Je voyois fans ceffe votre providence s'étendre jufqu'aux moindres chofes. Après avoir été plufieurs mois fans nulles nouvelles de mes papiers, & que l'on me preffoit même pour écrire, me blâmant de mon peu de foin, une main invifible me retenoit ; & ma paix & ma confiance étoient fi grandes, que je ne pouvois me mé-

mêler de rien. A quelque tems de là je reçus une lettre de l'Ecclésiastique du logis, qui me manda qu'il avoit ordre de me venir voir, & de m'apporter mes papiers. J'avois fait venir de Paris un ballot pour ma fille, assez considérable, il se perdit sur le lac, & je n'en pûs apprendre nulles nouvelles, sans que pourtant je m'en misse en peine. Je croiois toujours qu'on le trouveroit. Celui qui l'avoit fait charger le fit chercher un mois durant dans tous les environs sans en pouvoir apprendre de nouvelles. Au bout de trois mois une personne nous le fit rapporter. On le trouva chez un pauvre homme qui ne l'avoit pas ouvert, & qui ne savoit pas qui l'avoit apporté là.

Une fois que j'avois envoié querir tout l'argent qui me devoit servir à vivre une année entiere, la personne qui avoit été recevoir la lettre de change aiant mis cet argent en deux sacs sur son cheval, oublia qu'il y étoit ; & aiant donné le cheval à mener à un petit Garçon, il laisse tomber l'argent de dessus le cheval au milieu du marché à Geneve. J'arrivai dans ce moment, venant d'un autre côté ; & étant descendue de ma litiere, la premiere chose que je trouvai fut mon argent, sur lequel je marchai, & ce qui est surprenant, c'est qu'y ayant un si grand monde en cet endroit, personne ne l'avoit apperçu. Il m'est arrivé quantité de choses à peu près pareilles que je ne rapporte pas pour éviter la longueur, me contentant de ces exemples pour faire voir la protection de Dieu.

3. Monsieur de Geneve continuoit à me persécuter : & lors qu'il m'écrivoit, c'étoit toujours en me faisant des honnêtetés & des remercimens des charités que je faisois à Gex ; & de l'autre côté, il disoit que je ne donnois rien à cette Mai-

son. Il écrivit même contre moi aux Urfulines où je demeurois, leur mandant qu'elles empéchaſſent que j'euſſe de conférence avec le P. la Combe *de peur des ſuites funeſtes.* Le Supérieur de la Maiſon, homme de mérite, & la Supérieure, auſſi bien que la Communauté, ſe trouvérent ſi indignés de cela, qu'ils ne purent s'empécher de le témoigner à lui-même, qui s'excuſoit toujours ſur un reſpect apparent & ſur un, *je ne l'entendois pas de cette ſorte.* Elles lui écrivirent, que je ne voiois le Pére qu'au Confeſſionnal, & non en Conférence ; qu'elles étoient ſi fort édifiées de moi, qu'elles ſe trouvoient trop heureuſes de m'avoir, & qu'elles regardoient cela comme une grande grace de Dieu. Ce qu'elles diſoient par pure charité ne plut gueres à Mr. de Geneve qui voiant que l'on m'aimoit dans cette Maiſon, diſoit que je gagnois tout le monde & qu'il ſouhaitoit que je fuſſe hors de ſon Diocéſe. Quoique je ſuſſe tout cela, & que ces bonnes ſœurs en euſſent une extrême peine, je n'en pouvois avoir, à cauſe de l'établiſſement où étoit mon ame, votre volonté, mon Dieu, me rendant tout égal. Je vous trouve auſſi bien dans une choſe que dans une autre : & depuis que votre volonté m'eſt vous-même, tout dans cette volonté m'eſt vous, ô mon Amour ; de ſorte que toutes les peines que les créatures peuvent faire, quelque déraiſonnables, & même paſſionnées qu'elles paroiſſent, ne ſe regardent pas en elles-mêmes, mais en Dieu ; non que l'ame ait cette vue actuelle, mais cela eſt ; & la foi habituelle fait tout voir en Dieu ſans diſtinction. Auſſi lorſque je vois ces pauvres ames ſe donner tant de peines pour des diſcours en l'air, être toujours sur la précaution ou dans l'éclaircissement, je leur porte compassion de leur peu de lumiere : & plus les ames ont de grace, & plus cela me paroit étrange. On a cependant des raisons, que l'amour propre fait paroitre très justes.

4. Pour me soulager un peu de la fatigue que me donnoient des conversations continuelles, (je dis fatigue, parce que le corps étoit tout languissant de la force de l'opération de Dieu,) je priai le P. la Combe après son arrivée, de me permettre une retraite, & de dire qu'il vouloit que j'en fisse une. Il le leur dit ; mais elles avoient peine à me laisser en repos. Ce fut là que je me laissois dévorer tout le jour à l'amour, qui ne faisoit point d'autre opération que de me consumer peu à peu. Ce fut là aussi où je sentis la qualité de *Mére Spirituelle* : car Dieu me donnoit un je ne sais quoi pour la perfection des ames que je ne pouvois cacher au P. la Combe. Il me sembloit que je voiois jusques dans le fond de son ame & jusqu'aux plus petits replis de son cœur. Notre Seigneur me fit voir qu'il étoit son serviteur choisi entre mille pour l'honorer singulierement, & qu'il n'y avoit aucun homme sur la terre pour lors sur lequel il eût jetté comme sur lui des regards de complaisance : mais qu'il le vouloit conduire par la mort totale & la perte entiere : qu'il vouloit que j'y contribuasse, & qu'il se serviroit de moi pour le faire marcher par un chemin où il ne m'avoit fait passer la premiere qu'afin que je fusse en état d'y conduire les autres, & de leur dire les routes par lesquelles j'avois passé : que mon ame étoit plus avancée pour lors que la sienne de beaucoup : que Dieu nous vouloit rendre uns & conformes; mais qu'il la passeroit un jour d'un vol hardi &

impétueux. Dieu fait combien j'en eus de joie, & avec quel plaisir je verrois mes enfans surpasser leur mere en gloire ; que je me livrerois volontiers en toute maniere pour que cela fût de la sorte.

5. Dans cette retraite il me vint un si fort mouvement d'écrire, que je ne pouvois y résister. La violence que je me faisois pour ne le point faire, me faisoit malade, & m'ôtoit la parole. Je fus fort surprise de me trouver de cette sorte ; car jamais cela ne m'étoit arrivé. Ce n'est pas que j'eusse rien de particulier à écrire : je n'avois chose au monde, pas même une idée de quoi que ce soit. C'étoit un simple instinct, avec une plénitude que je ne pouvois supporter. J'étois comme ces mères trop pleines de lait, qui souffrent beaucoup. Je déclarai au P. la Combe avec beaucoup de résistance la disposition où je me trouvois : il me répondit qu'il avoit eu de son côté un fort mouvement de me commander d'écrire ; mais qu'à cause que j'étois si languissante, il n'avoit osé me l'ordonner. Je lui dis que ma langueur ne venoit que de ma résistance, & que je croiois qu'aussitôt que j'écrirois, cela se passeroit. Il me demanda ; mais que voulez-vous écrire ? Je n'en sais rien, lui repliquai-je, je ne veux rien, & je n'ai nulle idée, & je croirois même faire une grande infidélité de m'en donner une, ni de penser un moment à ce que je pourrois écrire. Il m'ordonna de le faire. En prenant la plume je ne savois pas le premier mot de ce que je voulois écrire. Je me mis à écrire sans savoir comment, & je trouvois que cela venoit avec une impétuosité étrange. Ce qui me surprenoit le plus étoit, que cela couloit comme du fond, & ne passoit point par ma tête. Je n'étois pas encore accoutumée à cette

maniere d'écrire ; cependant j'écrivis (a) un traité entier de toute la voie intérieure fous la comparaifon des rivieres & des fleuves. Quoiqu'il foit affez long, & que la comparaifon y foit foutenue jufqu'au bout, je n'ai jamais formé une penfée, ni n'ai jamais pris garde où j'en étois reftée : & malgré des interruptions continuelles, je n'ai jamais rien relu que fur la fin, où je relus une ligne ou deux à caufe d'un mot coupé que j'avois laiffé ; encore crus-je avoir fait une infidélité. Je ne favois avant d'écrire ce que j'allois écrire : étoit-il écrit, je n'y penfois plus. J'aurois fait une infidélité de retenir quelque penfée pour la mettre, & Notre Seigneur me fit la grace, que cela n'arriva pas : à mefure que j'écrivois, je me fentois foulagée, & je me portois mieux.

6. Comme la voie par laquelle Dieu conduifoit le P. la Combe étoit bien différente de celle par laquelle il avoit marché jufqu'alors, qui avoit été toute lumiere, ardeur, connoiffance, certitude, affurance, fentimens; & que maintenant il le faifoit aller par le petit fentier de la foi & de la nudité, il avoit une extrême peine à s'y ajufter : ce qui ne me caufoit pas une petite fouffrance : car Dieu me faifoit fentir & paier avec une extrême rigueur toutes fes réfiftances. Qui pourroit exprimer ce qu'il a couté à mon cœur avant qu'il fut formé felon le vôtre & felon votre volonté ? Il n'y a que vous, ô mon Dieu, qui l'avez fait, qui le fachiez. Plus cette ame eft précieufe devant vos yeux, plus vous avez voulu me la faire payer chérement. Je puis bien

(a) En 1683. C'eft le traité intitulé, *les Torrens*, qui a été imprimé deux fois en Hollande dans les *opufcules fpirituels*, de *Mad. Guyon*, au Tom. I. l'an 1704. & plus complet au Tom. II. 1712.

dire que c'eſt ſur moi que (a) la robe de la nouvelle vie que vous lui avez donnée a été refaite. Je fus réduite à une double peine ; l'une étoit, que la poſſeſſion que Dieu avoit de mon ame devenoit tous les jours plus forte, enſorte que je paſſois quelquefois les jours ſans qu'il me fût poſſible de prononcer une parole ; car Dieu me vouloit alors plus enfoncer en lui-même, & me perdre davantage en lui pour me faire paſſer en lui par une transformation entiere. Quoique mon état fût inſenſible, il fut ſi profond, & Dieu devenoit de plus en plus ſi fort le maître, qu'il ne me laiſſoit pas un mouvement propre. Cet état ne m'empéchoit point de condeſcendre à ma ſœur & aux autres Religieuſes : cependant les choſes inutiles dans leſquelles elles s'occupoient, ne pouvoient gueres compatir à mon état : & c'eſt ce qui me porta à demander de faire une retraite, pour me laiſſer poſſéder au gré de celui qui me tenoit ſerrée d'une maniere ineffable. Il purifia dans ce tems, un reſte de nature bien ſubtil & délicat ; de ſorte que mon ame ſe trouva dans une extrême pureté. Ce fut là que les (b) entredeux dont j'ai parlé, furent conſumés. Je n'en ai point vû depuis de cette ſorte, parce qu'il ſe fit un vrai (c) mélange de l'amant & de l'amante, de telle ſorte qu'ils furent faits *une (d) même choſe*. Ce fut alors qu'il me fut donné d'écrire en maniere purement divine. Tout ce que j'avois écrit autrefois avant le tems de mon épreuve, fut condamné au

---

(a) Ci-deſſus, Chap. VII. v. 10. (b) Ci-deſſus Chap. VIII. § 2. (c) Ces termes ſont familiers aux Ecrivains les plus ſpirituels, nommément au grand St. Macaire, comme il paroit par ſes Homelies I. X. XII. XVIII. XXIV. XXXII. XLIV. (d) Jean 17. v. 21. 23. 1. Cor. 6. v. 17.

feu par l'amour examinateur, qui trouvoit du defaut dans tout ce qui paroiſſoit le plus parfait. Je réſiſtai, comme j'ai dit: mais Dieu devint ſi fort le maitre, qu'il me mettoit à la mort dès que je lui réſiſtois en la moindre choſe. O Dieu! que j'éprouvois alors ces paroles: (a) *Qui a pu réſiſter à Dieu, & vivre en paix?* Je n'étois pas encore verſée dans la maniere dont il ſait ſe faire obéir d'une ame qu'il poſſéde parfaitement: c'eſt pourquoi je ne me rendois pas d'abord: mais enfin je ſuivis le mouvement de l'Eſprit en ce qu'il me faiſoit faire; & quoique je ne penſaſſe ni à arranger les choſes, ni même à ce que j'écrivois, elles ſe trouvérent auſſi ſuivies & auſſi juſtes, que ſi j'avois pris tout le ſoin imaginable de les mettre dans l'ordre.

7. [L'autre peine où je fus reduite, fut que] vous voulûtes, ô mon Dieu, pour m'accoutumer à la ſoupleſſe de votre Eſprit, exiger des choſes de moi pour un tems qui me coutérent beaucoup, & me cauſérent de bonnes croix. Notre Seigneur me lia plus étroitement avec le Pére la Combe; mais d'une union auſſi pure que ſpirituelle. Il voulut que je lui diſſe juſqu'aux moindres de mes penſées, ou que je les lui écriviſſe. Car comme il étoit ſouvent abſent, ſoit en miſſion, où il étoit continuellement; ſoit pour les affaires de la Maiſon, il n'étoit pas ſouvent à Tonon. Ceci me couta extrémement; parce que c'étoit une choſe que je n'avois jamais faite dans le tems que je l'aurois pû commodément autrefois, étant encore en moi-même où j'aurois pû parler aux Directeurs. Mais cela me paroiſſoit alors amuſement & perte de tems: je me figurois même,

(a) Job 9. v. 4.

faute d'expérience, que cela ne se pouvoit faire sans réflexion; & que comme la réflexion étoit entierement oposée à mon état, c'étoit me nuire fort. Je disois avec l'Epouse: (*a*) *J'ai lavé mes pieds; comment les salirai-je! J'ai dépouillé ma robe; comment la revétirai-je!* Mon esprit, qui est si nud, sera-t'il encore rempli? & après n'avoir été assujettie qu'à Dieu seul, faut-il que je la sois à la créature? Car je ne comprenois pas alors le dessein de Dieu en cela. J'aurois bien voulu m'échaper si j'avois été maitresse de moi-même, mais je ne pouvois: car outre que Notre Seigneur me châtioit très-rigoureusement lors que je lui résistois le moins du monde, c'est que mon esprit restoit toujours occupé de la pensée jusqu'à ce que j'eusse obéï; & loin d'avoir sa premiere netteté, il se salissoit par ces especes: & quoique ce fut de bonnes choses, ou du moins d'indifférentes, ce vuide pur & net en étoit gâté. Que l'on trouble l'eau avec une canne d'or ou de bois, c'est toujours la troubler: Mais sitôt que j'avois dit la pensée, mon esprit reprenoit sa premiere paix, sa netteté, & son vide. J'étois surprise de voir que le besoin de lui écrire augmentât chaque jour dans le dessein & l'ordre de Dieu. Mais ce qui me rassuroit, c'est que j'étois tellement dégagée de tout sensible & de toute attache à son égard, que j'en étois dans l'étonnement. Plus l'union devenoit forte, plus nous étions unis à Dieu & éloignés des sentimens humains.

8. J'étois encore plus portée à ne lui rien pardonner & à désirer sa propre destruction, afin que Dieu regnât seul. Je lui disois avec beaucoup de fidélité tout ce que Dieu me donnoit à connoi-

(*a*) Cant. 5. v. 3.

tre qu'il désiroit de lui; & ce fut là l'endroit fort à passer. L'obligation où Dieu me mit de lui dire les défauts essentiels de la Sœur qui avoit soin de ma fille, (comme il étoit prévenu en sa faveur, à cause des lumieres qu'elle lui disoit avoir,) le fâchoit contre moi pour plusieurs jours. Lors que je lui avois dit quelque chose, cela lui causoit du rebut pour moi & de l'éloignement. Notre Seigneur me le faisoit sentir avec douleur quoiqu'il ne m'en dit rien. J'éprouvois que Notre Seigneur m'obligeoit de le retenir, & me faisoit paier par la souffrance son infidélité. D'un autre côté si je voulois ne lui rien dire, & retenir des vues qui ne servoient qu'à le peiner, Notre Seigneur me mettoit à la mort, & ne me donnoit aucun repos que je ne lui eusse déclaré & ma peine & ma pensée : de sorte que j'ai souffert là dessus un martire qui passe tout ce qui s'en peut dire, & qui a été très long.

CHAPITRE XII.

Son entrée dans l'état d'enfance & d'obéissance de Jésus-Christ, & pourquoi. Commander & obéir par le Verbe. Comment Jésus-Christ même fait des miracles par l'ame anéantie. Grande maladie, où elle porte l'état enfantin de Jésus-Christ. Dieu commande par son entremise. Ecrire ses pensées, moyen d'acquerir la simplicité. Ses souffrances à l'occasion du Pere la Combe.

1. Notre Seigneur qui vouloit véritablement que je le portasse dans tous ses états, me faisant commencer depuis le premier jusqu'au dernier, comme je le dirai, & qui me vouloit simplifier entierement, me donna à l'égard du P. la Com-

be une obéissance si miraculeuse, qu'en quelque extrêmité de maladie que je fusse, je guérissois lors qu'il me l'ordonnoit soit de parole, soit par lettre. Je crois que Notre Seigneur le faisoit pour me faire exprimer JESUS-CHRIST ENFANT & obéissant, & aussi pour être un signe & un témoignage à ce bon Pere, qui aiant été conduit par les (a) *témoignages*, ne pouvoit sortir de cette voie; & en tout ce qu'on lui disoit, ou que Dieu lui faisoit éprouver, il alloit toujours cherchant les témoignages. C'est où il a eu le plus de peine à mourir, & par quoi il m'a tant fait souffrir. Notre Seigneur pour le faire entrer plus aisément dans ce qu'il vouloit de lui & de moi, lui donna le plus grand de tous les témoignages, qui fut, cette obéissance miraculeuse : & pour faire voir qu'elle ne dépendoit pas de moi, & que Dieu la donnoit pour lui, lors qu'il fut assez fort pour perdre tout témoignage, & que Dieu le voulut faire entrer dans la perte, cette obéissance me fut ôtée de telle sorte, que, sans y faire attention, je ne pouvois plus obéir : & cela se faisoit pour le perdre davantage & lui ôter le soutien de ce témoignage ; car alors tous mes efforts étoient inutiles : il me falloit suivre au dedans celui qui étoit mon maître, & qui me donnoit cette répugnance à obéir, qui ne dura que le tems qui étoit nécessaire pour perdre l'appui qu'il auroit pris (& peut-être moi aussi) dans l'obéissance. J'avois alors un si fort instinct pour sa perfection, & pour le voir mourir à lui-même, que je lui eusse souhaité tous les maux imaginables, loin de le plaindre. Lors qu'il n'étoit pas

(a) C. à. d. Marques sensibles, preuves & raisons perceptibles.

fidéle, ou qu'il prenoit les chofes (a) en vie, je me fentois dévorer : ce qui ne me furprit pas peu, aiant été auffi indifférente que je l'avois été jufqu'alors. Je m'en plaignis à Notre Seigneur, qui me raffura avec une bonté extrême, auffi bien que fur l'extrême dépendance qu'il me donnoit, qui devint telle, que j'étois comme un enfant.

2. Ma fœur m'avoit amené une (*) fille que Dieu me vouloit donner pour la façonner à fa mode, non fans me crucifier, (ce qui ne fera je crois jamais, que j'aie quelques perfonnes que Notre Seigneur me donne fans leur donner auffi en même tems de quoi me faire fouffrir, foit pour les porter à l'intérieur elles-mêmes, ou pour ne me laiffer jamais fans croix.) C'étoit une fille à qui Notre Seigneur avoit fait des graces bien fingulieres, & qui étoit en très-grande réputation dans le pays, où elle paffoit pour fainte. Notre Seigneur ne me l'amena que pour lui faire voir la différence de la fainteté conçue & comprife dans les dons, (de quoi elle étoit pour lors revêtue,) d'avec la fainteté qui s'acquiert par notre entiere deftruction, par la perte de ces mêmes dons & de ce que nous fommes. Cette fille tomba grièvement malade. Notre Seigneur lui donna la même dépendance pour moi, que j'avois à l'égard du P. la Combe, avec quelque différence cependant : Je l'affiftai de mon mieux : mais je trouvai que je n'avois prefque rien à lui dire finon à commander à fon mal & à fa difpofition; & tout ce que je difois, étoit fait. Ce fut alors que j'appris ce que c'étoit que de *commander par*

(a) C. à. d. autrement que pour avancer fa mort miftique.
(*) Une de ces filles qui a été 12. ans à la Baftille quand Mad. Guyon y fut.

le Verbe, & *d'obéir par le même Verbe*. Je trouvois en moi Jesus-Christ commandant & obéissant également. Notre Seigneur donna puissance au démon de tourmenter cette pauvre fille comme Job. Le démon, comme s'il n'eût pas été assez fort tout seul, se fit accompagner de cinq, qui la reduisirent à tel état avec sa maladie, qu'elle en étoit à la mort. Ces misérables fuioient dès que j'approchois de son lit ; & je n'en étois pas plutôt sortie, qu'ils revenoient avec plus de fureur, & ils lui disoient, *c'est pour nous dédommager du mal qu'elle nous a fait*, parlant de moi. Comme je vis qu'elle étoit trop abattue, & que son corps foible ne pouvoit plus souffrir le tourment qu'ils lui faisoient, je leur défendis de l'approcher pour un tems : ils se retirerent aussitôt : mais le lendemain à mon reveil j'eus un fort mouvement de leur permettre de l'aller trouver : ils revinrent avec tant de fureur, qu'ils la reduisirent à l'extrémité. Après avoir donné comme cela quelque relâche à diverses reprises, & leur avoir permis de retourner, j'eus un fort mouvement de leur défendre de plus l'attaquer. Je le leur défendis : ils n'y retournerent pas depuis. Elle ne laissa pas d'être encore malade, jusqu'à ce qu'un jour, qu'elle avoit reçu Notre Seigneur avec une telle foiblesse, qu'elle ne pouvoit presque avaler la sainte Hostie, l'après-diner j'eus un fort mouvement de lui dire ; levez-vous, & ne soiez plus malade. Elle se leva, & ne fut plus malade. Les Religieuses furent fort étonnées : & comme elles ne savoient rien de ce qui se passoit, & qu'elles la virent sur pied après avoir été le matin à l'extrémité, elles attribuérent son mal à vapeur.

3. Sitôt que les Démons se furent retirés de cette fille, je sentois comme par une impression la rage où ils étoient contre moi. J'étois dans mon lit, & je leur disois ; venez à moi me tourmenter si votre maître vous le permet : mais bien loin de le faire, ils me fuioient. Je compris d'abord que les démons craignent plus que l'enfer une ame anéantie, & que ce ne sont pas celles qui sont conduites en foi qu'ils attaquent, pour les raisons que j'ai dites. Je sentois en moi une telle autorité sur le Démon, bien loin de le craindre, qu'il me sembloit que je les aurois tous fait fuir de l'enfer si j'y avois été. Il faut savoir que l'ame dont je parle, en qui Jesus-Christ vit & opére, ne fait pas les miracles comme ceux qui les font par une vertu qui est en eux de faire des miracles. Ceux-ci s'operent par l'anéantissement de l'ame : de sorte que comme elle n'est plus rien, il ne lui faut rien attribuer de tout cela : aussi elle ne dit point lors que le mouvement la pousse : Guérissez au nom de Jesus-Christ ; car ce *guérissez au nom de Jesus-Christ*, est une vertu de faire des miracles en la personne au nom de Jesus-Christ. Ici il n'en est pas de même : c'est JESUS-CHRIST qui fait le miracle, & qui dit par cette personne : *soiez guéri*, & l'on est guéri ; *que les démons se retirent*, & ils se retirent. Lors qu'on dit cela, on ne sait pourquoi on le dit, ni ce qui le fait dire ; mais c'est le Verbe qui parle, & opére ce qu'il dit : (a) *dixit & facta sunt*. On ne se sert point de prieres avant cela : car ces miracles se font sans qu'on ait dessein de les faire, & sans que l'ame regarde cela comme un miracle. On dit tout naturellement ce qui est

(a) Ps. 32. v. 9.

donné de dire. Jesus-Christ voulut prier à la resurrection de Lazare ; mais il dit qu'il ne le faisoit qu'à cause de ceux qui étoient présens, car dit-il à son Pére : (a) *Je sais que vous m'exaucez toujours ; mais je dis cela afin que ceux-ci croient que vous m'avez envoié.* Les autres serviteurs de Dieu, gratifiés du don de miracles, prient, & par là obtiennent ce qu'ils veulent : mais ici c'est le Verbe qui use de son autorité, & qui agit par la parole de la personne en qui il vit & régne.

4. Sur quoi il faut remarquer deux choses : l'une, que les ames dont je parle ne font point leurs miracles pour l'ordinaire en donnant quelque chose, ou en touchant simplement ; mais c'est par la parole, quoiqu'elles l'accompagnent quelquefois du toucher. C'est la Parole toute puissante. L'autre chose est, que ces miracles requierent le consentement, ou du moins, qu'il n'y ait nulle oposition en celui sur qui on les fait. Notre Seigneur Jesus-Christ demandoit à ces bonnes gens qu'il guérissoit ; (b) *Voulez-vous être guéris ?* Y avoit-il du doute là dessus, que des gens qui venoient à lui pour cela, ou qui ne désiroient autre chose, le voulussent ? C'est là le secret de l'opération du Verbe & de la liberté de l'homme. Sur les morts, ou sur les créatures inanimées, il n'en est pas de même : Il dit ; & son dire est faire : mais là, il faut le consentement de l'ame. Je l'ai éprouvé bien des fois, & je sentois en moi comment Dieu non seulement respecte la liberté de l'homme, mais même comment il veut un consentement libre : car lorsque je disois : Soiez guéris, ou, pour des peines intérieu-

(a) Jean 11. v. 42. (b) Jean 5. v. 6.

res, soiez délivrés de vos peines ; s'ils acquiesçoient sans rien répondre, ils étoient guéris, & la parole étoit efficace : s'ils résistoient sous bons prétextes, comme disant, je serai guéri quand il plaira à Dieu ; je ne veux être guéri que lorsqu'il le voudra, ou en maniere de désespoir ; je ne guérirai point, je ne sortirai point de cette peine ; alors la parole n'avoit point d'effet, & je le sentois en moi, je sentois que la vertu se retiroit en moi, & j'éprouvois ce que Notre Seigneur dit lors que la femme (*a*) hémorroïsse le toucha, & qu'il demanda ; *qui m'a touché ?* Les Apôtres lui dirent ; *la presse vous environne, & vous demandez, qui vous a touché !* C'est, répondit Notre Seigneur, qu'*il est sorti de moi une vertu divine.* De même Jésus-Christ en moi, ou plutôt par moi, faisoit écouler cette vertu divine par le moien de sa parole ; mais lors que cette vertu n'étoit pas reçue dans le sujet faute de correspondance, je la sentois suspendue dans sa source ; & cela me faisoit une espece de peine. Je me serois quasi fâchée contre ces personnes : mais lors qu'il n'y avoit point de résistance, mais un plein acquiescement, cette vertu divine avoit son plein effet. On ne sauroit croire la délicatesse de cette vertu divine : quoiqu'elle soit si puissante sur les choses inanimées, la moindre chose sur l'homme ou l'arrête tout à fait, ou la restraint.

5. Il y eut une bonne Religieuse affligée d'une violente tentation. Elle alla se déclarer à une Sœur qu'elle croioit fort spirituelle & en état de la secourir : mais loin de trouver du secours elle en fut fort rebutée, l'autre la méprisoit ; & la

(*a*) Luc 8. v. 45. 46.

traitant même avec rigueur parce qu'elle avoit des tentations, elle lui difoit: N'approchez point de moi, je vous prie, puis que vous êtes de cette forte. Cette pauvre fille vint me trouver dans une défolation effroiable, fe croiant perdue, à caufe de ce que cette Sœur lui avoit dit. Je la confolai: & Notre Seigneur la foulagea d'abord: mais je ne pûs m'empêcher de lui dire qu'affurément l'autre feroit punie, & qu'elle tomberoit dans un état pire que le fien. Celle qui en avoit ufé de la forte me vint trouver fort contente d'elle-même, & elle me dit ce qu'elle avoit répondu, & m'ajouta, qu'elle avoit les perfonnes tentées en horreur; que pour elle, elle étoit à couvert de tout cela, & qu'elle n'avoit jamais eu une mauvaife penfée. Je lui dis; ma Sœur, pour l'amitié que j'ai pour vous je vous fouhaite la peine de celle qui vous a parlé, & encore une plus forte: Elle me répondit affez fierement; fi vous la demandez à Dieu pour moi, & que je lui demande le contraire, je crois que je ferai du moins auffitôt exaucée que vous. Je lui répondis avec affez de fermeté: fi ce font mes intérêts que je regarde, je ne ferai pas exaucée: mais fi ce font ceux de Dieu feulement & les vôtres, il le fera plutôt que vous ne penfez. Je lui dis cela fans réflexion. La nuit même (c'étoit le foir que nous parlions) elle entra dans une fi forte & fi furieufe tentation, qu'il ne s'en eft gueres vû de pareille: elle lui continua de même force quinze jours. Ce fut alors qu'elle eut tout fujet de reconnoitre fa foibleffe & ce que nous ferions fans la grace. Elle conçut d'abord une haine pour moi inconcevable, difant que j'étois caufe de fa peine: Mais comme elle lui fervit

vit ainsi que la boue de l'aveugle-né à l'éclairer, elle vit fort bien ce qui lui avoit attiré un état si terrible.

6. *Je tombai malade à l'extrêmité.* Cette maladie fut un moyen pour couvrir les grands mysteres que Dieu vouloit opérer en moi. Jamais maladie ne fut plus extraordinaire ni plus longue dans son excès. Elle dura depuis la Ste. Croix de Septembre, (1683.) jusqu'à celle de Mai. Je fus réduite à un état de petit enfant; mais état qui ne paroissoit qu'à ceux qui en étoient capables : car pour les autres, je paroissois dans une situation ordinaire. Je fus mise dans la dépendance de Jesus-Christ Enfant, qui vouloit bien se communiquer à moi dans son état d'Enfance, & que je le portasse tel. Cet état me fut communiqué presque aussi-tôt que je tombai malade, & la dépendance égale à l'état. Plus j'allois en avant, plus j'étois affranchie de cette dépendance, comme les enfans sortent peu à peu de la dépendance à mesure qu'ils croissent. Mon mal fut d'abord une fiévre continué de quarante jours. Depuis la Ste. Croix de Septembre jusqu'à l'Avent, c'étoit une fiévre moins violente ; mais après l'Avent elle me prit d'une maniere plus violente. Le Maître voulut, malgré mes maux, que je le fusse recevoir à Noël, à minuit. Le jour de Noël mon enfance devint plus grande, & mon mal augmenta. La fiévre s'alluma jusqu'à la rêverie, avec cela un abcès qui se fit encore au coin de l'œil, & qui me fit de grandes douleurs : il s'ouvrit tout à fait à cette fois, & on le pansa long-tems, me fourrant un fer dedans jusqu'au bas de la joue. J'avois une fiévre si ardente, & tant de foiblesse, que l'on fût obligé de le laisser refermer sans le guérir, car mon corps exténué

n'en pouvoit porter les opérations sans être sur le point d'expirer. Je souffris avec une extrême patience ; mais c'étoit comme un enfant, qui ne sait quasi ce qu'on lui fait. J'éprouvois tout ensemble & la force d'un Dieu & la foiblesse d'un petit enfant, avec une dépendance proportionnée. J'étois si éloignée par mon esprit naturel de ces manieres d'agir; qu'il ne me fallut pas moins que le pouvoir d'un Dieu pour m'y faire entrer ; je m'y laissois aller cependant ; car mon intérieur étoit tel & si fort poussé de Dieu, que je ne lui pouvois résister. J'étois, sans comparaison, comme ceux qui sont possédés de l'esprit malin, qui leur fait faire tout ce qu'il veut ; aussi l'Esprit de Dieu s'étoit si fort rendu le maître, qu'il me faisoit faire tout ce qu'il lui plaisoit : ses volontés ne m'étoient point cachées ; il me conduisoit par le dedans comme un enfant à mesure qu'il rendoit tout mon extérieur enfantin. On m'apportoit souvent l'Eucharistie. Le Supérieur de la maison ayant ordonné que l'on m'accordât cette consolation dans l'extrêmité où j'étois. Comme le P. la Combe me l'apportoit souvent lorsque le Confesseur de la Maison n'y étoit pas, il remarquoit, & les Religieuses qui m'étoient familieres le remarquoient aussi, que j'avois le visage comme un petit enfant ; & il me disoit quelquefois dans son étonnement, ce n'est point vous, c'est un petit enfant que je vois. Pour moi, je n'appercevois rien au-dedans que la candeur & l'innocence d'un petit enfant. J'en avois les foiblesses : je pleurois quelquefois de douleur ; mais cela n'étoit pas connu. Je jouois & riois d'une maniere qui charmoit la fille qui me soignoit, & ces bonnes Religieuses, qui n'y connoissoient rien, disoient que j'avois quelque chose qui les surprenoit & charmoit en même-tems.

7. Notre Seigneur cependant avec les foiblesses de son enfance, me donnoit le pouvoir d'un Dieu sur les ames : ensorte que d'une parole je les mettois dans la peine ou dans la paix, selon qu'il étoit nécessaire pour le bien de ces ames. Je voyois que Dieu se faisoit obéir en moi & de moi comme un Souverain absolu, & je ne lui résistois plus. Je ne prenois de part à rien. Vous auriez fait en moi & par moi, mon Dieu, les plus grands miracles, que je n'y aurois pas pu réfléchir. Je sentois au-dedans une candeur d'ame que je ne puis exprimer, exempte de malice. Avec cela, il me falloit continuer à dire mes pensées au P. la Combe ou les lui écrire, & l'aider selon la lumiere qui m'en étoit donnée. J'étois souvent si foible, que je ne pouvois lever la tête pour prendre de la nourriture; & lorsque Dieu vouloit que je lui écrivisse soit pour l'aider & l'encourager, ou pour lui expliquer ce que Notre Seigneur me donnoit à connoître, j'avois la force d'écrire. Mes lettres étoient-elles finies, je me trouvois dans la même foiblesse. Je fus bien surprise de comprendre, par une expérience, que ce que vous aviez voulu de moi, ô mon Dieu, en m'obligeant ainsi à dire toutes mes pensées, avoit été de me consommer dans la simplicité, & d'y faire entrer le P. la Combe, me rendant souple à tous vos vouloirs : car quelque croix qui me vint de dire mes pensées, quoique le P. la Combe le trouvât souvent mauvais jusqu'au point de se dégoûter de me servir, & qu'il me le témoignât, (bien que par charité il passât par-dessus ses répugnances,) je ne désistai jamais pour cela de les lui dire.

8. Notre Seigneur nous avoit fait entendre qu'il nous unissoit par la foi & par la croix : aussi ç'a bien été une union de croix en toutes manieres, tant parce que je lui ai fait souffrir à lui-même, & qu'il m'a fait souffrir réciproquement, qui étoit bien plus fort que tout ce que j'en puis dire, que par les croix que cela nous a attiré du dehors. Les souffrances que j'avois à son occasion étoient telles, que j'en étois réduite aux abois. Ce qui a duré plusieurs années, car quoique j'aie été bien plus de tems éloignée de lui que proche, cela n'a point soulagé mon mal, qui a duré jusqu'à ce qu'il a été parfaitement anéanti & réduit au point où Dieu le vouloit. Cette opération lui a fait souffrir des douleurs d'autant plus extrêmes, que les desseins que Dieu avoit sur lui étoient plus grands ; & il m'a causé des douleurs cruelles. Lorsque j'étois à près de cent lieues de lui, je sentois sa disposition. S'il étoit fidèle à se laisser détruire, j'étois en paix & au large : s'il étoit infidèle, en réflexion ou hésitation, je souffrois des tourmens étranges, jusqu'à ce que cela fut passé. Il n'avoit que faire de me mander son état pour que je le susse. J'étois souvent couchée sur le carreau tout le jour, sans me pouvoir remuer & dans l'agonie ; & après avoir souffert quinze jours de cette sorte des souffrances qui surpassoient tout ce que je n'ai jamais souffert en ma vie, je recevois des lettres de lui, par lesquelles j'apprenois son état tel que je le ressentois : puis incontinent je sentois qu'il étoit rentré dans l'état où Dieu le vouloit ; & alors j'éprouvois que peu à peu mon ame trouvoit une paix & un large très-grand, qui l'étoit plus ou moins, selon qu'il se délaissoit plus ou moins à Notre Seigneur. Ceci n'étoit pas en

moi une chose volontaire; mais nécessaire: car si la nature avoit pû secouer ce joug, qui lui étoit plus dur & plus douloureux que la mort, elle l'auroit fait. Je disois, ô union nécessaire & non-volontaire! tu n'es volontaire que parce que je ne suis plus maîtresse de moi-même, & qu'il faut que je céde à celui qui a pris une si forte possession de moi après que je me suis donnée à lui librement & sans aucune reserve. Mon cœur avoit en lui-même comme un écho & un contre-coup qui lui disoit toutes les dispositions où ce Pere étoit: mais lorsqu'il résistoit à Dieu, je souffrois de si horribles tourmens, que je croiois quelquefois que cela m'arracheroit la vie. J'étois obligée de fois à autres de me mettre sur le lit, & de soutenir de cette sorte un mal qui me paroissoit insoutenable: car enfin, de porter une ame, quelque éloignée que la personne soit de nous, & de souffrir toutes les rigueurs que l'Amour lui fait souffrir (pour elle) & toutes ses résistances, cela est étrange.

CHAPITRE XIII.

Vexations, secours, graces divines, persécutions prévues, événemens divers durant cette grande maladie. Elle y apprend & éprouve une maniere de s'entrecommuniquer en silence & sans paroles. Divines Communications de la Ste. Trinité aux bienheureux, qui ont lieu même dès cette vie. Fécondité spirituelle. Communications avec les Saints du ciel; celles de Jésus-Christ avec la Ste. Vierge, Saint Jean, & par eux à d'autres.

1. MA sœur n'étoit nullement capable de mon état, de sorte que souvent elle s'en scanda-

lisoit. Elle se fâchoit lorsque l'on se cachoit d'elle le moins du monde, & elle n'étoit pas capable d'un état que bien des personnes plus spirituelles qu'elle n'auroient pû comprendre : si bien que je souffris beaucoup de toutes parts dans cette maladie. Les exercices de la douleur, quoique grandes, étoient les moindres : ceux de la créature étoient bien autres. Je n'avois de consolation que de recevoir Notre Seigneur & de voir quelquefois le P. la Combe : encore me falloit-il beaucoup souffrir à son occasion ainsi que je l'ai dit, portant toutes ses différentes dispositions. J'avois des exercices étranges de ma sœur, & de cette Religieuse, & de la fille qui vouloit s'en retourner. Il falloit à quelque extrêmité que je pusse être, que j'écoutasse leurs différends, qu'elles me disoient l'une après l'autre ; puis elles me querelloient de ce que je n'entrois pas dans leur parti. Elles ne me laissoient pas dormir ; car comme la fièvre redoubloit la nuit je ne pouvois dormir qu'une heure, & j'aurois bien voulu dormir de jour ; mais elles ne le vouloient pas, disant que c'étoit de peur de leur parler : de maniere qu'il me falloit une patience très-grande pour les supporter : cela dura plus de six mois de cette sorte. Je crois que cela fut cause en partie de la rêverie que j'eus deux jours durant : car je ne dormois point, & j'avois toujours du bruit avec une douleur de tête effroyable. Je ne me plaignois de rien ; & je souffrois gayement comme un enfant. Le P. la Combe leur commanda de me donner quelque repos : elles le firent pour quelques jours, mais cela ne dura pas : elles recommencerent aussi tôt.

2. Je ne saurois exprimer les miséricordes que

Dieu me fit dans cette maladie, & les lumieres profondes qu'il me donna de l'avenir. Je vis le Démon déchaîné contre l'Oraison & contre moi, & qu'il alloit faire soulever une persécution étrange contre les personnes d'oraison. J'écrivis tout cela au P. la Combe; & à moins qu'il n'ait brûlé les lettres, elles doivent être encore en nature. Le Démon n'osoit m'attaquer moi-même: il me craignoit trop: je le défiois quelquefois: mais il n'osoit paroître, & j'étois pour lui comme un foudre. Je compris alors ce que peut une ame anéantie. Notre Seigneur me fit voir tout ce qui s'est passé depuis, comme les lettres de ce tems là en font foi.

3. Un jour que je pensois en moi-même ce que c'étoit qu'une si grande dépendance, & une union si pure & si intime, je vis deux fois en songe Jésus-Christ Enfant d'une admirable beauté, & il me semble qu'il nous unissoit très-étroitement en me disant; c'est moi qui vous unis, & qui veut que vous soyez un. Une autre fois il me fit voir le Pere qui s'écartoit de moi par infidélité, & il le ramenoit avec une extrême bonté, & vouloit qu'il m'aidât dans mon état d'enfance, comme je l'aidois dans son état de mort: mais je ne le faisois pas souffrir. Il n'y avoit à souffrir que pour moi. Il avoit une extrême charité pour moi, me traitant comme un vrai enfant, & il me disoit souvent: Lorsque je suis auprès de vous, je suis comme si j'étois auprès d'un petit enfant. J'étois incessamment réduite aux abois tous les neuviemes jours: & prête à mourir, sans mourir cependant: J'avois comme des agonies j'étois plusieurs heures sans respirer que de loin à loin; puis je revenois tout-à-coup. La mort

me flattoit; car j'avois pour elle une grande tendresse : mais elle ne paroissoit qu'en fuyant. Le Pere me défendit de me réjouïr de mourir ; & je connus aussitôt que cela étoit imparfait, & ne le fis plus. Je restai dans la suprême indifférence. Il se passa tant de choses extraordinaires dans cette maladie, qu'il me seroit impossible de les raconter. Dieu faisoit incessamment des miracles par le P. la Combe tant pour me soulager & me donner de nouvelles forces lorsque j'étois à l'extrêmité, que pour lui marquer à lui-même le soin qu'il devoit avoir de moi & la dépendance que je devois avoir à son égard. J'étois comme les petits enfans, sans penser à moi ni à mon mal. J'aurois été tous les jours sans prendre de nourriture que je n'y aurois pas pensé : & quelque chose que l'on me donnât, je la prenois, eut-il dû me faire mourir. On me traitoit dans mes maux autrement qu'il ne falloit : les remedes les augmentoient : mais je ne pouvois m'en mettre en peine. J'avois toujours le visage riant, dans mes plus grands maux, desorte que chacun en étoit étonné. Les Religieuses avoient une extrême compassion de moi : il n'y avoit que moi qui n'avois nul sentiment sur moi-même. Je vis plusieurs fois en songe le P. la Mothe qui me faisoit des persécutions. Notre Seigneur me fit connoître qu'il me devoit beaucoup tourmenter, & que le P. la Combe me laisseroit durant le tems de la persécution. Je le lui écrivis ; & cela le fâcha beaucoup ; parce qu'il sentoit bien son cœur trop uni à la volonté de Dieu & trop désireux de me servir dans cette même volonté pour faire cela. Il crut que c'étoit par défiance : mais cela s'est bien trouvé vrai : il m'a abandonné dans la persécution, non par volonté, mais par nécessité, ayant été lui-même persécuté le premier.

4. Le jour de la Purification, que j'étois retombée dans une plus grande fievre, le Pere m'ordonna d'aller à la Messe. Il y avoit vingt deux jours que j'avois la fievre continue plus violente qu'à l'ordinaire. Je ne fis pas seulement une attention ni une réflexion sur mon état. Je me levai, & je fus à la Messe; je me remis au lit bien plus mal qu'auparavant. Ce fut un jour de grace pour moi, ou plutôt pour le Pere; Dieu lui en fit de très-grandes à mon occasion. Vers le Carême le bon Pere, sans faire attention qu'il avoit un Carême à prêcher, me voyant si mal, dit à Notre Seigneur de me soulager, & qu'il porteroit bien une partie de mon mal. Il dit à nos filles, de demander la même chose, c'est-à-dire, qu'il me soulageât selon son intention. Il est vrai que je fus un peu mieux, & qu'il tomba malade; ce qui fit une grande alarme dans le lieu, à cause qu'il y devoit prêcher. Il étoit si fort suivi, que des gens venoient de cinq lieues passer plusieurs jours là pour l'entendre. Comme j'appris qu'il étoit si malade que le lundi gras on crut qu'il mourroit, je m'offris à Notre Seigneur pour être plus malade, & qu'il lui rendît la santé & le mît en état de prêcher à son peuple, qui étoit affamé de l'entendre: Notre Seigneur m'exauça : si bien qu'il monta en chaire le mercredi des cendres.

5. Ce fut dans cette maladie, mon Seigneur, que vous m'apprîtes peu-à-peu qu'il y avoit une autre maniere de converser avec les créatures qui sont tout à vous, que la parole. Vous me fîtes concevoir, ô divin Verbe, que comme vous êtes toujours parlant & opérant dans une ame, quoi-

que vous y paroissiez dans un profond silence; il y avoit aussi un moyen de se communiquer dans vos créatures & par vos créatures dans un silence ineffable. J'appris alors un langage qui m'avoit été inconnu jusques là. Je m'apperçus peu à peu que lorsque l'on faisoit entrer le P. la Combe ou pour me confesser, ou pour me communier, je ne pouvois plus lui parler; & qu'il se faisoit à son égard dans mon fond le même silence qui se faisoit à l'égard de Dieu. Je compris que Dieu me vouloit apprendre que les hommes pouvoient dès cette vie apprendre le langage des Anges. Peu-à-peu je fus reduite à ne lui parler qu'en silence: ce fut là que nous nous entendions en Dieu d'une maniere ineffable & toute divine. Nos cœurs se parloient & se communiquoient une grace qui ne se peut dire. Ce fut un pays tout nouveau pour lui & pour moi; mais si divin, que je ne le puis exprimer. Au commencement cela se faisoit d'une maniere plus perceptible, c'est-à-dire, que Dieu nous pénétroit d'une maniere si forte de lui-même, & que son divin Verbe nous faisoit tellement une même chose en lui, mais d'une maniere si pure & si suave, que nous passions les heures dans ce profond silence, toujours communicatif, sans pouvoir dire une parole. C'est là que nous apprîmes par notre expérience les communications & les opérations du Verbe pour reduire les ames dans son unité, & à quelle pureté on peut parvenir en cette vie. Il me fut donné de me communiquer de cette sorte à d'autres bonnes ames; mais avec cette différence, que pour les autres, je ne faisois que leur communiquer la grace dont elle se remplissoit auprès de moi dans ce silence sacré, qui leur communiquoit une force & une grace extraordinaire: mais je ne recevois rien d'elles. Mais pour le Pere, j'éprouvois qu'il se faisoit un flux & reflux de communication de graces qu'il recevoit de moi, & que je recevois de lui; qu'il me rendoit & que je lui rendois la même grace dans une extrême pureté.

6. Ce fut là que je compris le commerce ineffable de la très-sainte Trinité communiqué à tous les Bien-heureux, comment il se fait un écoulement de Dieu dans l'ame de tous les Bienheureux; & que ce même Dieu, qui se communique à eux, fait un flux & reflux en eux de ses divines communications : que les Bienheureux esprits & les Saints de pareil dégré ou Hiérarchie se renvoient par un flux & reflux de communications ces écoulemens divins, lesquels ils répandent ensuite sur les Hiérarchies inférieures ; & que tout se réduisoit dans son premier principe d'où sortent toutes ces communications. Je voiois que nous étions créés pour participer dès cette vie au bonheur ineffable du commerce de la Trinité, & au flux & reflux des divines personnes qui se terminent en Unité de principe, & qui redeviennent unité, sans jamais arrêter un moment la fécondité & la communication entre elles; principe sans principe, qui communique incessamment, & qui reçoit tout ce qu'il communique : qu'il falloit être très-pur pour recevoir Dieu nuement, & le laisser recouler en lui-même dans cette pureté; & qu'il falloit être encore très-pur pour recevoir & communiquer le divin Verbe, & le répandre ensuite par un flux & reflux de communication sur les autres ames que Dieu nous donne. C'est ce qui nous rend une en Dieu même, & nous (a) *consomme dans son unité* divine, où

(a) Jean 17. v. 21. 23.

nous ne sommes plus faits *qu'une même chose* en celui duquel tout dérive.

7. J'éprouvois donc cet ordre hiérarchique & ces communications réciproques entre les Saints d'un même rang & les Anges d'un même ordre, & cet écoulement sur les Saints & les esprits inférieurs, & cela avec telle plénitude, qu'ils étoient tous remplis selon leur dégré. Cette communication est Dieu même, qui se communique à tous les Bienheureux en flux & reflux personnel : tel qu'il se communique au dedans, il se communique au dehors à ses Saints ; & ils sont tous rendus participans du commerce ineffable de la Sainte Trinité. C'est pour rendre l'ame capable de ces communications qu'il faut qu'elle soit purifiée si fortement & si radicalement, sans quoi elle seroit toujours proprietaire, elle retiendroit toujours quelque chose en elle ; & le retenant, elle ne seroit plus propre au commerce ineffable de la Sainte Trinité. De plus il faut étendre sa capacité de recevoir, qui étant extrêmement retrécie & bornée par le péché, n'est en état qu'à force de feu & de coups de marteau d'être propre pour les desseins éternels de Dieu dans sa création.

8. Il me fut montré comment cet ordre hierarchique étoit même dès cette vie, & qu'il y avoit des ames qui se communiquoient à une infinité d'autres ames sans le connoître, & à qui la grace de la perfection des autres étoit attachée; & que cette hierarchie se conserveroit durant toute l'éternité, où les ames bien-heureuses recevroient des mêmes personnes par qui la grace leur avoit été communiquée ; & que celles qui se communiquoient reciproquement seroient en pareil dégré : Ce fut là que j'appris le secret de la fécondité

& maternité spirituelle, & comment l'Esprit Saint rend les ames fécondes en lui-même, leur donnant de communiquer aux autres le Verbe qu'il leur communique. C'est ce que S. Paul appelle (*a*) *formation de Jesus-Christ* & (*b*) *engendrer en J. Christ*; & que c'étoit de cette sorte qu'il me seroit donné des enfans sans nombre; tant connus qu'inconnus. Tous ceux qui sont mes véritables enfans ont d'abord tendance à demeurer en silence auprès de moi, & j'ai même l'instinct de leur communiquer en silence ce que Dieu me donne pour eux. Dans ce silence je découvre leurs besoins & leurs manquemens, & je leur communique en Dieu même tout ce qui leur manque. Ils sentent fort bien ce qu'ils reçoivent & ce qui leur est communiqué avec plénitude. Quand ils ont une fois gouté cette maniere de communiquer, toute autre leur devient à charge. Pour moi, lorsque je me sers de la parole & de la plume avec les ames, je ne le fais qu'à cause de leur foiblesse, & parce que, ou ils ne sont pas assez purs pour les communications intimes, ou il faut encore user de condescendance, ou pour régler les choses du déhors.

9. Notre Seigneur me fit éprouver avec les Saints du ciel la même communication qu'avec les Saints de la terre : & c'est la maniere d'être vraiement uni aux Saints en Dieu. J'éprouvois ces communications très-intimes & très-fortes, sur tout avec ceux avec qui l'on a plus de rapport de grace, & auxquels on doit être plus uni dans le ciel. Au commencement cela étoit plus sensible; parce que Notre Seigneur avoit la bonté de m'instruire par mon expérience. C'est la maniere

(*a*) Gal. 4. v. 19. (*b*) 1. Cor. 4. v. 15. Philem. v. 10.

dont il a toujours ufé envers moi : il ne m'a point éclairée par des illuftrations & connoiffances ; mais en me faifant expérimenter les chofes, il me donnoit la lumiere de ce que j'expérimentois.

Je compris auffi la maternité de la Ste. Vierge, & de quelle maniere nous participons à fa maternité, & comment la parole de Jefus-Chrift fe trouve très-réelle lors qu'il dit, que (a) celui qui fait la volonté de fon Pére devenant une même volonté avec la fienne, eft fait fa mere, fon frére, & fa fœur. Ils font faits véritablement fes méres, le produifant dans les ames.

10. Ce fut dans ce filence ineffable que je compris ce qu'étoit la maniere dont Jefus-Chrift fe communiquoit à fes plus familiers, & la communication de S. Jean fur la poitrine de Notre Seigneur au fouper de la Céne. Ce n'étoit pas la premiere fois qu'il s'étoit mis de la forte ; & c'étoit parce qu'il étoit fort propre à recevoir ces divines communications, qu'il étoit le difciple de la dilection & de l'amour. Ce fut dans ce grand banquet que Jéfus-Chrift comme Verbe s'écouloit dans Jean, & lui découvroit fes plus profonds fecrets avant que de fe communiquer à lui par la manducation de fon Corps ; & c'eft là que lui fut communiqué ce fecret admirable de la génération éternelle du Verbe ; parce qu'il y fut rendu participant du commerce ineffable de la Sainte Trinité. Il connut que c'étoit là le caractére des vrais enfans de Dieu ; & comment la parole muette opéroit ; car cette parole en filence eft la plus noble, la plus haute & la plus fublime de toutes les opérations. Ce fut là qu'il apprit la différence d'être (b) *né de la chair, de la volonté de l'homme,*

(a) Matth. 12. v. 50. (b) Jean 1. v. 13.

ou *de la volonté de Dieu.* Les opérations de la chair sont celles des hommes charnels; celles de la volonté de l'homme sont celles qui sont vertueuses, étant faites par la bonne volonté de l'homme: mais celles dont je parle, sont celles de la volonté de Dieu, où l'homme n'a point d'autre part que le consentement qu'il y donne, comme fit Marie; (a) *qu'il me soit fait selon ta parole!* Elle ne donna pas seulement ce consentement pour elle seule, afin que le Verbe s'incarnât en elle: mais elle le donna pour tous les hommes qui sont ses enfans, c'est à dire, [pour] tous ceux qui sont régénérés en Jesus-Christ: elle donna dis-je pour eux un consentement afin que le Verbe se communiquât à eux; & que comme le consentement qu'Eve avoit donné au Démon pour le péché, avoit fait entrer la mort dans tous ses enfans; aussi le consentement que Marie donneroit, communiquât la vie du Verbe à tous ses enfans.

11. C'est pour cela que Jesus-Christ est (b) *voie, vérité, & vie,* & qu'il vient (c) *éclairer tout homme venant au monde: Il est venu chez les siens, & les siens ne l'ont point reçu:* il n'est connu dans ses communications les plus intimes qu'à ceux à qui il est donné d'*être faits enfans de Dieu* & de devenir enfans. Ce fut ce mistere admirable qui s'opera au pied de la croix lors que Jesus-Christ dit à S. Jean; (d) *Voilà votre mere:* & à la Ste. Vierge, *Voila votre fils.* Il apprit à S. Jean qu'il vouloit qu'il reçût de la Ste. Vierge ce qu'il recevoit immédiatement de lui avant sa mort; & il fit connoitre à la Ste. Vierge qu'il lui avoit

(a) Luc 1. v. 38.. (b) Jean 14. v. 6. (c) Jean 1. v. 9. 11.
(d) Jean 19. v. 26. 27.

donné de se communiquer à St. Jean en maniere filiale, & par lui à toute l'Eglise. Ce fût dans ce moment que ces divines communications furent données aux hommes par Marie & par S. Jean: & ce fut pour cela qu'il voulut que son cœur fût ouvert, pour marquer qu'il envoyoit son Esprit par son cœur, que c'étoit l'esprit de son cœur qu'il communiquoit. Marie reçut donc le don de produire le Verbe dans tous les cœurs: & comme Jésus-Christ se donnoit par la manducation de son corps à tous les hommes, il voulut aussi se communiquer comme Verbe à tous les esprits, dont il est la vie. Ce ne fut pas seulement à St. Jean que cette communication fut faite; mais elle nous fut un exemple sensible de ces sortes de communications.

Aussi Notre Seigneur dit de S. Jean; (a) *Si je veux qu'il demeure ainsi jusqu'à ce que je vienne, que t'importe?* Il ne dit pas qu'il ne mourroit point, mais si je veux qu'il demeure ainsi, dans cette communication ineffable, que t'importe? je prétens me communiquer de même aux hommes disposés à me recevoir de la sorte.

12. O communications admirables que celles qui se passèrent entre Marie & S. Jean! O filiation toute divine, qui voulez bien vous étendre jusqu'à moi toute indigne que j'en suis! O divine Mere, qui voulez bien communiquer votre fécondité & votre maternité toute divine à ce pauvre néant! J'entens cette fécondité des cœurs & des esprits. Notre Seigneur voulut, pour m'instruire à fond de ce mistere en faveur des autres, qu'une fille (qui est celle dont j'ai parlé) eût besoin de ce secours. Je l'ai éprouvée de

(a) Jean 21. v. 22.

toutes manieres : & lorsque je ne voulois pas qu'elle demeurât auprès de moi en silence, je voios son intérieur tomber peu à peu, & même ses forces corporelles se perdre jusqu'au point de tomber en défaillance. Lorsque j'eus fait assez d'expériences de cela pour comprendre ces manieres de communications, ses besoins si extrêmes se passérent ; & je commençai à découvrir, sur-tout avec le P. La Combe lors qu'il étoit absent, que la communication intérieure se faisoit de loin comme de près. Quelquefois Notre Seigneur me faisoit comme arrêter court au milieu de mes occupations ; & j'éprouvois qu'il se faisoit un écoulement de grace pareil à celui que j'avois éprouvé étant auprès de lui : ce que j'ai aussi éprouvé avec bien d'autres, non pas toutefois en pareil dégré, mais plus ou moins, sentant leurs infidélités, & connoissant leurs fautes par des impressions inconcevables, sans m'y tromper, ainsi que je le dirai dans la suite.

CHAPITRE XIV.

Durant sa même maladie il lui est prédit & montré qu'elle portera l'état de la réjection où fut Jésus-Christ & celui de la femme du Chap. XII. de l'Apocalipse. Reduite aux abois, elle en revient miraculeusement. Elle contribue à l'érection d'un hôpital à Tonon : est persécutée, & le P. La Combe recherché à Verceil. Son voiage à Lausanne.

2. DANS cette maladie si longue, vôtre seul amour, ô mon Dieu, fit mon occupation sans occupation. J'étois consumée nuit & jour. Je ne

me pouvois voir en nulle maniere, tant j'étois perdue en vous, ô mon Bien souverain; & il semble bien à mon cœur qu'il n'est jamais sorti de ce divin Océan quoique vous l'aiez trainé dans la boue des humiliations les plus fortes. Qui pourra jamais comprendre, ô mon Amour, que vous fassiez vos créatures être tellement une même chose avec vous, qu'elles se perdent tellement de vue, qu'elles ne voient plus rien que vous? O perte, qui est le bonheur des bonheurs, quoique tout s'opere en croix, morts, & amertumes!

Jesus Enfant étoit donc tout vivant en moi, ou plutôt, il étoit seul; & je n'étois plus. Vous m'aprîtes, ô mon Amour, que votre état d'enfance ne feroit pas le seul qu'il me faudroit porter: vous m'imprimâtes ces paroles comme d'un état réel dans lequel vous vouliez me faire entrer; (a) *Les oiseaux du ciel ont des nids, & les renards ont des tanieres: mais le fils de l'homme n'a pas où reposer sa tête.* Vous m'avez bien fait éprouver cet état dans toute son étendue depuis ce tems, ne m'aiant jamais laissé même une demeure assurée où je pusse rester plus de quelques mois, & tous les jours dans l'incertitude de n'y être pas le lendemain; & avec cela, dans un dépouillement général de toutes les créatures, ne trouvant de refuge ni auprès de mes amis, qui avoient honte de moi, & qui me renonçoient ouvertement à mesure qu'ils me voioient dans le décri; ni parmi mes proches, dont la plus-part se sont déclarés & mes adversaires & mes plus grands persécuteurs. Les autres ne m'ont jamais regardée qu'avec mépris & indigna-

(a) Matth. 8. v. 20.

tion : mes propres enfans me railloient dans les compagnies. C'est bien, ô mon Amour, cette seconde fois bien plus fortement que la premiere, quoique d'une maniere moins sensible, que l'état de Job me doit être attribué. (*a*) *J'étois*, comme dit David, *en opprobre à mes voisins, & l'objet des railleries publiques*. Mais avant que de passer outre, il faut continuer ce qui se passa dans ma maladie.

2. Une nuit que j'étois fort éveillée, vous me montrâtes à moi-même sous la figure (qui dit figure, ne dit pas la réalité : le serpent d'airain, qui étoit la figure de Jesus-Christ, n'étoit pas Jesus-Christ,) Vous me montrâtes, dis-je, à moi-même sous la figure de cette femme de l'Apocalipse (*b*) qui a la lune sous ses pieds, environnée du soleil, douze étoiles sur sa tête, & qui étant enceinte, crioit dans les douleurs de son enfantement. Vous m'en expliquâtes le mistere. Vous me fites comprendre, que cette lune qui étoit sous ses pieds, marquoit que mon ame étoit au dessus de la vicissitude & de l'inconstance dans les événemens : que j'étois toute environnée & pénétrée de vous-même, que les douze étoiles étoient les fruits de cet état & les dons dont il étoit gratifié : que j'étois grosse d'un fruit, qui étoit cet esprit que vous vouliez que je communiquasse à tous mes enfans, soit de la maniere que j'ai dit, soit par mes écrits : que le Démon étoit cet effroiable dragon qui feroit ses efforts pour dévorer le fruit, & des ravages horribles par toute la terre : Mais que vous conserveriez ce fruit dont j'étois pleine en vous-même, qu'il ne se perdroit point : aussi ai-je la confiance que

(*a*) Ps. 68. v. 8. 9. Ps. 78. v. 4.   (*b*) Apoc. 12. v. 1. &c.

malgré la tempête & l'orage, tout ce que vous m'avez fait dire ou écrire fera conservé. Que dans la rage où le Démon feroit de n'avoir pas réuffi dans le deffein qu'il a conçu contre ce fruit, il s'en prendroit à moi, & qu'il envoieroit un fleuve contre moi pour m'engloutir : que ce fleuve feroit celui de la calomnie, qui voudroit m'entrainer avec rapidité ; mais que la terre s'ouvriroit, c'eft à dire, que cette calomnie tomberoit peu à peu.

3. Vous me fîtes voir, ô mon Dieu, tout le monde animé contre moi fans que qui que ce foit fût pour moi : & vous m'affurâtes dans le filence ineffable de votre parole éternelle, que vous me donneriez des millions d'enfans que je vous enfanterois par la croix. Je n'étois plus en état de prendre part à cela, ni pour m'en humilier, ni pour m'en réjouïr. Je vous laiffois faire de moi, ô mon divin Amour, ce que vous vouliez, comme d'une chofe qui étoit à vous, à laquelle je ne prenois plus d'interêt particulier, mon feul intérêt étant le vôtre. Vous me fîtes connoître comment le Démon alloit fufciter contre l'oraifon une perfécution étrange, qui feroit la fource de la même Oraifon, ou plutôt, le moien dont vous vous ferviriez pour l'établir. Vous me fîtes encore connoitre comment vous me conduiriez dans le défert, où vous me feriez nourrir un tems, des tems, & la moitié d'un tems : les ailes qui me devoient conduire, étoient le délaiffement de tout moi-même à votre fainte volonté, & l'amour de cette même volonté. Je crois que je fuis préfentement dans ce défert, féparée de tout le monde par la captivité ; & je vois, ô mon Dieu, déja accomplir une partie de ce que

vous m'aviez fait connoitre. J'écrivis tout cela au P. la Combe, à qui vous m'unites encore plus fortement, m'imprimant à son égard la même parole que vous m'aviez imprimée par vous, (a) *Je vous unis en foi & en croix.* O Dieu, vous ne promettez rien en matiere de croix que vous ne le donniez abondamment. Pourrois-je dire, ô Dieu, les miséricordes que vous me faisiez? Non, elles demeureront en vous-même, étant d'une nature à ne pouvoir être décrites à cause de leur pureté & de leur profondeur, exemple de toute distinction.

4. Dans ma maladie j'étois souvent à la mort, ainsi que je l'ai dit. Un jour que l'on me croioit presque guérie, sur les quatre heures du matin, j'apperçus, non sous aucune figure, le dragon. Je ne le voiois pas, mais j'étois certaine que c'étoit lui. Je n'avois aucune peur: car, comme je l'ai dit, je ne le saurois craindre, parce que mon Seigneur me protége, & qu'il me tient à couvert sous l'ombre de ses ailes. Il sortit comme de la ruelle de mon lit, & me vint donner un furieux coup sur le pied gauche. Il me prit aussitôt un fort grand frisson, qui me dura quatre heures de suite, il fut suivi d'une fort grande fièvre. Les convulsions me prirent, & le côté sur lequel il avoit frappé, étoit à demi mort. Les redoublemens venoient tous les matins à la même heure du coup, & les convulsions augmentoient chaque jour notablement. Le septième jour, après avoir été toute la nuit tantôt sans pouls & sans parole, tantôt un peu mieux, je sentis sur le matin que les convulsions montoient. Je sentois en même tems que la vie quittoit les lieux les plus bas à mesure que les convulsions montoient en

(a) Ci-dessus Chap. I. §. 9.

haut : elles se fixérent dans mes entrailles : Je sentis alors de très-grandes douleurs, & un remuement pareil dans mes entrailles que si j'eusse eu un milliers d'enfans qui eussent tous remué à la fois. Je n'ai jamais rien senti en ma vie d'approchant de cela. Ceci dura très-long-tems avec une extrême violence. Je sentois peu à peu que ma vie se retiroit autour du cœur. Le Pére la Combe me donna l'extrême onction ; la Supérieure des Ursulines l'en aiant prié, parce qu'elles n'avoient point alors leur prêtre ordinaire. J'étois très-contente de mourir, & il n'en avoit nulle peine. Il seroit difficile de comprendre, à moins de l'avoir éprouvé, comment une union si étroite qu'il n'y en a gueres de semblable, peut porter, sans sentir aucune peine, une division pareille à celle de voir mourir une personne à qui l'on tient si fort ; il en étoit lui-même étonné : mais cependant il n'est pas difficile à concevoir que n'étant unis qu'en Dieu même d'une maniere si pure & si intime, la mort ne pouvoit nous diviser : au contraire, elle nous auroit encore unis plus étroitement. C'est une chose que j'ai éprouvée bien des fois, que la moindre résistance qu'il faisoit à Dieu me faisoit souffrir des tourmens inexplicables, & que de le voir mourir, prisonnier, éloigné pour toujours, ne me faisoit pas l'ombre de peine. Il témoignoit donc beaucoup de contentement de me voir mourir ; & nous ryions ensemble du moment qui faisoit tout mon plaisir : car notre union étoit autre que tout ce qu'on sauroit s'en imaginer. Cependant la mort s'approchoit toujours de mon cœur, & je sentois les convulsions qui occupoient mes entrailles, remonter jusques là. Je puis dire que j'ai senti la mort sans mourir. Le Pére, qui étoit à genoux proche de mon lit, remarquoit le changement de mon visage & mes yeux qui s'obscurcissoient: il vit bien que j'allois expirer. Il me demanda, où étoit la mort & les convulsions? Je lui fis signe qu'elles gagnoient le cœur, & que j'allois mourir. O Dieu, vous ne voulûtes point encore de moi: vous me réserviez à bien d'autres douleurs que celles de la mort, si on peut appeller douleurs ce que l'on souffre dans l'état où vous m'avez mise par votre seule bonté. Vous inspirâtes au Pére la Combe de mettre la main sur la couverture à l'endroit de mon cœur; & avec une voix forte, qui fut ouïe de ceux qui étoient dans ma chambre, (qui étoit presque pleine) il dit à la mort, de ne passer pas outre. Elle obéit à cette voix: & mon cœur reprenant un peu de vie, revint. Je sentis ces mêmes convulsions redescendre dans mes entrailles de la même maniere qu'elles y étoient montées, & elles restérent tout le jour dans les entrailles avec la même violence qu'auparavant; puis redescendirent peu à peu jusqu'au lieu où le dragon avoit frappé, & ce pied fut le dernier revivifié. Il me resta plus de deux mois une très-grande foiblesse sur ce côté là plus que sur l'autre; & même après que je fus mieux, & en état de marcher, je ne pouvois me soutenir sur ce pied, qui avoit peine à me porter. Je restai encore malade & dans la langueur, où vous me donniez, mon Dieu, toujours de nouveaux témoignages de votre amour. Combien de fois vous êtes-vous servi de votre serviteur pour me rendre la vie lors que j'étois sur le point d'expirer?

5. Comme l'on vit que mes maux ne finis-

soient point ; on jugea que l'air du lac, sur lequel le Couvent étoit situé, m'étoit extrêmement contraire, & étoit la cause de tant d'accidens. On conclut, qu'il m'en falloit sortir.

Durant que j'étois ainsi malade Notre Seigneur donna la pensée au P. la Combe d'établir un Hôpital dans ce lieu, où il n'y en avoit point, pour retirer les pauvres malades ; & d'instituer aussi une Congrégation de Dames de la Charité, pour fournir à ceux qui ne pouvoient quitter leur famille pour aller à l'Hôpital ce qui leur étoit nécessaire pour vivre dans leur maladie, à la maniere de France, dont il n'y a aucune institution en ce pays-là. J'y entrai volontiers : & sans autre fonds que la Providence & quelques chambres inutiles que Messieurs de la ville donnérent, nous le commençâmes. On le dédia au Saint Enfant Jesus, & il voulut bien y donner les premiers lits des deniers de ma pension qui lui appartiennent. Il y donna tant de bénédiction, que bien d'autres personnes se joignirent. En peu de tems il y eut près de douze lits ; & il se donna à cet Hôpital pour le servir trois personnes de grande piété, qui sans aucun salaire se consacrérent d'elles-mêmes au service des malades. Je leur donnai des onguents & des remédes, qu'elles distribuoient aux personnes riches, qui les paioient au profit des pauvres malades ; & on les donnoit aux pauvres de la ville gratis. Ces bonnes Dames se sont si bien animées, que par leur charité & le soin de ces bonnes filles cet Hôpital est très-bien entretenu. Ces Dames s'unirent aussi pour pourvoir aux malades qui ne pouvoient aller à l'Hôpital, & je leur donnai les petits réglemens comme je les avois observés étant en France :

ce qu'elles ont continué avec amour & charité. Nous eûmes aussi la dévotion de faire faire tous les vingt-cinquiémes des mois la bénédiction dans la chapelle de la Congrégation, qui est dédiée au Saint Enfant Jesus; & nous donnâmes pour cela un ornement complet à cette chapelle.

6. Toutes ces petites choses, qui ne coutoient gueres, & qui n'avoient de succès que dans la bénédiction que vous y donniez, ô mon Dieu, nous attirérent de nouvelles persécutions. Monsieur de Geneve se trouva plus choqué que jamais; & sur ce qu'il vit que ces petites choses me faisoient aimer, il disoit, que je gagnois tout le monde. Il témoigna ouvertement qu'il ne me pouvoit souffrir dans son Diocése, où je n'avois fait cependant que du bien, ou plutôt vous par moi. Il commença même à étendre la persécution jusques sur ces bonnes Religieuses qui avoient de la bonté pour moi. La Supérieure eut de fortes croix à mon occasion; mais elles ne durérent pas long-tems: car comme je fus obligée, à cause de l'air, de me retirer après y avoir été deux ans & demi ou environ, elles furent plus en repos. D'un autre côté ma sœur s'ennuioit fort dans cette maison: & comme le tems des eaux approchoit, on prit de là occasion de la renvoier avec cette fille que j'avois amenée, & qui me tourmentat si fort durant toute ma maladie. Je ne gardai auprès de moi que celle que la providence m'avoit envoiée par le moien de ma sœur; & j'ai toujours cru que Dieu n'avoit permis son voiage que pour me l'amener, Dieu me l'aiant choisie propre à l'état qu'il vouloit me faire porter.

7. Comme j'étois encore malade aux Ursu-

lines, Mr. l'Evêque de Verceil, qui étoit extrêmement ami du Pére Général des Bernabites, lui demanda avec inſtance de lui chercher parmi ſes Religieux un homme de mérite, de piété, & de doctrine, en qui il put prendre confiance, & qui pût lui ſervir de Théologal & de Conſeil : que ſon Diocéſe avoit une extrême beſoin de ce ſecours. Le Général jetta d'abord les yeux ſur le P. la Combe. Cela étoit d'autant plus faiſable, que ſes ſix ans de Supériorité finiſſoient. Le Pére Général avant que de l'engager tout à fait avec Mr. de Verceil, lui en écrivit pour ſavoir s'il n'y avoit point de répugnance, l'aſſurant qu'il ne feroit que ce qu'il voudroit. Le P. la Combe repliqua, qu'il n'avoit point d'autre volonté que celle de lui obéir, & qu'il pouvoit ordonner de tout comme il lui plairoit. Il me donna avis de cela, & que nous allions être entierement ſéparés. Je n'en eus aucun chagrin. Je fus bien aiſe que Notre Seigneur ſe ſervît de lui ſous un Evêque qui le connût, & qui lui rendît juſtice. On attendit encore quelque tems à le faire partir, tant parce que l'Evêque étoit toujours à Rome, que parce que le tems de la Supériorité du Pére n'étoit pas encore achevé.

8. Avant que de ſortir des Urſulines, le bon Hermite, dont j'ai parlé, m'écrivit, qu'il me prioit avec inſtance d'aller à Lauſanne, qui n'étoit qu'à ſix lieuës de Tonon, ſur le lac; parce qu'il eſpéroit toujours de retirer ſa Sœur, qui y demeuroit, & qu'il la convertiroit. On ne peut aller là parler de religion ſans ſe riſquer. Sitôt que je fus en état de marcher, quoiqu'encore fort foible, je me réſolus, aux inſtances de ce bon Hermite, d'y aller. Nous prîmes

un bateau; & je priai le P. la Combe de nous y accompagner. Nous fûmes là assez aisément : mais comme le lac étoit encore éloigné de la ville de plus d'un quart de lieue, il me fallut malgré ma foiblesse, trouver des forces pour faire ce chemin à pied. Nous ne pûmes jamais trouver de voiture : les mariniers me soutenoient autant qu'ils pouvoient; mais cela n'étoit pas suffisant pour l'état où j'étois. Lorsque j'arrivai à la ville, je ne savois plus si j'avois un corps, si c'étoit sur mes jambes que je marchois, ou sur des jambes étrangeres. Je parlai à cette femme avec le P. la Combe; mais elle venoit de se marier; de sorte qu'il n'y eut rien à faire qu'à nous risquer : car cette femme nous assura, que si ce n'avoit été la considération de son frère, duquel nous lui portâmes des lettres, elle nous auroit dénoncés comme venant débaucher les Religionnaires. Nous pensâmes encore périr sur le lac dans un lieu dangereux, où il vint une tempête qui nous alloit engloutir si Dieu ne nous eût protégés à son ordinaire. A quelques jours de là il périt au même endroit une barque & trente-trois personnes.

CHAPITRE XV.

Sortie des Ursulines de Tonon pour aller demeurer à l'Etroit, puis de là à Turin; elle est par-tout diversement persécutée, calomniée, décriée, suspectée, méprisée des uns, & estimée, recherchée, invitée des autres, signamment de l'Evêque d'Aoste & de celui de Verceil. Dieu lui donne de nouvelles graces à Turin, & aussi de nouvelles croix à l'occasion du P. la Combe, qui suspecte d'orgueil son obéissance enfantine à Dieu, sur ce qu'elle lui déclare l'état d'une ame ; & puis il en revient.

1. JE sortis donc des Ursulines ; & l'on me chercha une maison éloignée du lac. On n'en trouva point de vuide qu'une qui avoit tout l'air de la plus grande pauvreté. Il n'y avoit de cheminée qu'à la cuisine, dans laquelle il falloit passer pour aller à la chambre. Je pris ma fille avec moi, & lui donnai la plus grande chambre pour elle & pour la fille qui la soignoit. On me mit dans un petit trou avec de la paille, qui avoit une montée en échelle de bois. Comme je n'avois point de meubles que nos lits, qui étoient blancs, j'achetai quelques chaises de paille avec de la vaisselle de faience, de terre, & de bois. Jamais je n'ai gouté un pareil contentement à celui que je trouvai dans ce petit endroit, qui me paroissoit si fort conforme à [l'état de la petitesse de] Jesus-Christ. Je trouvai tout meilleur sur le bois que sur l'argent. Je fis toutes mes petites provisions, croyant y vivre longtems : mais le Démon ne me laissa gueres jouir d'une si douce paix. Il seroit difficile de dire les persécutions que l'on me fit. On me jettoit des pierres dans mes chassis, qui retomboient à mes pieds. J'avois fait accommoder le petit jardin; la nuit on venoit tout arracher, rompre la treille, & renverser tout ce qui y étoit comme si les soldats y avoient été. On me venoit injurier à la porte toute la nuit, faisant semblant de la rompre. Ces personnes ont dit depuis qui les avoit suscités à cela. Quoique je fisse de tems en tems des charités à Gex, je n'en étois pas moins persécutée. On offrit à une person-

ne une lettre de cachet pour faire rester le P. la Combe à Tonon, croiant que ce seroit un support pour moi dans la persécution : mais nous l'empêchâmes. Je ne savois pas les desseins de Dieu alors, & qu'il me retireroit bientôt de ce lieu. Je puis dire n'avoir jamais gouté un pareil plaisir à celui de ce petit lieu si pauvre & si solitaire où je demeurois. Je m'y trouvois plus heureuse que les Souverains. Mais, ô mon Dieu, c'étoit encore un *nid* pour moi & un *lieu de repos;* & vous vouliez que je vous fusse (*a*) semblable. Le Démon, ainsi que je l'ai dit, aigrit mes persécuteurs. On me faisoit prier de sortir du Diocése : & le bien que vous m'y faisiez faire, ô mon Seigneur, étoit plus condamné que les plus grands crimes. On toléroit ceux-là, & on ne me pouvoit souffrir. Il ne m'est jamais venu en tout ce tems ni un chagrin ni un repentir de ce que j'avois fait en quittant tout, ni même une peine de n'avoir pas fait votre Volonté : non que je fusse assurée de l'avoir faite, cette assurance auroit été trop pour moi; mais j'étois si perdue, que je ne pouvois rien voir ni rien regarder, recevant tout également de la main de mon Dieu, qui me ménageoit ces croix ou par justice ou par miséricorde.

2. La Marquise de Prunai, sœur du premier Sécretaire d'Etat de son Altesse Roiale, & son Ministre, avoit envoié un exprès de Turin durant ma maladie pour me convier d'aller avec elle; qu'étant aussi persécutée que je l'étois dans le Diocése, je trouverois auprès d'elle un azile; que durant ce tems-là les choses s'adouciroient; & que lors qu'elles seroient bien disposées, elle reviendroit avec moi & s'uniroit à moi & à mon

(*a*) Matth. 8. v. 20.

amie de Paris, qui vouloit auſſi venir pour y travailler ſelon la volonté de Dieu. Je n'étois pas
alors en état d'exécuter ce qu'elle vouloit de moi,
& je faiſois mon compte de reſter aux Urſulines
juſqu'à ce que les choſes changeaſſent : elle ne
m'en parla même plus. Cette Dame eſt d'une
piété des plus extraordinaires, qui a quitté la Cour
pour ſe retirer hors du bruit, & ſe donner à Dieu.
Elle eſt reſtée veuve à vingt-deux ans avec aſſez
d'avantages naturels, & a tout refuſé pour ſe con-
ſacrer à Notre Seigneur, auquel elle eſt ſans re-
ſerve. Lorſqu'elle ſçut que j'avois été obligée de
quitter les Urſulines, ſans ſavoir la maniere dont
j'étois traitée, elle obtint une lettre de cachet
pour obliger le P. la Combe d'aller à Turin paſſer
quelques ſemaines pour ſa propre utilité, & de me
mener avec lui, où je trouverois un refuge. Elle
fit tout cela à notre inſçu, & (comme elle l'a
dit depuis) une force ſupérieure le lui faiſoit faire
ſans en connoitre la cauſe. Si elle y avoit bien
penſé, étant auſſi prudente qu'elle eſt, elle ne
l'auroit peut-être pas fait : car les perſécutions
que Mr. de Geneve nous procura en ce lieu, lui
cauſérent de bonnes humiliations. Notre Seigneur a permis qu'il m'ait pourſuivie d'une maniere ſurprenante dans tous les lieux où j'ai été,
ſans me donner ni trêve ni relâche quoique je ne
lui aie fait aucun mal, au contraire, j'aurois voulu donner mon ſang pour le bien de ſon Diocéſe.

3. Comme cela s'étoit fait ſans notre participation, nous crûmes ſans héſiter que c'étoit la
volonté de Dieu, & peut-être, un moien dont
il vouloit ſe ſervir pour nous tirer de l'opprobre &
de la perſécution, me voiant chaſſée d'un côté

& demandée de l'autre : de sorte qu'il fut conclu, que j'irois à Turin, & que le P. la Combe m'y conduiroit, & de là iroit à Verceil. Je pris encore un Religieux de mérite, qui enseignoit la Théologie depuis quatorze ans, afin de faire les choses avec plus de bienséance, & ôter à nos ennemis tout sujet de parler. Je me fis encore accompagner d'un garçon que j'avois amené de France, & qui avoit appris le métier de tailleur. Ils prirent des chevaux, & je pris une litiere pour ma fille, ma femme de chambre, & moi : mais toutes les précautions sont inutiles quand il plait à Dieu de crucifier. Nos adversaires écrivirent d'abord à Paris, & l'on fit cent contes ridicules sur ce voiage, de vraies comédies, des choses inventées à plaisir & les plus fausses du monde. C'étoit le P. de la Mothe qui débitoit tout cela, peut-être le croioit-il véritable ; quand cela auroit été, il auroit dû le cacher par charité : mais étant aussi faux que cela l'étoit, il le devoit plutôt faire. On dit que j'étois allée seule avec le P. la Combe courir de province en province, & mille fables mal imaginées. Nous souffrions tout en patience, sans nous justifier ni nous plaindre. Si on regardoit les choses sans passion, pouvois-je mieux faire dans l'état où elles étoient ? & n'étoit-il pas honorable, & avantageux même selon la bienséance, d'être chez une Dame de cette qualité & de ce mérite ? N'étoit-ce pas assez pour couper cours à la médisance ? & lorsque l'on n'est pas dans l'ordre, choisit-on des maisons de cette nature ? Mais la passion n'a point d'yeux, & la calomnie est un torrent qui emporte tout. A peine fûmes-nous arrivés à Turin que Mr. de Geneve écrivit contre nous : il nous pourſuivoit par ſes lettres, ne pouvant le faire autrement.

4. Le P. la Combe ſe rendit à Verceil, & je reſtai à Turin chez la Marquiſe de Prunai. Quelles croix ne me falloit-il pas eſſuier de la part de ma famille, de Mr. de Geneve, des Bernabites, & d'une infinité de perſonnes ? Mon fils aîné vint me querir à l'occaſion de la mort de ma belle-mére, ce qui me fut une augmentation de croix bien fortes : mais après que nous eûmes entendu toutes ſes raiſons & comme l'on avoit fait ſans moi toutes les ventes des meubles, elû des Tuteurs, & ordonné de tout ſans ma participation, j'étois entierement inutile. On ne jugea pas à propos de me faire retourner, à cauſe de la rigueur de la ſaiſon.

Vous ſeul ſavez, ô mon Dieu, ce que je ſouffris : car vous ne me faiſiez point connoitre votre volonté, & le P. la Combe diſoit n'avoir point de lumiere pour me conduire. Vous ſavez, mon Seigneur, ce que cette dépendance m'a fait ſouffrir : car lui, qui étoit doux pour tout le monde, avoit ſouvent pour moi une extrême dureté. Vous étiez, ô mon Dieu, l'auteur de tout cela, & vous vouliez qu'il en uſât de la ſorte, afin que je reſtaſſe ſans conſolation : car il conſeilloit très-juſte ceux qui s'adreſſoient à lui ; mais quand il étoit queſtion de me déterminer ſur quelque choſe, il ne le pouvoit, & me diſoit qu'il n'avoit point de lumiere pour me conduire, que je fiſſe ce que je pourrois. Plus il me diſoit ces choſes, plus je me ſentois dépendante de lui, & impuiſſante à me déterminer. Nous avons été une bonne croix l'un à l'autre : nous avons bien éprouvé que notre union étoit *en foi & en croix ;* car plus
nous

nous étions crucifiés, plus nous étions unis. On s'est imaginé que notre union étoit naturelle & humaine : vous savez, ô mon Dieu, que nous n'y trouvions l'un & l'autre que croix, mort, & destruction. Combien de fois nous disions-nous, que si l'union avoit été naturelle nous ne l'aurions pas conservée un moment parmi tant de croix ? J'avoue que les croix qui me sont venues de cette part, ont été les plus grandes de ma vie. Vous savez la pureté, l'innocence, & l'intégrité de cette union, & comme elle étoit toute fondée sur vous-même, ainsi que vous eûtes la bonté de m'en assurer. Ma dépendance devenoit tous les jours plus grande ; parce que j'étois comme un petit enfant, qui ne peut & ne sait rien faire. Lorsque le P. la Combe étoit où j'étois, (ce qui a été rare depuis ma sortie des Ursulines,) je ne pouvois être longtems sans le voir, tant à cause des étranges maux qui m'accabloient tout-à-coup & me reduisoient à la mort, qu'à cause de mon état d'enfance. Etoit-il absent, je n'en avois ni peine ni besoin : je ne réflechissois pas même sur lui, & je n'avois pas la moindre envie de le voir : car mon besoin n'étoit pas dans ma volonté ou dans mon choix, ni même dans aucun penchant ou inclination ; mais vous en étiez l'auteur : & comme vous n'êtes point contraire à vous-même, vous ne me donniez aucun besoin de lui lorsque vous me l'ôtiez.

5. Au commencement que je fus à Turin le P. la Combe y resta quelque tems en attendant une lettre de Mr. de Verceil ; & il prit ce tems pour aller voir l'Evêque d'Aoste, son intime ami, & qui connoissoit ma famille. Comme il fût la persécution de Mr. de Geneve qui nous pour-

suivit à outrance du côté de la Cour de Turin, il me fit offre d'aller dans son Diocése, & m'écrivit par le P. la Combe des lettres les plus obligeantes du monde. Il me mandoit que devant que S. Hierôme eût connu Ste. Paule, c'étoit un saint ; mais après, de quelle maniere en parloit-on ? Il vouloit me faire entendre par là, comment le P. la Combe avoit toujours passé pour un saint avant cette persécution que je lui avois attirée innocemment. Il me marquoit en même tems qu'il conservoit pour lui une estime très-grande. Il vouloit même se dépouiller de son Evêché en sa faveur étant fort âgé.

6. La Marquise de Prunai, qui m'avoit si fort désirée, voiant les grandes croix & les abjections où j'étois, se dégouta de moi : ma simplicité enfantine, qui étoit l'état où mon Dieu me tenoit alors, passoit dans son esprit pour bêtise, quoique Notre Seigneur me fit rendre en cet état des oracles : car quand il étoit question d'aider quelqu'un, ou de quelque chose que Notre Seigneur vouloit de moi, il me donnoit avec la foiblesse d'un enfant, qui ne paroissoit que dans la candeur, une force divine. Son cœur demeura fermé pour moi tout autant de tems que je fus là. Notre Seigneur me fit pourtant leur dire tout ce qui leur arriveroit, & qui leur est effectivement arrivé tant à elle qu'à Mademoiselle sa fille & au vertueux Ecclésiastique qui demeura chez elle. Elle ne laissa pas sur la fin de prendre plus d'amitié pour moi, & elle voioit bien que Notre Seigneur étoit en moi. Mais c'étoit l'amour d'elle-même & la crainte de l'abjection (me voiant si fort décriée) qui lui avoit fermé le cœur. De plus elle croioit son état plus avancé qu'il n'étoit, à cause du

tems qu'elle étoit hors des épreuves; mais elle vit bientôt par expérience que je lui avois dit la vérité. Elle fut obligée pour des raisons de famille de quitter Turin & de s'en aller à sa terre. Elle me fit de grandes instances pour y aller avec elle; mais l'éducation de ma fille ne me le permettoit pas. De rester à Turin sans la Marquise de Prunai, il n'y avoit nulle apparence, & d'autant moins, qu'ayant vécu fort retirée en ce lieu je n'y avois fait aucune connoissance. Je ne savois que devenir. Le P. la Combe comme j'ai dit, demeuroit à Verceil. Mr. de Verceil m'avoit écrit le plus obligeamment du monde, me priant avec instance d'aller à Verceil pour demeurer auprès de lui, me promettant sa protection & m'assurant de son estime, ajoutant qu'il me regarderoit comme sa propre sœur, que sur le recit qu'on lui avoit fait de moi il désiroit extrémement de m'avoir. C'étoit Madame sa sœur, Religieuse de la Visitation de Turin, qui est fort de mes amies, qui lui avoit écrit de moi, & un Gentilhomme François de sa connoissance: mais un certain honneur me retenoit; je ne voulois pas que l'on pût dire que j'avois été chercher le P. la Combe & que c'étoit pour aller là que j'avois été à Turin. Il avoit aussi sa réputation à conserver, qui faisoit qu'il ne pouvoit agréer que j'y allasse, quelque forte instance que Mr. de Verceil en fit. S'il avoit cru pourtant, & moi aussi, que c'eut été la volonté de Dieu, nous aurions passé par dessus toutes considérations. Dieu nous tenoit l'un & l'autre dans une si grande dépendance de ses ordres, qu'il ne nous les faisoit point connoitre; mais le moment divin de sa providence déterminoit tout. Cela servoit fort à faire mourir le P.

la Combe qui avoit marché très long-tems par les certitudes. Mais Dieu les lui arracha toutes par un effet de sa bonté, qui vouloit le faire mourir sans reserve.

7. Durant tout le tems que je fus à Turin Notre Seigneur me fit de très-grandes graces: & je me trouvois tous les jours plus transformée en lui & avois toujours plus de connoissance de l'état des ames, sans m'y méprendre ni me tromper, quoiqu'on ait voulu me persuader le contraire, & que j'eusse fait moi-même tous mes efforts pour me donner d'autres pensées; ce qui ne m'a pas peu couté: car lorsque je disois ou écrivois au P. la Combe l'état de quelques ames qui lui paroissoient plus parfaites & plus avancées que la connoissance qui m'en étoit donnée, il l'attribuoit à l'orgueil, s'en fâchoit très-fort contre moi, & en prenoit même du rebut pour mon état. Ma peine n'étoit pas de ce qu'il m'en estimoit moins; nullement: car je n'étois pas même en état de faire réflexion s'il m'estimoit ou non: mais c'est que Notre Seigneur ne me permettoit pas de changer de pensées; & qu'il m'obligeoit à les lui dire. Il ne pouvoit accorder (Dieu le permettant de la sorte, pour le perdre davantage & lui ôter tout appui,) il ne pouvoit dis-je accorder une obéissance miraculeuse pour mille choses, & une fermeté qui lui sembloit alors extraordinaire, & même criminelle en certaines choses. Cela le mettoit même en défiance de ma grace: car il n'étoit pas encore affermi dans sa voie & ne comprenoit pas assez qu'il ne dépendoit nullement de moi d'être d'une maniere ou d'une autre; & que si j'avois eu quelque puissance, je me serois accordée à ce qu'il disoit pour m'épargner les croix que cela

me causoit ; ou du moins j'aurois diffimulé par adreffe. Mais je ne pouvois faire ni l'un ni l'autre ; & quand tout auroit dû périr, il falloit que je lui diffe les chofes comme Notre Seigneur me les faifoit dire. Dieu m'a donné en cela une fidélité inviolable jufqu'au bout, fans que les croix & les peines m'aient fait manquer un moment à cette fidélité. Ces chofes donc, qui lui paroiffoient entêtement, faute de lumiere, & que Dieu permettoit de la forte pour lui ôter l'appui qu'il auroit pris en la grace qui étoit en moi, le mettoient en divifion avec moi : & quoiqu'il ne m'en témoignât rien, au contraire, qu'il tâchât de toutes fes forces de me le cacher, quelque éloigné qu'il fût de moi, je ne le pouvois ignorer ; car Notre Seigneur me le faifoit fentir d'une maniere étrange, comme fi l'on m'eût divifée de moi-même : ce que je fentois plus ou moins douloureufement, felon que la divifion étoit plus ou moins forte ; & fitôt qu'elle diminuoit ou finiffoit, ma peine ceffoit, & j'étois mife dans le large, & cela quelque éloignée que je fuffe de lui. Il éprouvoit de fon côté que fitôt qu'il étoit divifé d'avec moi, il l'étoit d'avec Dieu : & il m'a dit & écrit un grand nombre de fois ; *Sitôt que je fuis bien avec Dieu, je fuis bien avec vous ; & fitôt que je fuis mal avec Dieu, je fuis mal avec vous* : c'étoit fes propres termes. Il éprouvoit que fitôt que Dieu le recevoit dans fon fein, c'étoit en l'uniffant à moi, comme s'il n'eût voulu de lui que dans cette union : & Notre Seigneur me faifoit paier toutes fes infidélités très-fortement.

8. Pendant qu'il fut à Turin, une veuve, qui eft une bonne fervante de Dieu, mais toute en lumiere & fenfibilité, vint à lui à confeffe. Com-

me elle étoit dans un état tout sensible, elle disoit des merveilles. Le Pere en étoit ravi, parce qu'il sentoit le sensible de sa grace. J'étois de l'autre côté du Confessionnal. Après que j'eus long-tems attendu, il me dit deux ou trois mots; puis il me renvoia, en me disant, qu'il venoit de trouver une ame qui étoit à Dieu; que c'étoit véritablement celle-là qui y étoit : qu'il en étoit tout embaumé; qu'il s'en falloit bien qu'il ne trouvât cela en moi; que je n'opérois plus sur son ame que mort. J'eus de la joie d'abord de ce qu'il avoit trouvé une si sainte ame, parce que j'en ai toujours beaucoup, mon Seigneur, de vous voir glorifié. Je m'en retournai sans y faire davantage d'attention. En m'en retournant Notre Seigneur me fit voir clairement l'état de cette ame, qui étoit très-bonne à la vérité, mais qui n'étoit que dans un commencement mêlangé d'affection & d'un peu de silence, toute pleine du sensible; que c'étoit pour cela que le Pere ressentoit son état : que pour moi, en qui Notre Seigneur avoit tout détruit, j'étois bien éloignée de lui pouvoir communiquer du sensible. De plus Notre Seigneur me fit entendre, qu'étant en lui (comme j'y étois) sans rien qui me fut propre, il ne communiquoit par moi au P. la Combe, que ce qu'il lui communiquoit par lui-même, qui étoit mort, nudité & dépouillement; & que toute autre chose le feroit vivre en lui-même, & empêcheroit sa mort. Que s'il s'arrêtoit au sentiment, cela nuiroit à son intérieur. Il me fallut lui écrire tout cela. En recevant ma lettre il y remarqua d'abord un caractere de vérité : puis la réflexion étant survenue, il jugea que tout ce que je lui mandois étoit orgueil: & cela lui causa quelque éloignement de moi; car il avoit encore dans l'esprit ses régles ordinaires de l'humilité conçue & comprise à notre maniere, & ne voioit pas qu'il ne pouvoit plus y avoir d'autre regle en moi que de faire la volonté de mon Dieu. Je ne pensois plus à l'humilité ni à l'orgueil; mais je me laissois conduire comme un enfant, qui dit & fait sans distinction tout ce qu'on lui fait dire & faire. Je comprens aisément que toutes les personnes qui ne sont pas entrées dans la perte totale, m'accuseront en cela d'orgueil, mais dans mon état, je n'y puis penser: je me laisse mener où l'on me mène, haut & bas, tout m'est également bon.

9. Il m'écrivit, que d'abord il avoit trouvé quelque chose dans ma lettre qui lui sembloit véritable, & qu'il y étoit entré: mais qu'après l'avoir relue avec attention, il l'avoit trouvée pleine d'orgueil, d'entêtement, & de préférence de mes lumieres aux autres. Je ne pouvois penser à tout cela pour le trouver en moi, ni m'en convaincre comme autrefois, en le croiant quoique je ne le visse pas. Cela n'étoit plus pour moi. Je ne pouvois réfléchir là-dessus. S'il y avoit bien pensé, il auroit vû qu'une personne qui ne trouve de volonté ni de penchant pour rien, est bien éloignée de l'entêtement; & il y auroit reconnu Dieu. Mais Notre Seigneur ne le permettoit pas alors. Je lui écrivis encore pour lui prouver la vérité de ce que je lui avois avancé: mais cela ne servit qu'à le confirmer dans les sentimens désavantageux qu'il avoit conçus de moi. Il entra en division. Je connus le moment qu'il avoit ouvert ma lettre & qu'il y étoit entré de cette maniere; & je fus mise dans ma souffrance ordi-

naire. Quand la fille qui lui étoit allé porter cette lettre, qui étoit la même fille dont j'ai parlé, que Notre Seigneur m'a fait amener, fut revenue, je le lui dis; & elle me dit que c'étoit à cette heure même qu'il avoit lû ma lettre. Notre Seigneur ne me donna plus de pensée de lui écrire sur ce sujet : mais le Dimanche d'après, allant pour me confesser, & m'étant mise à genoux, il me demanda d'abord, si je persistois toujours dans mes sentimens d'orgueil, & si je croiois toujours la même chose ? Jusqu'alors je n'avois fait aucune réflexion ni sur ce que j'avois pensé, ni sur ce que je lui avois écrit : mais dans ce moment en ayant fait, cela me parut orgueil, comme il me disoit. Je lui répondis; il est vrai, mon Pere, que je suis une orgueilleuse; & cette personne est bien plus à Dieu que moi. Sitôt que j'eus prononcé ces paroles, je fus rejettée comme du Paradis dans le fond de l'Enfer. Je n'ai jamais souffert un pareil tourment. J'en étois hors de moi : mon visage changea tout-à-coup, & j'étois comme une personne qui va expirer & qui n'a plus de raison. Je tombai sur mes jambes. Le Pere s'apperçut d'abord de cela, & fut éclairé dans ce moment du peu de pouvoir que j'avois en ces choses, & comme il me falloit dire & faire sans discernement ce que le Maître me faisoit faire. Il me dit aussitôt : Croiez ce que vous croyiez auparavant : je vous l'ordonne. Sitôt qu'il m'eut dit cela, je commençai peu à peu à respirer & à prendre vie : à mesure qu'il entroit dans ce que je lui avois dit, mon ame retrouvoit le large; & je disois en m'en retournant, qu'on ne me parle plus d'humilité : les idées qu'on a des vertus, ne sont plus pour moi : il n'y a pour moi qu'une seule chose, qui est, d'obéir à mon Dieu. Il connut bien à quelque tems de là par les manieres d'agir de cette personne, qu'elle étoit bien éloignée de ce qu'il avoit pensé. J'ai dit seulement cet exemple. J'en pourrois donner beaucoup d'autres à peu près pareils: mais celui-là suffit.

CHAPITRE XVI.

Combien les ames qui sont chargées des autres, en souffrent pour leur purification & mort totale & pour l'extinction de l'amour propre: & combien donc Jésus-Christ a dû souffrir pour nous. L'état d'une ame ne se discerne que par celles dont le fond est en Dieu. Persécutions entremêlées. Elle a un songe divin sur sa vocation. Sublimité de son état d'oraison.

1. UNE nuit Notre Seigneur me fit voir en songe qu'il vouloit aussi purifier la fille qu'il m'avoit donnée, & la faire entrer véritablement dans la mort d'elle-même; mais qu'il falloit que cela se fit aussi sur moi, & à force de souffrances. Il fallut donc me résoudre à souffrir pour elle ce que je souffrois pour le P. la Combe, quoique d'une maniere différente. Elle m'a fait souffrir des tourmens inconcevables. Comme elle résistoit à Dieu bien plus que lui, & qu'elle étoit bien plus propriétaire, elle avoit plus à purifier: de sorte qu'il me falloit souffrir à son occasion des martires que je ne pourrois faire concevoir quand je les dirois; ce qui m'est impossible. Ce qui augmenta encore ma peine, c'est que le P. la Combe ne l'a jamais comprise tant qu'elle

a duré, l'attribuant toujours à défaut & imperfection de ma part. J'ai porté ce tourment pour cette fille trois ans entiers. Lors que les résistances étoient plus fortes, & que le Pere l'approuvoit sans que je le sçusse, j'entrois dans des tourmens que je ne puis dire. J'en tombois malade : aussi étois-je presque toujours malade. Je passois quelquefois les jours entiers à terre, appuiée contre mon lit sans me pouvoir remuer, & souffrant des tourmens si excessifs, que quand j'aurois été sur le chevalet je crois que je ne l'aurois pas senti, tant la peine du dedans étoit forte. Lors que cette fille résistoit davantage à Dieu, & qu'alors elle m'approchoit, elle me brûloit : & lors qu'elle me touchoit, je sentois une douleur si étrange, que le feu matériel n'en auroit été que l'ombre. Pour l'ordinaire je me laissois brûler avec des violences inconcevables : d'autres fois je la priois de se retirer, parce que je ne pouvois plus supporter cette douleur. Elle prenoit quelquefois cela pour aversion, & elle le disoit au P. la Combe, qui s'en fâchoit, & m'en reprenoit sur ce pied. Cependant elle ne pouvoit, lorsqu'elle étoit à elle-même, en juger tout-à-fait de cette maniere ; parce que Notre Seigneur me faisoit faire incessamment des miracles à son occasion. J'avois un pouvoir absolu sur son ame & sur son corps. Quelque mal qu'elle se trouvât, sitôt que je lui disois d'être guérie, elle l'étoit ; & pour le dedans, sitôt que je lui disois ; soyez en paix ; elle y étoit : & lors que j'avois mouvement de la livrer à la peine, & que je l'y livrois, elle entroit dans une peine inconcevable : mais presque toute sa peine c'est moi qui l'ai portée avec des violences inexprimables.

2. O mon Dieu, il me semble que vous m'avez fait comprendre par mon expérience quelque chose de ce que vous avez souffert pour les hommes : & il me sembloit par ce que je souffrois, qu'une partie de ce que vous avez souffert pour les hommes auroit consumé dix mille mondes. Il ne falloit pas moins que la force d'un Dieu pour porter ce tourment sans être anéanti. Une fois que j'étois assez malade, & que cette fille étoit dans ses résistances & dans ses propriétés, elle s'approcha de moi : je sentis un feu si violent, que je ne pouvois, ce me sembloit, supporter sans mourir. Il me paroit que ce feu est le même que celui du purgatoire. Je lui dis de se retirer à cause de ce que je souffrois. Comme elle crut que c'étoit par opposition pour elle, elle s'opiniâtra à rester pour me faire amitié. Elle me prit les bras. La violence de la douleur fut si excessive, que sans faire nulle attention à ce que je faisois, étant tout hors de moi par l'excès de la peine, je me mordis le bras d'une si grande force, que j'emportai presque la piece. Elle vit plutôt mon sang & la plaie que je m'étois faite qu'elle ne s'apperçut de la maniere : cela lui fit comprendre qu'il y avoit quelque chose d'extraordinaire : elle en fut avertir le Pere, qui étoit alors à Turin ; & il y avoit du tems qu'il ne m'étoit venu voir, parce qu'il étoit en division & en peine. Il fut fort surpris du mal que je m'étois fait : il avoit peine à comprendre ce qui me faisoit souffrir, & j'avois peine à m'en expliquer & à le faire connoître. Sur le soir elle voulut s'approcher : je commandai à la peine que je souffrois pour elle de se saisir d'elle. Elle entra d'abord dans une peine si étrange, qu'elle crut qu'elle alloit mourir, & j'en fus

délivrée pour ce moment ; mais comme elle ne la pouvoit supporter, je la repris, & la lui ôtai, la laissant en paix.

3. Notre Seigneur me fit voir en songe les résistances qu'elle me feroit, sous la figure de plusieurs animaux qui sortoient de son corps : & il me fit ressentir la peine de cette purification, comme si à mesure que l'on tiroit ces animaux l'on m'eût appliqué un fer rouge sur l'épaule droite. Ces animaux me parurent transparens, en sorte que le dehors en paroissoit pur & clair comme un verre, & le dedans me paroissoit plein d'animaux immondes : & il me fut donné à connoître, qu'elle avoit passé par la premiere purification, qui est celle de l'extérieur ; c'est pourquoi elle avoit passé pour une sainte dans le monde : mais qu'elle n'avoit point été purifiée foncierement ; & que loin de cela, la purification extérieure avoit comme fortifié son amour propre, & avoit rendu son fond plus propriétaire : & je voiois qu'à mesure que je souffrois, ces animaux se détruisoient les uns les autres, ensorte qu'il n'en demeura plus qu'un qui dévora tous les autres : il paroissoit avoir lui seul toute la malice des autres, & se révoltoit contre moi d'une maniere surprenante.

4. Il faut savoir que sitôt que cela me fut montré, & qu'il me fut donné de souffrir pour elle, elle entra extérieurement dans un état qui auroit pû passer pour folie. Elle n'étoit plus propre à me rendre aucun service, ne sortoit point de colére, tout la choquoit sans rime ni raison, des jalousies de tout le monde, & mille autres défauts. Quoiqu'elle m'exerçât assez pour l'extérieur, tout cela ne me faisoit nulle peine : il n'y avoit que

cette extrême douleur qui me faisoit souffrir. Elle devint d'une mal-adresse effroiable, rompant & perdant tout, ne pouvant souffrir personne. Tous ceux qui me voioient servie de cette maniere, me plaignoient; car elle avoit cette disgrace, que quelque envie qu'elle eût de bien faire, elle faisoit tout mal, Notre Seigneur le permettant de la sorte. Si j'étois malade, en sueur ou frisson, elle me jettoit des pots d'eau sans y penser: si l'on m'avoit apprêté quelque chose, ou elle même, en croiant me mettre en appétit, elle le jettoit dans les cendres: si j'avois quelque chose qui me fût utile, elle le cassoit ou perdoit: & je ne lui disois jamais rien quoique cela allât si loin, qu'il y avoit lieu de croire que ma pension ne suffiroit pas pour la demi-année. Cela la désoloit de ce que je ne lui disois jamais rien sur ce qui me regardoit: car son affection pour moi étoit telle, qu'elle avoit bien plus de chagrin de cela, que des autres fautes qui ne me regardoient pas: & pour moi, c'étoit tout le contraire; je n'avois pas l'ombre de la peine là dessus. Ce que je ne pouvois souffrir en elle, c'étoit son amour propre & sa proprieté: je la reprenois là dessus fortement, & je lui disois: „Tout ce qui „ me regarde ne me fait nulle peine; mais je „ sens une si terrible opposition pour votre amour „ propre, que je n'en aurois pas davantage pour „ le Diable." Je voiois clairement que le Démon ne peut nous nuire qu'autant que nous avons d'amour propre & de proprieté; & j'avois plus d'aversion & plus d'horreur pour cet amour propre & cette proprieté, que pour tous les diables. Au commencement j'avois de la peine de cette opposition que j'avois pour cette fille, que j'aimois d'ailleurs au point qu'il me sembloit que j'aurois plutôt éloigné mes propres enfans, que de me défaire d'elle. Le P. la Combe ne comprenant pas cela, m'en reprenoit, & me faisoit beaucoup souffrir; cependant cela n'étoit pas en moi de moi, mais de Dieu : & sur ce qu'il la soutenoit, cela me faisoit souffrir doublement : car je souffrois l'infidélité de l'un, & la proprieté de l'autre. Notre Seigneur me fit entendre que cela n'étoit point un défaut en moi, comme je me le persuadois ; que c'étoit qu'il me donnoit le discernement des esprits, & que mon fond rejetteroit ou accepteroit ce qui étoit de lui ou n'en étoit pas.

5. Depuis ce tems, quoique je n'aie pas porté la purification des autres ames comme de la sienne, je ne laisse pas de les connoitre, non par aucune lumiere, ni par ce qu'ils me disent, mais par le fond. Il est bon de dire ici, qu'il ne faut pas se méprendre; ni que les ames qui sont encore en elles-mêmes, à quelque dégré de lumiere & d'ardeur qu'elles soient arrivées, prennent cela pour elles : elles croient souvent avoir ce discernement, & ce n'est autre chose qu'antipathie de nature. On a vû que Notre Seigneur (ainsi que je l'ai dit) avoit détruit en moi auparavant toute sorte d'antipathie naturelle. Il faut que le fond soit bien anéanti, qu'il ne dépende que de Dieu seul, & que l'ame ne se possede plus elle-même, pour que ces choses soient de Dieu. Ceci a duré trois ans : à mesure que cette ame se purifioit, la peine diminuoit, jusqu'à ce que Notre Seigneur me fit connoitre que son état alloit changer, & qu'il auroit la bonté de me l'accorder. Il changea aussi tout à coup.

6. Quoique je souffrisse de si étranges tourmens pour les personnes que Notre Seigneur vouloit purifier, je ne ressentois pas toutes les persécutions du dehors, bien qu'elles fussent très-fortes. Mr. de Geneve écrivoit à différentes sortes de personnes : à celles qu'il croioit qu'elles me feroient voir ses lettres, il leur mandoit du bien de moi; & dans les lettres qu'il croioit que je ne verrois pas, il en écrivoit beaucoup de mal. Notre Seigneur permit que ces personnes s'étant montré reciproquement leurs lettres, furent indignées d'un procédé si contraire à la bonne foi. Ils me les envoiérent, afin que je me précautionnasse. Je les ai gardées plus de deux ans, puis je les ai brûlées pour ne point faire tort à ce Prélat. La plus forte batterie fut celle qu'il fit auprès d'un des Ministres, Secretaire d'Etat avec le frére de la Marquise de Prunai. De plus il prit tout le soin imaginable pour me rendre suspecte & me décrier. Il se servit encore de certains Abbés pour cela : & quoique je ne sortisse point & ne me montrasse pas, j'étois bien connue par le portrait desavantageux que Mr. de Geneve faisoit de moi. Cela ne fit pas autant d'impression qu'il en auroit fait s'il avoit été mieux en Cour : mais de certaines lettres que Madame Roiale trouva après la mort du Prince, qu'il lui avoit écrites contre elle, firent que pour son particulier elle ne fit aucun fond sur ce que Mr. de Geneve écrivoit, au contraire, elle me fit faire des amitiés, & me fit dire d'aller la voir. Je la fus saluer : elle m'assura de sa protection, & qu'elle étoit bien aise que je fusse dans ses états.

7. Notre Seigneur (*a*) me fit connoître en

(*a*) L'an 1684.

songe qu'il m'appelloit pour aider au prochain. De tous les songes mistérieux que j'ai eus, il n'y en a eu aucun qui m'ait fait plus d'impression que celui là, & dont l'onction de la grace ait duré plus longtems. Il me sembla, qu'étant avec une autre personne de mes amies, nous montions une grande montagne, au bas de laquelle il y avoit une mer orageuse & remplie d'écueils laquelle il falloit avoir traversée avant que de venir à la montagne qui étoit toute couverte de ciprès. Lorsque nous l'eûmes montée nous trouvâmes à son sommet une autre montagne environnée de haies, & qui avoit une porte fermant à clef. Nous y frappâmes : mais ma compagne redescendit, ou demeura à la porte ; car elle n'entra point avec moi. Le Maitre me vint ouvrir la porte, qui fut refermée à l'instant. Le Maître n'étoit autre que l'Epoux, qui m'aiant pris par la main, me mena dans le bois, qui étoit de cèdres. Cette montagne s'appelloit le mont Liban. Il y avoit dans ce bois une chambre, où l'Epoux me mena, & dans cette chambre deux lits. Je lui demandois, pour qui étoient ces deux lits : il me répondit ; il y en a un pour ma Mere, & l'autre pour vous, mon Epouse. Il y avoit dans cette chambre des animaux farouches de leur nature, & opposés, qui vivoient ensemble d'une maniere admirable : le chat se jouoit avec l'oiseau, & il y avoit des faisans qui me venoient caresser : le loup & l'agneau vivoient ensemble. Je me souvins de cette prophêtie (a) d'Isaie, & de la chambre dont il est parlé dans (b) le Cantique. Ce lieu ne respiroit que candeur & innocence. J'apperçus dans cette chambre un jeune garçon d'en-

---

(a) Is. 11. v. 6. &c. (b) Cant. 3. v. 4.

viron

viron douze ans. L'Epoux lui dit, d'aller voir s'il n'y avoit personne de retour du naufrage. Il ne servoit que pour aller au bas de la montagne afin de découvrir s'il verroit quelqu'un. L'Epoux me dit, se retournant vers moi; je vous ai choisie, mon Epouse, pour retirer ici auprès de vous toutes les personnes qui auront assez de cœur pour passer cette mer effroyable, & y faire naufrage. Le petit garçon vint dire qu'il ne voyoit encore personne qui fût revenu du naufrage. Je m'éveillai là dessus si pénétrée de ce songe que l'onction m'en demeura plusieurs jours.

8. Mon état intérieur étoit toujours plus ferme & immobile, & mon esprit si net, qu'il n'y entroit ni distraction ni pensée que celles qu'il plaisoit à Notre Seigneur d'y mettre. Mon oraison toujours la même; non une oraison qui soit en moi, mais en Dieu, très-simple, très-pure & très-nette. C'est un état, & non une oraison, dont je ne puis rien dire à cause de sa grande pureté. Je ne crois pas qu'il se puisse rien au monde de plus simple & de plus un. C'est un état dont on ne peut plus rien dire, parce qu'il passe toute expression : état où la créature est si fort perdue & abimée, que quoiqu'elle soit libre au dehors, elle n'a plus pour le dedans chose au monde. Aussi son bonheur est inaltérable. Tout est Dieu & l'ame n'apperçoit plus que Dieu. Elle n'a plus de perfection à prétendre, plus de tendance, plus d'entre-deux, plus d'union : tout est consommé dans l'unité, mais d'une maniere si libre, si aisée, si naturelle, que l'ame vit en Dieu & de Dieu, aussi aisément que le corps vit de l'air qu'il respire. Cet état n'est connu que de Dieu seul ; car l'extérieur de ces ames est très-commun : & ces mêmes ames

qui font les délices de Dieu & l'objet de ses complaisances, sont souvent le but du mépris des créatures.

CHAPITRE XVII.

Elle convertit un religieux ; puis elle lui prédit une infidélité. Conversion singuliere d'un autre Religieux, comme de plusieurs autres que Dieu lui fait voir. Son départ de Turin pour Paris par Grenoble, où elle est visitée de plusieurs, dont elle discerne le fond. Etat Apostolique, & ses effets : & qu'on ne peut y être & aider salutairement le prochain, sans persécutions & sans croix.

1. Etant encore en Savoye Dieu se servit de moi pour attirer à son amour un Religieux de mérite, mais qui ne songeoit gueres à s'acheminer à la perfection. Il accompagna quelques fois le P. la Combe lorsqu'il me venoit assister dans ma maladie, & j'eus la pensée de le demander à Notre Seigneur. La veille que je reçus l'extrême-onction, il s'approcha de mon lit : je lui dis que si Notre Seigneur me faisoit miséricorde après ma mort, il en sentiroit les effets. Il se sentit touché intérieurement jusqu'aux larmes : il étoit un de ceux qui étoient le plus opposés au P. la Combe & celui qui avoit fait le plus de contes de moi sans me connoitre. Il s'en retourna chez eux tout changé, & il ne pouvoit s'empêcher de désirer de me parler encore & d'être extrêmement touché de ce qu'il croioit que j'allois mourir. Il pleuroit si fort, que les autres Religieux s'en railloient. Ils lui disoient ; se peut-il une plus grande folie ? Une Dame de qui vous

disiez mille maux il n'y a que deux jours, à présent qu'elle se meurt vous la pleurez comme si elle étoit votre mére! Rien ne pouvoit ni l'empécher de pleurer, ni lui ôter le désir de me parler encore. Notre Seigneur exauça ses désirs, & je me portai mieux. J'eus le tems de lui parler: il se donna à Dieu d'une maniere admirable, quoiqu'il eût déjà de l'âge. Il changea jusqu'à son naturel, qui étoit fin & double; & devint simple comme un enfant. Il ne me pouvoit appeller autrement que sa mere. Il prit aussi confiance au P. la Combe, lui faisant même sa confession générale. On ne le connoissoit plus, & il ne se reconnoissoit plus lui même.

2. Il a été de cette sorte plusieurs années pour moi. Un jour qu'il me témoignoit plus de confiance & d'amitié qu'à l'ordinaire, étant venu d'assez loin exprès pour me voir & me découvrir son ame, il lui étoit arrivé de tomber de dessus son cheval, & d'en avoir une douleur & une grosseur dangereuse, & qui pouvoit avoir de fâcheuses suites, à cause du lieu de son mal. Il me dit qu'il sentoit bien de la douleur, & que son chagrin étoit les suites d'un mal si dangereux. Je lui dis: vous n'en serez jamais incommodé: il crut, & fut entierement guéri sans s'en être senti depuis. Comme il me témoignoit à cause de cela plus de confiance, il me dit (sans comparaison) comme S. Pierre: Quand tout le monde vous renonceroit, je ne vous renoncerai pas; sitôt qu'il m'eût dit cela, j'eus un fort mouvement qu'il me renonceroit, & lâcheroit prise par infidélité: & il me sembla en même tems, que s'il s'y sacrifioit, & qu'il perdît l'estime de lui-même & de la force qu'il croyoit avoir que

cela ne lui arriveroit pas. Je lui dis : Mon Pere, vous me renoncerez ; assurément vous le ferez, & vous quitterez prise. Il se fâcha contre moi de cela, protestant toujours du contraire ; qu'il n'étoit pas un enfant, qu'il n'y avoit point d'homme plus ferme & plus constant que lui. Plus il me protestoit de cela, plus j'avois au dedans une certitude du contraire. Je lui dis : Mon Pere, au nom de Dieu, je vous prie de vous sacrifier à lui pour me renoncer & être contre moi quelque tems s'il le permet ; l'assurant que s'il n'entroit pas dans cette disposition de sacrifice, il le feroit immanquablement. Il ne voulut jamais s'y soumettre, entrant même dans une douleur très-grande de ce que, comme il disoit, je me défiois de lui. A six mois de là il me revint voir, plus affectionné que jamais, me disant : Voyez combien vous êtes fausse prophetesse, & que je suis bien éloigné de vous renoncer.

3. Un an après, comme j'étois avec le P. la Combe, je lui dis : le Pére N. est assurément changé, car Notre Seigneur me le fait sentir. Quand il me donne quelqu'un en particulier, il me faut toujours souffrir quelque chose. O mon Dieu, qu'il est bien vrai que je n'ai enfanté qu'avec douleur ! Mais aussi quand ils étoient devenus infidéles, je sentois qu'ils m'étoient ôtés, & qu'ils ne m'étoient plus rien : mais pour ceux que Notre Seigneur ne m'ôtoit pas, & qui étoient chancelans ou infidéles pour un tems, il me faisoit souffrir pour eux : je sentois bien qu'ils étoient infidéles ; mais ils ne m'étoient pas ôtés, & je connoissois que malgré leurs infidélités ils reviendroient un jour. Lors donc que je dis au P. la Combe qu'il étoit changé (& je lui avois mandé

il y avoit plus d'un an que j'avois connu qu'il changeroit:) il me dit, que c'étoit de mes imaginations. Il reçut peu de jours après une lettre pleine d'amitié de sa part: & il me dit: Voyez, comme il est changé. En lisant cette lettre, j'eus encore une fort grande certitude qu'il étoit changé & qu'un reste de respect & de honte le faisoit continuer d'écrire ainsi, & qu'il le feroit encore quelque tems. Il en arriva tout de même: il continua encore quelque tems des lettres forcées; puis il cessa d'écrire; & le P. la Combe apprit que la peur de perdre de certains amis l'avoit changé. Il y en a de certains pour lesquels Notre Seigneur me fait prier, ou me fait faire des démarches pour les aider, & d'autres pour lesquels il ne m'est pas seulement donné pour leur écrire une lettre pour les raffermir.

4. Il y en avoit encore un qui étoit l'homme du monde le plus violent, qui ne gardoit aucune mesure, & qui sentoit plus son soldat que son Religieux. Comme le P. la Combe étoit son Supérieur, & qu'il tâchoit de le gagner & par ses paroles & par ses exemples, il ne le pouvoit souffrir: il avoit même contre lui de fort grands emportemens. Lorsqu'il disoit la Messe dans le lieu où j'étois, je sentois, sans le connoître, qu'il n'étoit pas en bon état. Un jour que je le vis passer avec le calice qu'il tenoit dans sa main pour aller dire la Messe, il me prit pour lui une fort grande tendresse & comme une assurance qu'il étoit changé. Je connus même que c'étoit un vase d'élection que Dieu s'étoit choisi d'une maniere particuliere. Il me fallut l'écrire au P. la Combe qui me manda, que c'étoit là une des plus fausses idées qu'il m'eût encore vues, & qu'il ne voyoit

gueres d'homme plus mal difposé que celui-là ; & il regardoit cela comme la plus ridicule réverie qui fut jamais. Il fut fort furpris quand fur les quatre ou cinq heures du foir ce Pere le fut trouver dans fa chambre, qui du plus fier des hommes lui parut le plus doux. Il lui demanda pardon de tous les chagrins qu'il lui avoit caufés, & lui dit en répandant quelques larmes : Je fuis changé, mon Pere ; & il s'eft fait en moi un renverfement que je ne comprens pas. Il lui conta comme il avoit vû la Ste. Vierge qui lui avoit fait voir qu'il étoit en état de damnation : mais qu'elle avoit prié pour lui. Le P. Combe m'écrivit d'abord que ce que je lui avois mandé d'un tel Pere, étoit bien véritable : qu'il étoit changé, mais changé de bonne maniere, & qu'il en étoit rempli de joie. Je reftai toute la nuit fur le carreau, fans dormir un moment, pénétrée d'onction des deffeins de Dieu fur cette ame. Quelques jours après Notre Seigneur me fit connoitre encore la même chofe avec beaucoup d'onction, & je fus encore une nuit fans dormir, toute pleine de cette vûe. Je lui écrivis les deffeins que Notre Seigneur avoit fur lui, & je donnai la lettre ouverte au P. la Combe pour la lui donner. Il héfita quelque tems s'il la lui donneroit, n'ofant fe fier fitôt à lui : mais ce Pere paffant au même tems devant lui, il ne pût s'empêcher de la lui donner. Loin d'en faire des railleries, il en fut fort touché, & réfolut de fe donner tout à fait à Dieu. Il a peine à rompre tous fes liens, & femble encore être partagé entre Dieu & des attaches qui lui paroiffent innocentes, quoique Dieu lui donne quantité de coups pour l'abattre tout à fait : mais fes réfiftances ne me font point perdre l'espérance de ce qu'il sera un jour.

5. Avant son changement je vis en songe quantité d'oiseaux fort beaux, que chacun poursuivoit à la chasse avec grand soin & avec envie de les prendre; & je les regardois tous sans y prendre de part, & sans vouloir les prendre. Je fus fort étonnée de voir qu'ils venoient tous se donner à moi, sans que je fisse aucun effort pour les avoir. Parmi tous ceux qui se donnèrent à moi, & qui étoient en assez grand nombre, il y en eut un d'une beauté extraordinaire, & qui surpassoit de beaucoup tous les autres. Tout le monde étoit empressé pour gagner celui-là: après s'être enfui de tous, & de moi aussi bien que des autres, il se vint donner à moi lorsque je ne l'attendois plus. Il y en eut un des autres qui après être venu, voltigea longtems, tantôt se donnant, tantôt se retirant: puis il se donna tout à fait. Celui là me parut être le Religieux dont j'ai parlé. D'autres se retirèrent tout à fait. J'eus deux nuits le même songe: mais le bel oiseau, qui n'avoit pas de pareil, ne m'est pas inconnu, quoiqu'il ne soit pas encore venu. Que ce soit devant ou après ma mort qu'il se donne tout à Dieu, je suis assurée que cela sera.

6. Comme j'étois chez la Marquise de Prunai, indéterminée si je mettrois ma fille à la Visitation de Turin pour aller avec elle, ou si je prendrois un autre parti, je fus fort surprise lorsque je m'y attendois le moins de voir le P. la Combe arriver de Verceil & me dire, qu'il falloit m'en retourner à Paris sans différer un moment. C'étoit le soir: il me dit de partir le lendemain matin. J'avoue que cette nouvelle imprévue me surprit sans cependant m'émouvoir le moins du

monde. Ce fut pour moi un double facrifice, de retourner en un lieu où je favois que l'on m'avoit fi fort décriée, vers une famille qui n'avoit que du mépris pour moi, & qui avoit débité mon voyage (que la feule néceffité m'avoit fait faire) comme une courfe volontaire, procurée par une attache humaine que j'avois pour le P. la Combe quoiqu'il fut très-vrai que la feule néceffité de la providence m'y eût engagée. Vous feul, ô mon Dieu, faviez combien nous étions éloignés l'un & l'autre de ces fentimens, & que nous étions prêts également, de ne nous voir jamais fans votre volonté, comme de nous voir toujours dans votre même volonté. O Dieu, que les hommes font peu capables de ces chofes, que vous faites vous-même pour votre gloire & pour être la fource d'une infinité de croix, qui augmentoient, loin de diminuer. Me voila donc difpofée à partir fans repliquer une feule parole, avec ma fille & une femme de chambre, fans avoir perfonne pour me conduire : car le P. la Combe étoit réfolu de ne me pas accompagner, même pour paffer la montagne ; à caufe que Mr. de Geneve avoit écrit par tout, que j'étois allée à Turin courir après lui. Mais le Pere Provincial qui étoit un homme de qualité de Turin & qui connoiffoit la vertu du P. la Combe, lui dit, qu'il ne me falloit pas laiffer aller dans ces montagnes, furtout ayant ma fille avec moi, fans perfonne de connoiffance ; & qu'il lui ordonnoit de m'accompagner. Le Pere m'avoua qu'il y avoit quelque forte de répugnance ; mais l'obéiffance & le danger, où j'aurois été expofée feule, le firent paffer par deffus fes répugnances. Il devoit m'accompagner feulement jufqu'à Grenoble, & s'en retourner de là à Turin. Je partis donc dans le dessein de m'en aller à Paris souffrir toutes les croix & essuier toutes les confusions qu'il plairoit à Dieu de me faire souffrir.

7. Ce qui me fit passer par Grenoble fut l'envie que j'avois de passer deux ou trois jours avec une grande servante de Dieu de mes amies. Lorsque je fus là, le P. la Combe & cette Dame me dirent de ne pas passer outre, & que Dieu vouloit se glorifier en moi & par moi dans ce lieu là : Le P. la Combe s'en retourna à Verceil ; & moi je me laissai conduire à la providence comme un enfant. Cette bonne Mére me conduisit d'abord chez une bonne Veuve, n'ayant pas trouvé de place à l'hotellerie, & croyant n'y passer que trois jours. Mais comme l'on me dit de rester à Grenoble, je restai chez elle. Je mis ma fille en Religion, & me résolus d'employer tout ce tems à me laisser posséder en solitude à celui qui est absolument maître de moi. Je ne fis aucune visite en ce lieu, non plus que dans tous les autres où j'avois demeuré : mais je fus bien surprise lorsque peu de jours après mon arrivée il vint me voir plusieurs personnes qui faisoient profession d'être à Dieu d'une maniere singuliere. Je m'aperçus aussitôt d'un don de Dieu, qui m'avoit été communiqué sans que je le comprisse, du discernement des esprits, & de donner à chacun ce qui lui étoit propre. Je me sentis tout à coup revêtue d'un état Apostolique, & je discernois l'état des ames des personnes qui me parloient, & cela avec tant de facilité, qu'elles en étoient étonnées, & se disoient les unes aux autres, que je leur donnois à chacune, ce dont elles avoient besoin. C'étoit vous, ô mon Dieu, qui faisiez

toutes ces choses : elles s'envoyoient (à moi) les unes les autres. Cela vint à tel excès, que pour l'ordinaire depuis six heures du matin jusques à huit heures du soir j'étois occupée à parler de Dieu. Il venoit du monde de tous côtés, de loin & de près; des Religieux, des Prêtres, des hommes du monde, des filles, femmes, & veuves, tous venoient les uns après les autres, & Dieu me donnoit de quoi les contenter tous d'une maniere admirable, sans que j'y pensasse ni que j'y fisse aucune attention. Rien ne m'étoit caché de leur état intérieur & de ce qui se passoit en eux. Vous vous fites, ô mon Dieu, une infinité de conquêtes que vous seul savez. Il leur étoit donné une facilité surprenante pour l'oraison, & Dieu leur faisoit de grandes graces, & opéroit des changemens merveilleux. J'avois une autorité miraculeuse sur les corps & sur les ames de ces personnes que Notre Seigneur faisoit venir à moi : leur santé & leur état intérieur sembloit être en ma main. Les plus avancées de ces ames trouvoient auprès de moi sans parole, qu'il leur étoit communiqué une grace qu'elles ne pouvoient ni comprendre, ni cesser d'admirer. Les autres trouvoient une onction dans mes paroles, & qu'elles opéroient dans elles ce que je leur disois. Elles n'avoient, disoient-elles, jamais vû, ou plutôt, jamais expérimenté rien de pareil. Je vis des Religieux de différents Ordres, & des Prêtres de mérite, à qui Notre Seigneur fit de très-grandes graces, & Dieu faisoit des graces à tous sans exception, du moins à ceux qui venoient de bonne foi.

8. Ce qui est surprenant, c'est que je n'avois pas un mot à dire à ceux qui venoient pour me

surprendre & m'épier ; & lorsque je voulois m'efforcer pour leur parler, outre que je n'en pouvois venir à bout, c'est que je sentois que Dieu ne le vouloit pas. Les uns s'en retournoient disant: Mais l'on est fou d'aller voir cette Dame ; elle ne sait pas parler : d'autres me traitoient de bête ; & je ne savois pas que ces personnes venoient pour m'épier. Mais lors qu'elles étoient sorties, il venoit quelqu'un qui me disoit : „Je n'ai ja„mais pû venir assez tôt pour vous dire de ne „pas parler à ces personnes : elles venoient de „la part de tels & tels pour vous épier & pour „vous tenter". Je leur disois ; Notre Seigneur a prévenu votre charité : car je n'ai jamais pû leur dire un mot.

9. Je sentois que ce que je disois, venoit de source ; & que je n'étois que l'instrument de celui qui me faisoit parler. Dans cet applaudissement général Notre Seigneur me fit comprendre ce que c'étoit que l'état Apostolique dont il m'avoit honoré, & que de vouloir bien s'abandonner à aider les ames dans la pureté de son esprit, c'étoit s'exposer aux plus cruelles persécutions. Ces propres termes me furent imprimés : *Se sacrifier pour aider au prochain c'est se sacrifier au gibet.* Tels qui disent à présent de toi : BENI SOIT CELUI QUI NOUS VIENT AU NOM DU SEIGNEUR, *diront bientôt,* TOLLE, CRUCIFIGE. Une de mes amies parlant de l'estime générale que l'on avoit de moi, je lui dis : Remarquez ce que je vous dis aujourd'hui ; que vous entendrez donner des malédictions aux mêmes bouches qui donnent des bénédictions : & Notre Seigneur me fit comprendre, qu'il falloit que je lui fusse conforme en tous ses états, & que

s'il eût toujours resté avec la Ste. Vierge & S. Joseph dans une vie cachée, il n'eût jamais été crucifié : que lors qu'il vouloit crucifier quelqu'un de ses serviteurs d'une maniere extraordinaire, il l'employoit au service du prochain. Il est certain que toutes les ames qui y sont employées de Dieu par destination Apostolique, & qui sont vraiment mises dans l'état Apostolique, ont extrémement à souffrir. Je ne parle pas de ceux qui s'y mettent par eux-mêmes ; & qui n'y étant pas appellés de Dieu d'une maniere singuliere & n'ayant rien de la grace de l'Apostolat, n'ont aussi rien de la croix de l'Apostolat : mais pour ceux qui se livrent à Dieu sans nulle reserve, & qui veulent bien de tout leur cœur être le jouet de la providence, sans restriction ni reserve ; ah! pour ceux-là, ils sont assurément un spectacle à Dieu, aux Anges, & aux hommes ; à Dieu, de gloire, par la conformité avec Jesus-Christ ; aux Anges, de joye ; & aux hommes de cruauté & d'ignominie.

CHAPITRE XVIII.

Combien de douleurs ont couté à Jésus-Christ & à ceux qu'il associe à sa Paternité spirituelle, les ames qu'ils doivent enfanter spirituellement. Certains Religieux, ayant persécuté en un lieu l'Oraison & les personnes d'Oraison, dont on voit ici d'admirables exemples, leurs Confreres viennent rétablir & redresser au double ce qu'ils avoient tâché de détruire. De la fécondité des ames en enfans spirituels ; & de l'inclination & communication des unes envers les autres.

2. Avant que je fusse à Grenoble, dans le chemin, j'entrai chez des Religieuses de la Visitation. Tout à coup je fus frappée d'un tableau de Jesus-Christ au Jardin, avec ces paroles; (a) *Pére, s'il est possible, que ce calice passe! toutefois que votre volonté soit faite!* D'abord je compris que cela s'adressoit à moi, & je me sacrifiai à la volonté de Dieu. Ce fut là où j'éprouvai une chose très-extraordinaire: c'est que parmi un si grand nombre d'ames toutes bonnes & de grace, & à qui Notre Seigneur en fit beaucoup par moi, les unes m'étoient données comme de simples plantes à cultiver, auxquelles je ne sentois pas que Notre Seigneur voulut que je prisse aucun intérêt: je connoissois leur état; mais je ne me sentois pas cette autorité absolue, & elles ne m'appartenoient pas singuliérement. Ce fut là que je compris mieux la véritable maternité: les autres m'étoient donnés comme enfans; & pour ceux-ci, il m'en coutoit toujours quelque chose, & j'avois autorité sur leurs ames; & sur leurs corps. De ces enfans les uns étoient fidéles, & je connoissois qu'ils le seroient & ils m'étoient unis en charité. Les autres étoient infidéles: & je connoissois que de ces derniers les uns nereviendroient jamais de leurs infidélités, & ils m'étoient ôtés: pour ce qui est des autres, que ce ne seroit qu'un égarement. Je souffrois, pour les uns & pour les autres, des douleurs de cœur inconcevables, comme si on les eût tirés de mon cœur. Ce ne sont point de ces douleurs de cœurs que l'on appelle défaillance ou fadeur de cœur: c'étoit un mal violent à l'endroit du cœur, qui étoit cependant spirituel, mais si violent, qu'il

(a) Matth. 26. vf. 39.

me faisoit crier de toutes mes forces, & me réduisoit au lit. En cet état je ne pouvois prendre de nourriture, mais il falloit me laisser dévorer à une douleur étrange. Lorsque ces mêmes enfans me quittoient, & que par lâcheté, faute de courage pour mourir à eux-mêmes, ils abandonnoient tout, ils m'étoient arrachés du cœur avec beaucoup de douleur.

2. Ce fut alors que je compris que tous les prédestinés sortirent du cœur de Jésus-Christ, & qu'il les enfanta sur le Calvaire dans des douleurs inconcevables, & ce fut pour cela & pour ce que j'ai dit, qu'il voulut que son cœur fut ouvert extérieurement, pour marquer que c'étoit là la source d'où étoient sortis tous les prédestinés. O cœur qui m'as enfanté, ce sera en toi que nous serons reçus à jamais! Notre Seigneur parmi un si grand Peuple qui le suivoit, eut si peu de vrais enfans: c'est pourquoi il dit à son Père: (a) *Je n'ai perdu aucun de ceux que vous m'avez donnés, si ce n'est le fils de perdition;* faisant voir par là qu'il ne perdoit aucun, non seulement des Apôtres, quoiqu'ils fissent de faux écarts; mais même de ceux qu'il alloit enfanter sur le Calvaire par l'ouverture de son cœur. O mon Amour, je puis dire, que vous m'avez rendue participante de tous vos misteres, me les faisant éprouver d'une maniere ineffable. Je fus donc associée à cette maternité divine en Jésus-Christ, qui a été ce qui m'a le plus fait souffrir: car deux heures de cette souffrance me changeoient plus, que plusieurs jours de fievre continue. J'ai quelquefois porté ces douleurs deux ou trois jours à crier, *le cœur!* de toutes mes forces. La fille qui me

(a) Jean 17. vf. 12.

servoit, voyoit bien que le mal n'étoit pas naturel; mais elle ne savoit pas ce qui me le causoit. Si nous pouvions comprendre la moindre des douleurs que nous avons couté à Jésus-Christ, nous en serions dans l'étonnement.

3. Dans le différent nombre de Religieux qui me vinrent voir, il y eut un ordre qui ressentit plus que tout autre des effets de grace; & ce fut de ce même Ordre, que quelques uns avoient été par un faux zéle dans une petite ville où le Pere la Combe avoit fait la Mission, troubler toutes les bonnes ames qui s'étoient données sincérement à Dieu, les tourmenter d'une maniere inconcevable, leur brûlant tous les livres qui parloient d'oraison, refusant l'absolution à ceux qui la faisoient, mettant dans la consternation & presque dans le désespoir ceux qui ayant été autrefois dans le crime & s'en étant retirés, s'étoient conservés dans la grace par le moyen de l'oraison, vivant même d'une maniere parfaite. Ces Religieux vinrent à tel excès par leur zèle indiscret, qu'ils firent une sédition dans cette ville, jusqu'à faire donner des coups de bâton en pleine rue à un Pére de l'Oratoire de condition & de mérite, parce qu'il faisoit le soir la priére, & que les dimanches il y faisoit une petite oraison courte & fervente qui accoutumoit insensiblement ces bonnes ames à faire l'oraison.

4. Je n'ai jamais eu en ma vie tant de consolation que de voir dans cette petite ville tant de bonnes ames qui à l'envi les unes des autres se donnoient à Dieu de tout leur cœur. Il y avoit des jeunes filles de douze & treize ans qui travailloient presque tout le jour en silence pour

s'entretenir avec Dieu, & qui en avoit acquis une très-grande habitude. Comme c'étoient de pauvres filles, elles se mettoient deux ensemble, & celles qui savoient lire lisoient quelque chose à celles qui ne savoient pas lire. On voyoit revivre là l'innocence des premiers Chrétiens. Il y avoit là une pauvre lavandiere qui avoit cinq enfans & un mari paralitique du bras droit, mais plus estropié d'esprit que de corps; il n'avoit de force que pour la battre : cependant cette pauvre femme avec une douceur d'Ange souffroit tout cela, & gagnoit la vie à cet homme & à ses cinq enfans. Cette femme avoit un don d'oraison merveilleux, & conservoit la présence de Dieu & l'égalité dans les plus grandes miséres & dans la pauvreté la plus extrême. Il y avoit aussi une marchande fort prévenue de Dieu, & une serruriere. C'étoit les trois amies. L'une & l'autre lisoient quelquefois à cette lavandiére, & elles étoient surprises qu'elle étoit instruite par Notre Seigneur de tout ce qu'on lui lisoit, & qu'elle en parloit divinement. Ces Religieux envoyérent querir cette femme & lui firent de grandes menaces si elle ne quittoit l'oraison, lui disant qu'elle n'étoit que pour les Religieux, & qu'elle étoit bien hardie de faire oraison. Elle leur répondit (ou plutôt celui qui l'enseignoit, car elle étoit très-ignorante d'elle-même) que Notre Seigneur avoit dit à tous de *prier*, & qu'il avoit dit, (*a*) *Je vous le dis à tous*, ne spécifiant ni Prêtre ni Religieux; que sans l'oraison elle ne pouvoit jamais supporter les croix ni la pauvreté où elle étoit; qu'elle avoit été autrefois sans oraison, & qu'elle étoit un Démon; & que depuis qu'elle

(*a*) Marc 13. vs. 33, 37.

l'avoit faite, elle avoit aimé Dieu de tout son cœur; & qu'ainsi quitter l'oraison c'étoit renoncer à son salut, ce qu'elle ne pouvoit pas faire. Elle ajouta, qu'ils prissent vingt personnes qui n'ont jamais fait oraison, & vingt de ceux qui la font; puis informez-vous, disoit-elle, de la vie des uns & des autres; & vous verrez si vous avez raison de condamner l'oraison. Des paroles comme celles-là pour une femme de cette condition les devoient convaincre; elles ne servirent qu'à les aigrir: ils l'assurerent qu'elle n'auroit point l'absolution qu'elle n'eût promis de quitter l'oraison: Elle dit, qu'il ne dépendoit pas d'elle, & que Notre Seigneur étoit le maître de se communiquer à sa créature & d'en faire ce qu'il lui plairoit. Ils lui refuserent l'absolution: & après en être venus jusqu'aux injures avec un bon tailleur qui servoit Dieu de tout son cœur, ils se firent apporter tous les livres qui traitoient d'oraison, tous sans exception, & les brûlerent eux-mêmes dans la place publique. Ils étoient fort enflés de leur expédition: mais la ville se souleva à cause des coups donnés au Pere de l'Oratoire; & les principaux allerent à Mr. de Geneve lui dire le scandale où l'on étoit de ces Missionnaires nouveaux si différens des autres; parlant du P. la Combe qui y avoit été autrefois en mission: & l'on disoit qu'on n'avoit envoyé ceux-là que pour détruire ce qu'il avoit fait. Mr. de Geneve fut obligé de venir lui-même dans cette ville, & de monter en chaire, protestant qu'il n'avoit point de part à cela, que les Peres avoient poussé le zele trop loin. Les Religieux d'un autre côté disoient, qu'ils avoient tout fait avec ordre.

Il y avoit aussi à Tonon des filles qui s'étoient retirées ensemble : c'étoit de pauvres villageoises, qui afin de mieux gagner leur vie & de servir Dieu, s'étoient mises plusieurs ensemble. Il y en avoit une qui faisoit la lecture de tems en tems durant que les autres travailloient, & elles ne sortoient point sans demander de sortir à la plus ancienne. Elles faisoient des rubans, elles filoient, & gagnoient comme cela leur vie chacune à leur métier, les fortes supportoient les foibles. On alla séparer ces pauvres filles, & encore d'autres dans plusieurs villages : ils les chassoient de l'Eglise.

5. Ce fut donc des Religieux de ce même ordre dont Notre Seigneur se servit pour établir l'oraison en je ne sais combien d'endroits, & ils porterent cent fois plus de livres d'oraison dans les lieux où ils allerent que leurs freres n'en avoient brûlé. Dieu me paroît admirable dans ces sortes de choses. J'eus donc occasion de connoitre ces Religieux de la maniere que je vai dire.

6. Un jour que j'étois malade, un Frere qui s'entend très-bien aux malades étant venu à la quête, & ayant su que j'étois mal, entra. Notre Seigneur se servit de lui pour me donner des remedes propres pour mon mal, & permit que nous entrâmes dans une conversation qui réveilla en lui l'amour qu'il avoit pour Dieu, & qui étoit, à ce qu'il dit, étouffé par ses grandes occupations. Je lui fis comprendre qu'il n'y avoit aucune occupation qui pût l'empêcher ni d'aimer Dieu, ni de s'occuper de lui. Il n'eût pas de peine à me croire ayant déja beaucoup de piété & de disposition à l'intérieur. Notre Seigneur lui fit beaucoup de graces, & me le donna pour être un de mes enfans très-véritables. Ce qui est admirable est, que tous ceux que Notre Seigneur m'a don-

II. PARTIE. CHAP. XVIII.

nés de cette forte, je fentois qu'il les acceptoit en moi pour être mes enfans : car c'est lui qui en fait l'acceptation & qui les donne : je ne les enfante que fur la croix, comme il a enfanté tous les prédestinés fur la croix : & c'est encore en ce fens qu'il me fait (a) *achever ce qui manque à fa paſſion*, qui est cette application de la filiation divine. O bonté d'un Dieu, d'affocier de pauvres petites créatures à de fi grands mifteres !

7. Lorfque Notre Seigneur me donne quelques enfans de cette forte, il leur donne fans que je leur aie jamais témoigné rien de ceci, une pente très-grande pour moi : & fans qu'ils fachent eux-mêmes pourquoi ni comment, ils ne peuvent s'empêcher de m'appeller leur *Mere* : ce qui est arrivé même à plufieurs perfonnes de mérite, Prêtres, Religieux, filles de piété, & même à une perfonne en dignité Ecclésiastique, qui tous, fans que je leur aie jamais parlé, me tiennent pour leur Mere : & Notre Seigneur a la bonté de les accepter en moi, & de leur faire les mêmes graces que fi je les voyois. Un jour une perfonne étant dans un état très-pénible & dans un danger évident, fans penfer à ce qu'elle faifoit, cria tout haut, ma mere ! ma mere ! penfant à moi. Elle fut délivrée à l'inftant, avec une nouvelle certitude que j'étois fa mere, & que Notre Seigneur auroit la bonté de la fecourir par moi dans tous fes befoins. Plufieurs que je ne connoiffois que par lettres, m'ont vue en fonge répondre à toutes leurs difficultés ; & ceux qui font plus fpirituels, participoient à la converfation ou union intime d'unité ; mais ceux-là font en petit nombre, qui de loin n'ont que faire de lettres ni de

(a) Col. 1. vf. 24.

discours pour l'entendre : les autres (a) d'après, sont nourris intérieurement de la grace que Notre Seigneur leur communique par moi en plénitude, se sentant remplir de cet écoulement de grace.

8. Car lorsque Notre Seigneur honore une ame de la fécondité spirituelle, & qu'il l'associe à sa maternité, il lui donne ce qu'il faut pour nourrir & soutenir ses enfans selon leur degré. C'est de cette sorte que voulant enfanter tous les prédestinés, il leur donne sa chair à manger : c'est pourquoi (b) ceux qui mangent sa chair & boivent son sang demeurent en lui & lui en eux, & qu'ils sont faits par-là ses enfans : mais ceux qui ne mangent pas sa chair, ne peuvent pas être ses enfans, parce qu'ils ne sont pas associés à la filiation divine dont la nouvelle alliance est faite en son sang, à moins que par leur conversion à la mort l'efficacité de ce sang ne leur soit appliquée. Il est vrai qu'aux saints Anacorétes le Verbe s'est communiqué en maniere centrale, & leur a donné par le fond le pain des Anges, qui n'est autre que lui-même comme Verbe, quoiqu'ils n'aient pas pû manger sa chair de la bouche du corps.

9. Je dis donc que dès que Jesus-Christ associe quelqu'un à la maternité spirituelle il en fait un moyen de se communiquer lui-même : & c'est cette communication de pur esprit qui fait la nourriture & le soutien foncier des ames ; mais soutien qu'elles goûtent, & qu'elles expérimentent être tout ce qui leur faut. Je sais que je ne serai pas entendue, parce qu'il n'y a que la seule expérience qui puisse faire comprendre ceci. J'étois quelquefois si pleine de ces communications pures & divines qui s'écoulent de *cette fontaine*

(a) *Ou bien de près.* (b) Jean 6. v. 57.

d'eaux vives (dont parle (a) S. Jean l'Evangeliste, *qui rejaillira jusques dans la vie éternelle*) que je disois: O mon Seigneur donnez-moi des cœurs pour me décharger de ma plénitude, sans quoi il faudra que j'expire: car ces écoulemens de la Divinité dans le centre de mon ame furent quelquefois si vifs & si puissans, qu'ils redondoient même jusques sur le corps, & j'en étois malade. Lorsque quelques-uns de ceux que Notre Seigneur m'avoit donnés pour enfans s'approchoient, ou qu'il m'en donnoit de nouveaux en qui la grace étoit déja forte, je me sentois peu à peu soulager, & ils éprouvoient en eux une plénitude de grace inconcevable & un plus grand don d'oraison, qui leur étoit communiqué, chacun selon leur degré: ce qui ne les surprenoit pas peu dans le commencement: mais dans la suite ils comprenoient ce mistere par leur expérience, & ils sentoient un besoin de moi très-grand: & lorsque la nécessité m'a séparée d'eux, ou que (comme j'ai dit,) je ne les connoissois pas, pour ne les avoir pas vus, les choses leur étoient communiquées de loin.

CHAPITRE XIX.

Exemple de la dépendance spirituelle où est une ame à l'égard d'une autre qui lui est mere de grace. On explique à fond à cette occasion les raisons ou causes pourquoi Dieu reçoit en soi ou en sa grace & qu'il rejette de soi ou de sa grace les ames de différentes dispositions, & cela tant en cette vie que dans l'autre, pour un tems ou pour l'éternité.

(a) Jean 4. v. 14.

1. IL y avoit là quelques bonnes filles qui m'étoient données particuliérement, sur-tout une, & j'avois un très-grand pouvoir sur elle, & sur son ame, & sur son corps, pour lui rendre la santé. Au commencement que cette fille venoit à moi, elle sentoit un fort grand attrait d'y venir, & Notre Seigneur lui donnoit par moi tout ce dont elle avoit besoin : mais sitôt qu'elle étoit éloignée de moi, le Démon lui mettoit dans l'esprit une aversion effroyable pour moi, de sorte que lorsqu'il me falloit venir voir, c'étoit avec des répugnances & des efforts terribles qu'elle se faisoit, & elle s'en retournoit quelquefois à moitié chemin par infidélité, n'ayant pas le courage de poursuivre ; mais sitôt qu'elle étoit fidele à passer outre, elle étoit délivrée de sa peine. Dès qu'elle m'approchoit, tout se dissipoit ; & elle éprouvoit auprès de moi cette plénitude de grace qui nous a été apportée par Jesus-Christ. C'étoit une ame fort prévenue de Dieu dès son enfance, à laquelle Notre Seigneur avoit fait bien des graces, & qu'il avoit conduite par bien des douceurs. Un jour qu'elle étoit auprès de moi, j'eus mouvement de lui dire qu'elle alloit entrer dans une bonne épreuve : elle y entra le lendemain d'une maniere très-forte. Le Diable lui mettoit dans l'esprit une aversion pour moi effroyable : elle m'aimoit par grace, & me haïssoit par l'impression que le Démon lui faisoit d'une maniere étrange : mais sitôt qu'elle m'approchoit il fuyoit, & la laissoit en repos. Il lui mettoit dans l'esprit que j'étois sorciere, & que c'étoit par-là que je chassois les Démons, & que je lui disois ce qui lui devoit arriver, ensuite de quoi les choses arrivoient comme je les lui avois dites. Elle avoit

un vomissement continuel : & lorsque je lui disois de ne plus vomir, & de garder la nourriture, elle la gardoit.

2. Un jour avant que d'entrer dans l'épreuve que je dirai, elle vint me voir dès le matin (parce que c'étoit ma fête) à dessein de venir à la Messe avec moi, & de communier : elle ne me pouvoit presque parler, tant elle avoit alors d'aversion pour moi ; & le Diable ne vouloit pas qu'elle me le dît de peur que je ne le chassasse. Il lui fermoit la bouche, & lui mettoit dans l'esprit que tout ce que je lui disois & faisois, étoit par sort. Comme elle ne me disoit mot, je connus sa peine, & je la lui dis : elle me l'avoua. Lorsque je fus à l'Eglise, je lui dis : Si c'est le Démon qui me fait agir envers vous, je lui donne le pouvoir de vous tourmenter : mais si c'est un autre esprit qui me posséde, je veux que durant la Messe vous participiez à cet esprit. Le peu de tems que l'on fut sans commencer la Messe le Démon joua de son reste pour ce tems, & lui imprima plus fortement que j'étois sorciere, & que c'étoit ce qui me faisoit agir ; qu'elle voyoit bien que depuis que je lui avois dit cela, elle étoit pis. Comme elle étoit dans le fort de sa peine, & dans une aversion pour moi qui alloit jusqu'à la rage, on commença la Messe. Sitôt que le Prêtre fit le signe de la croix, elle fut mise dans une paix de paradis & dans une union à Dieu si grande, qu'elle ne savoit si elle étoit sur terre ou au ciel. Nous communiâmes de la même maniere, & elle se disoit à elle-même dans ce tems : *O que je suis certaine que c'est Dieu qui la meut & la conduit !* Après que la Messe fut dite, elle me dit ; *O ma mere, que j'ai bien senti ce que Dieu est en vous !*

j'ai été dans le Paradis : ce sont ses termes. Mais comme je ne lui avois dit que jusqu'après la Messe, le Démon la vint attaquer avec plus de rage qu'auparavant.

3. Le plus grand mal qu'il lui fit, fut de l'empêcher de me dire son état : car quoique Notre Seigneur me le fit assez connoître, il vouloit cependant qu'elle me le dit. Elle fut fort mal, elle crut que c'étoit un abcès; & les sincopes qui lui arrivoient jointes à une douleur de tête, le firent juger au Médecin : elle a cru que ce fut lorsque je touchai cet endroit de son côté que l'abcès creva, & qu'elle le rendit ; mais comme Notre Seigneur ne me donna nulle connoissance que cela fut, je ne lui en dis rien, & je n'y ai pas ajouté foi, quoiqu'elle ait fait ses efforts pour me le persuader : mais ce qui est certain, c'est que Notre Seigneur s'est servi de moi quantité de fois pour la guérir. Le Démon l'attaqua fortement, & n'étant pas content d'être seul, il prit bonne compagnie & lui fit beaucoup de peine. Je le chassois lorsque j'en avois le mouvement, ou je la livrois comme j'avois fait d'autrefois, selon que Notre Seigneur me l'inspiroit : mais toujours, sitôt qu'elle s'approchoit de moi, & qu'elle se tenoit en silence à recevoir la grace, il la laissoit en repos. Après mon absence il crut qu'il se vengeroit à son gré : ils vinrent jusqu'au nombre de seize pour la tourmenter. Elle me l'écrivit : je lui dis de les menacer, lorsqu'ils viendroient pour la tourmenter plus fortement, qu'elle me l'écriroit : ils la laissoient pour des momens. Puis je leur défendis pour un tems de l'approcher : & lorsqu'ils se présentoient de loin, elle leur disoit : ma Mere m'a dit, que vous me lais-

siez en repos jusqu'à ce qu'elle le permette : ils ne l'approchoient pas. Enfin je le leur défendis une fois tout-à-fait ; & ils la laissérent en repos.

4. Elle fut infidele à Dieu, & me fit des détours & des déguisemens qui ne venoient que d'amour propre. Je sentis d'abord cela, & que mon fond la rejettoit : non qu'elle cessât pour cela d'être du nombre de mes enfans ; mais c'est que Notre Seigneur ne pouvoit souffrir ni son déguisement ni sa duplicité. Plus elle me cachoit les choses, plus Notre Seigneur me les faisoit connoître, & plus il la rejettoit de mon fond.

5. Je voyois, ou plutôt, j'expérimentois en cela comment Dieu rejette le pécheur de son sein, & sur-tout ceux qui agissent avec déguisement & tromperie : que ce n'est pas que Dieu les rejette par une volonté de les rejetter, ni par haine ; mais par nécessité, à cause de leur péché : qu'en Dieu l'immobilité d'amour est entiere pour le pécheur ; de sorte que comme toute la cause de ce rejet est dans le pécheur, Dieu ne peut point le recevoir en lui, ou dans sa grace, que la cause de ce rejet ne cesse. Or cette cause ne subsiste point dans l'effet du péché, mais dans la volonté & l'inclination du pécheur : de sorte que sitôt que cette volonté & inclination cesse du côté du pécheur, quelque sale & horrible qu'il soit, Dieu le purifie par sa charité & son amour, & le reçoit en sa grace : mais tant qu'il reste en l'homme la volonté du péché, quoique par impuissance ou faute d'occasion il ne fît pas même le péché qu'il veut, il est certain qu'il seroit rejetté de Dieu à cause de sa volonté maligne. Il faut bien comprendre, que le rejet ne vient point d'une volonté qui soit en Dieu de rejetter ce pécheur :

car (a) *sa volonté est, que tous les hommes soient sauvés*, & qu'ils soient reçus en lui, qui est leur principe & leur fin : mais l'indisposition que le pécheur contracte, laquelle est entierement opposée à Dieu, & qu'il ne peut point, tout Dieu qu'il est, recevoir en lui, sans se détruire soi-même, fait un rejet nécessaire de la part de Dieu de ce pécheur, qui rentre dans le lieu qui lui est propre, (qui n'est autre que Dieu) sitôt que la cause de ce rejet cesse. C'est pourquoi l'Ecriture dit ; (b) *Convertissez-vous à moi, & je me retournerai à vous* : cessez de vouloir ce péché qui m'oblige malgré mon amour de vous rejetter, & je me retournerai à vous pour vous prendre & vous attirer à moi, loin de vous rejetter.

6. Sitôt que cet homme pécheur est rejetté de Dieu, comme je l'ai dit, à cause que la matiere de son rejet subsiste ; il ne peut jamais être admis en la grace que la cause ne cesse, qui est dans la volonté de pécher. Quelque déreglé, & quelque abominable qu'ait été ce pécheur, il cesse d'être pécheur sitôt qu'il cesse de vouloir l'être. Parce que toute la rebellion est dans la volonté. Cette volonté rebelle fait toute la dissemblance, & empêche Dieu d'agir sur ce pécheur : mais sitôt que le pécheur cesse d'être rebelle, en cessant de vouloir le péché, Dieu par une bonté infinie travaille incessamment à le purifier de l'ordure & des suites du péché, afin de le rendre propre à être reçu en lui.

7. Si toute la vie de ce pécheur se passe à tomber & à se relever, toute l'opération de Dieu sur ce même pécheur durant toute sa vie sera de le purifier des nouvelles saletés qu'il contracte ; &

(a) 1 Tim. 2. v. 4. (b) Zach. 1. v. 3.

il ne se fera rien pour sa perfection. Que si ce pécheur meurt dans le tems que sa volonté est rebelle & tournée pour le péché, comme la mort fixe pour toujours la disposition de l'ame & que la cause de son impureté est toujours subsistante, cette ame ne peut jamais être purifiée par la charité de Dieu, & ne peut par conséquent jamais être reçue en lui; de sorte que son rejet sera éternel : & c'est la peine du dam que ce rejet; parce que cette ame tend nécessairement à son centre à cause de sa nature, & qu'elle en est continuellement rejettée à cause de son impureté subsistante dans la cause, & non seulement dans l'effet. Car s'il ne subsistoit que dans l'effet, comme je dirai incontinent, elle seroit purifiée : mais son péché étant toujours subsistant dans la cause, qui est la volonté rebelle, il est impossible de toute impossibilité à Dieu de purifier ce pécheur après sa mort; parce qu'il ne peut purifier que l'effet, & non la cause tant qu'elle subsiste. Or comme elle est rendue subsistante & immortelle par la mort de ce pécheur, il faut nécessairement que ce pécheur soit éternellement rejetté, à cause de l'opposition absolue qu'il y a entre la pureté essentielle & l'impureté essentielle. Non ; Dieu, tout Dieu qu'il est, ne peut point admettre un pécheur en sa grace tant que son péché subsiste dans la cause, qui est la rebellion à Dieu; parce qu'il ne peut jamais être purifié tant que la cause subsiste. Il en est de même dans cette vie. Mais sitôt que la cause est ôtée, & qu'elle ne subsiste plus, le péché n'est plus subsistant que dans son effet : & ainsi ce pécheur peut être purifié, & Dieu y travaille dès l'instant que la cause ne subsiste plus; car cette cause empêche Dieu absolument de travailler, le pécheur étant alors dans une révolte actuelle.

8. Mais si ce pécheur vient à mourir pénitent, c'est-à-dire, que la cause, qui est la volonté de pécher, soit ôtée, & qu'il ne reste plus que l'effet, qui est l'impureté causée par le péché, quelque horrible & sale que soit ce pécheur, il cesse d'être pécheur, quoiqu'il ne cesse pas d'être sale pour cela. Il est donc en état d'être purifié. Dieu par une charité infinie a mis un bain d'amour & de justice, mais bain douloureux, pour purifier cette ame : & ce bain est le Purgatoire, qui n'est pas douloureux en lui-même; mais il l'est dans la cause de la douleur, qui est l'impureté. Cette cause est-elle ôtée, qui n'est autre que le péché dans son effet, l'ame étant toute purifiée ne souffriroit rien en ce lieu d'amour.

Or Dieu rejette de sa grace la cause du péché, qui est la volonté rebelle; & il rejette de lui-même le damné à cause de son impureté : ce qui fait que non-seulement il ne peut être reçu en Dieu, mais il ne peut non plus être admis en sa grace, à cause de la rebellion de la volonté entiérement opposée à la grace. Il n'en est pas de même de l'ame du Purgatoire, qui n'ayant plus la cause du péché, qui est la rebellion, est admise en la grace de Dieu; mais elle ne peut point pour cela être reçue en Dieu que toute l'impureté, qui est l'effet du péché, ne soit ôtée : de sorte que sa peine du dam & du sens tout ensemble ne vient que de son impureté & dissemblance : mais sitôt que toute impureté est ôtée, selon qu'il plait à Dieu de donner un degré de gloire à cette ame, alors elle ceſſe & d'être rejettée de Dieu & de ſouffrir. Il y a cependant des ames qui meurent ſi pures, qu'elles ne ſouffrent pas la peine du ſens, mais quelque retardement. Je l'ai expliqué ailleurs; c'eſt pourquoi je n'en dirai rien ici.

9. Or je dis, que dès cette vie il en eſt tout de même : les ames ſont reçues en grace ſitôt que la cauſe du péché ceſſe ; mais elles ne ſont reçues en Dieu même que lors que tout effet du péché eſt purifié : & ſi on ſe ſalit continuellement; ou auſſi, ſi étant ſali, on n'a pas le courage de ſe laiſſer purifier à Dieu autant qu'il le ſouhaite, on n'entre jamais en Dieu en cette vie. Ces ames, qui n'ont pas le courage de laiſſer faire Dieu, ne ſont pas purifiées à fond dans cette vie, à cauſe que ces purifications ne s'opérent que par la douleur & le renverſement : & c'eſt ce qui fait que quantité d'ames ſaintes & miraculeuſes ont encore beſoin de Purgatoire. Car il faut ſavoir, qu'il y a en nous deux choſes à purifier, l'effet du péché, & la cauſe du péché. J'ai dit que ceux qui meurent, n'ont de ſubſiſtant que ce qui ſe trouve à leur mort. S'ils meurent en grace, leur volonté n'étant point rebelle, ils n'ont plus la cauſe du péché, & ne la peuvent plus avoir, puiſque leur volonté demeure fixe dans le bien. Il n'en eſt pas de même ſur la terre de l'homme qui n'eſt pas confirmé en charité : parce que n'étant pas dans l'immuable, il peut toujours changer, & ſa volonté peut ſe rebeller juſqu'à ce qu'elle ſoit morte & paſſée en celui qui la rend immuable. Il faut donc ſur la terre que Dieu purifie non-ſeulement l'impureté & les

restes du péché ; mais qu'il purifie la cause dans sa source, qui est, ce fond de péché, ce levain, ce ferment qui en peut toujours faire naître, & rendre notre volonté rebelle, & par conséquent nous faire déchoir de la grace. C'est la *propriété*. Et c'est-là cette purification fonciere de notre nature, disposée à la révolte, prise en Adam, que Dieu veut purifier dès cette vie, & qu'il purifie effectivement dans les ames qu'il veut non seulement recevoir en sa grace, (ce qui n'a besoin que de cesser la révolte de la volonté,) mais en lui-même. Il les purifie non-seulement de l'effet du péché, mais de la cause au fond, de ce levain, & de ce ferment, qui peut toujours faire révolter la volonté. Et cela ne s'opére que par (*a*) la mort de l'ame, par son anéantissement, qui ne se fait qu'avec d'extrêmes douleurs, & par la perte de tout. C'est pourquoi il faut avoir un courage extraordinaire pour passer en Dieu dès cette vie & pour être anéanti au point, qu'il le faut, perdant toute propre consistance. C'est pour cela que les ames vraiment (*b*) *transformées en lui*, selon que le dit S. Paul, qui ne sont pas seulement transformées en grace, mais en lui-même, sont plus rares que je ne le puis dire.

10. Pour revenir à mon sujet, je dis que cette fille fut rejettée de mon fond. La cause étoit en elle subsistante, & non dans ma volonté. J'éprouvois qu'elle tenoit toujours à moi par un certain lien, comme le pécheur tient à son Dieu, ce qu'il fait qu'il peut toujours être reçu en lui en cette vie lorsque la cause du rejet finit. Dieu sol-

(*a*) En sens mistique, & non phisique. (*b*) 2. Cor. 3. v. 18.

licite inceſſamment cette volonté pour la faire ceſſer d'être rebelle; & il n'épargne rien de ſon côté: mais elle eſt libre : cependant la grace ne lui manque jamais; car ſitôt qu'elle ceſſe de ſe rebeller elle la trouve à ſa porte toute prête à ſe donner à lui. O ſi on concevoit la bonté de Dieu, & la malice du pécheur, on en feroit ſurpris; & cela nous devroit faire mourir d'amour. Je ſentois donc comment cette fille, & bien d'autres ames, tenoient à la mienne par un lien de filiation; mais que je ne pouvois plus me communiquer à cette fille comme je faiſois auparavant, à cauſe du défaut de ſimplicité, qui n'étoit pas en choſes paſſageres, (car cela n'ôte pas la communication,) mais dans ſa volonté de diſſimuler; & qu'il étoit impoſſible que cet écoulement de grace ſe fît que cette diſſimulation ſubſiſtante & volontaire ne fût détruite. Je lui en dis ce que je pus: mais elle faiſoit des nouvelles diſſimulations pour cacher ſa diſſimulation; de ſorte que cela faiſoit que Dieu la rejettoit toujours plus en moi, & qu'elle me devenoit plus oppoſée : non que je ceſſaſſe de l'aimer : car je connoiſſois bien que je l'aimois; mais c'étoit elle qui faiſoit ſon rejet, qui ne pouvoit finir que par elle. O Dieu, que vous êtes admirable, de vouloir donner à de petites créatures la connoiſſance expérimentale de vos plus profonds ſecrets! Ce que j'ai éprouvé à l'égard de cette fille, je l'ai éprouvé de pluſieurs autres, mais j'ai donné cela pour exemple.

11. Le P. la Combe n'étoit pas encore en état de diſcerner ces choſes; & je ne pouvois les lui expliquer qu'en lui diſant, que cette perſonne étoit artificieuſe & diſſimulée : mais il prenoit

cela (*a*) en maniere vertueuſe ; ce qui n'étoit plus de mon reſſort : & il me diſoit, que je faiſois des jugemens téméraires. Je ne comprenois pas même ce que c'étoit que jugement téméraire : tout cela étoit éloigné de mon eſprit : & je me ſouviens qu'une fois, lors que j'étois en Piemont, il m'en voulut faire confeſſer. Je le fis, parce qu'il me le diſoit ; mais je ſouffris ſur cela des tourmens inconcevables : car Notre Seigneur ſe fâchoit de ce que l'on regardoit cela en moi comme un défaut, au lieu de le regarder en lui, Suprême Vérité, qui ne juge point des choſes comme les hommes en jugent ; mais qui les voit ſelon ce qu'elles ſont. Le P. la Combe m'a fait encore beaucoup ſouffrir à l'occaſion de cette perſonne : mais il fut éclairé par lui-même ; Notre Seigneur lui faiſant voir des fauſſetés & duplicités manifeſtes.

Avant que je fuſſe arrivée à Grenoble, la Dame, mon amie, vit en ſonge que Notre Seigneur me donnoit une infinité d'enfans : mais ils étoient tous enfans & petits, vêtus de même ſorte, portans ſur leurs habits les marques de leur candeur & innocence. Elle crut que je venois-là pour me charger des Enfans de l'Hôpital ; car l'intelligence ne lui en fut pas donnée : mais ſitôt qu'elle me le conta, je compris que ce n'étoit pas cela ; mais que Notre Seigneur par la fécondité ſpirituelle me vouloit donner un grand nombre d'enfans ; mais qu'ils ne ſeroient mes vrais enfans que par la ſimplicité & candeur, & qu'il ſe les attiroit par moi dans l'innocence.

―――――――――――
(*a*) *C. à. d.* qu'il jugeoit de ma déclaration & de ce que je faiſois, comme on juge des perſonnes qui ſont activement ou habituellement vertueuſes en elles-mêmes.

Aussi n'y a-t-il rien pourquoi j'aie tant d'opposition que pour la fourberie & la duplicité. Je me suis beaucoup écartée de ce que j'avois commencé à dire; mais je n'en suis pas la maîtresse.

CHAPITRE XX.

Conversion & avancement d'un Religieux jusqu'aux Communications divines en silence. Les graces sont communiquées par l'entremise des ames Hiérarchiques qui sont en plénitude, & dont la Ste. Vierge Marie est la premiere. Conversions & progrès spirituels de plusieurs Religieux, novices & autres, dont plusieurs lui sont donnés pour enfans, & d'autres arrachés. Changemens salutaires & soulagemens spirituels de diverses Religieuses.

1. CE bon Frere (*a*) dont j'ai parlé, & qui avoit déja reçu d'autres fois des graces de Dieu assez grandes pour le disposer à l'intérieur, mais qui, faute de secours & peut-être de fidélité, n'étoit pas avancé; ce bon Frere, dis-je, se sentit disposé à me découvrir son cœur comme un enfant. Notre Seigneur me donna tout ce qui lui étoit nécessaire : de sorte que ne pouvant douter de l'impression de sa grace, il me dit, sans savoir ce qu'il disoit, ni pourquoi il le disoit; Vous êtes ma véritable Mere. Depuis ce tems Notre Seigneur eut la bonté de lui faire beaucoup de miséricordes par ce petit néant; & je sentis bien qu'il étoit mon Fils, & des plus unis & fideles. Toutes les fois qu'il me venoit voir Notre Seigneur lui faisoit de nouvelles miséri-

(*a*) Ci-dessus Chap. XVIII. §. 5.

Tome II.

cordes, & il s'en alloit plein, fortifié, encouragé pour mourir véritablement à lui-même, & certifié du pouvoir de Dieu en moi, qu'il éprouvoit avec fa dépendance. Notre Seigneur lui apprit peu à peu à parler en silence, & à recevoir fa grace fans l'entremife des paroles; mais cela ne s'operoit en lui qu'à mefure qu'il mouroit plus à lui-même. Notre Seigneur avoit promis, que (a) *lors que l'on feroit plufieurs affemblés en fon nom, il feroit au milieu d'eux*: c'eft de cette forte que cela s'opere très-réellement. Comme il étoit déja avancé dans l'oraifon, & qu'il n'étoit qu'arrêté & retardé, il fut bientôt remis.

2. A mefure que fon ame avançoit affez pour pouvoir demeurer en filence devant Dieu, & que le Verbe operoit en lui dans ce filence, (fécond & plein, & non pas une fainéantife, comme ceux qui ne l'ont pas éprouvé fe l'imaginent,) il augmentoit en grace & en oraifon. O parole immédiate ! parole ineffable, qui dites tout fans rien articuler, qui êtes l'expreffion de ce que vous parlez ! Celui qui ne vous a pas éprouvé, ne fait rien, quoiqu'il fe croie bien favant. C'eft en vous qu'eft la fource de toute fcience; & lorfque vous êtes en plénitude dans une ame, qu'ignore-t-elle ? A mefure donc que le Verbe fe communiquoit à lui en filence ineffable, il lui étoit donné de communiquer avec moi en filence, & de recevoir par moi en filence les opérations de ce divin Verbe, & des opérations qu'il ne pouvoit ignorer; parceque la plénitude devenoit en lui plus abondante, comme une éclufe que l'on leve, & qui fe décharge avec profufion, & cela avec tant de force & tant de grace dans les ames bien difpo-

(a) Matth. 18. v. 20.

sées, qu'un fleuve ne coule pas avec plus d'impétuosité. Mais hélas, qu'il y a peu d'ames assez pures pour que cela se passe en elles de la sorte! Cette plénitude qu'il recevoit, le vuidoit toujours plus de lui-même, & le mettoit en état d'un plus grand silence auprès de Dieu, & d'une plus grande mort & séparation de toutes choses : plus il mouroit à tout, plus il étoit disposé & pour Dieu & pour moi.

3. O mon Dieu, je comprenois si bien que c'étoit de cette maniere que vous vous communiquez avec profusion aux ames qui sont toutes à vous! c'est dans ces ames que votre grace coule comme un fleuve; & c'est en elles que vous devenez (a) *une eau jaillissante jusqu'à la vie éternelle;* & cela avec tant d'abondance, qu'il y a dequoi en remplir une infinité de cœurs chacun selon son degré, sans (b) cesser d'être pleines. C'étoit cette plénitude si grande, à nulle autre pareille, dont l'Ange salua la Ste. Vierge. Elle étoit dans une si parfaite plénitude, qu'elle s'est écoulée & s'écoulera dans tous les Saints éternellement comme leur Reine Hiérarchique! & c'est en ce sens que toutes les graces que Dieu donne aux hommes passent toutes par Marie. Quelle abondance n'éprouvez-vous pas, vous qui communiquez à tous, & qui êtes le premier bassin, qui regorgeant de votre plénitude, fournissez aux autres ames tout ce qui leur est nécessaire! O Hiérarchie admirable, qui commence dès cette vie pour continuer dans toute l'éternité! Oui, il y a une Hiérarchie parmi les Saints comme parmi les Anges : & ceux qui auront servi de canal

(a) Jean. 4. v. 14. (b) Sans que les ames qui communiquent à tous, cessent d'être toujours en plénitude.

dans leur plénitude pour arroser d'autres ames, en serviront toute l'éternité en maniere Hiérarchique : & c'est en ce sens que la (*) *divine* Eve est mere de tous les vivans ; puisqu'il s'écoulera de sa plénitude dans les ames de tous ceux qui vivront par la grace, plus ou moins, selon que les cœurs sont plus disposés & plus étendus & dilatés pour recevoir de cette plénitude & surabondance. Il faut une grande largeur & étendue d'ame pour recevoir beaucoup & assez pour donner aux autres. Ceux qui sont morts par le péché ne reçoivent rien de cette plénitude de vie : & c'est pourquoi ils sont morts ; parce que tous les passages par où la vie pouvoit s'écouler en eux, sont bouchés ; mais pour les ames vivantes en charité, elles reçoivent toutes de cette plénitude plus ou moins, selon qu'elles sont plus ou moins disposées par la pureté & largeur d'ame.

4. Ce bon Frere recevoit donc de cette sorte, aussi bien que plusieurs autres de mes enfans spirituels : car ce que je dis de lui, je le dis de bien d'autres ; mais je le donne pour exemple. Il lui étoit aussi donné dequoi aider d'autres ames, non en silence, mais en paroles : car pour la communication en silence, ceux qui sont en état de la recevoir ne sont pas pour cela en état de la communiquer. Il y a un grand chemin à faire auparavant. Le P. la Combe communiquoit & recevoit ainsi que je l'ai dit : mais pour les autres, ils recevoient sans communiquer.

5. Ce même bon Frere eut occasion de m'amener quelques-uns de ses compagnons, & Dieu les prenoit tous pour lui : non qu'ils fussent mes enfans comme celui-là ; ils étoient seulement des conquêtes : Et ce fut dans le même tems que

(*) La Ste. Vierge Marie.

Dieu me donnoit ces bons Religieux, que ces autres Religieux du même Ordre faisoient les ravages dont j'ai parlé, & tâchoient de détruire l'esprit intérieur. J'admirois comment Notre Seigneur se dédommageoit sur ces bons Religieux (en leur répandant son Esprit avec plénitude,) de ce que les autres vouloient lui faire perdre, mais qui n'eut pas grand effet : car ces autres bonnes ames persécutées s'affermirent par la persécution, loin de s'ébranler. Le Supérieur & le Maître des Novices de la maison où étoit ce bon Frere, se déclarerent contre moi sans me connoître, & étoient fâchés qu'une femme, disoient-ils, fût si fort recherchée. Comme ils regardoient les choses en elles-mêmes, & non en Dieu, qui fait ce qu'il lui plaît, ils n'avoient que du mépris pour le don qui étoit renfermé dans un lieu si misérable, au lieu de n'estimer que Dieu & sa grace, sans regarder la bassesse du sujet où il la répand. Ce bon Frere fit en sorte, que son Supérieur me vint voir pour me remercier des charités, disoit-il, que je leur faisois. Notre Seigneur permit qu'il trouva quelque chose dans ma conversation qui lui agréa. Enfin il fut achevé d'être gagné, & ce fut lui qui étant fait Visiteur, à quelque tems delà, débita une si grande quantité de ces livres, qu'ils firent acheter à leurs frais par une extrême charité, & que les autres avoient tâché de détruire, en les faisant même brûler. Que vous êtes admirable, mon Dieu, dans vos conduites toutes sages & toutes amoureuses; & que vous savez bien triompher de la fausse sagesse des hommes & de toutes leurs précautions !

6. Il y avoit dans le Noviciat plusieurs Novices : celui qui étoit le plus ancien étoit si fort dé-

goûté de sa vocation, qu'il ne savoit plus que faire. La tentation étoit telle, qu'il ne pouvoit plus ni lire, ni étudier, ni prier, ni faire presque aucune de ses obligations. Le quêteur, un jour qu'il lui servoit de compagnon, eut mouvement de me l'amener : nous parlâmes un peu ensemble, & Notre Seigneur me fit découvrir la cause de son mal & le reméde. Je le lui dis; & il se mit à faire oraison ; mais une oraison d'affection. Il changea tout-à-coup ; & Notre Seigneur lui fit de très-grandes graces. A mesure que je lui parlois, il se faisoit un effet de grace dans son cœur, & son ame s'ouvroit comme une terre séche à la rosée. Il sentoit qu'il étoit changé & quitte de sa peine avant que de sortir de la chambre. Il fit d'abord avec joie, & même avec perfection, tous ses exercices qu'il faisoit auparavant avec dégoût, ou qu'il ne faisoit point du tout. Il étudioit & prioit facilement, & faisoit tous ses devoirs; de sorte qu'il ne se reconnoissoit plus lui-même, ni les autres. Mais ce qui l'étonnoit davantage, étoit un germe de vie qui lui étoit resté, & un don d'oraison. Il voyoit qu'il lui étoit donné sans peine ce qu'il ne pouvoit avoir auparavant, quelque soin qu'il se donnât; & ce germe vivifiant étoit le principe qui le faisoit agir, & lui donnoit grace pour ses emplois, & un fond de présence de Dieu, qui apportoit avec soi tout bien. Il m'amena peu à peu tous les novices, qui ressentoient tous des effets de grace, quoique différemment & selon leur degré; en sorte que jamais Novociat ne parut plus florissant.

7. Le Pere maître & le Supérieur ne pouvoient s'empêcher d'admirer un si grand changement dans leurs novices, quoiqu'ils n'en pénétras-

sent pas la cause : & un jour comme ils en parloient à leur Frere quêteur, & qu'ils lui disoient, (car ils l'avoient en grande estime, ayant du mérite & de la vertu) qu'ils étoient surpris du changement de leurs novices, & de la bénédiction que Notre Seigneur avoit donné à leur Noviciat; il leur dit: Mes Peres, si vous me le permettez, je vous en dirai la cause. C'est cette Dame contre laquelle vous déclamez si fort sans la connoître, dont Dieu s'est servi pour cela. Ils furent fort surpris : & ce Pere, quoique déja fort agé, eut la petitesse, aussi bien que son Gardien, de faire l'oraison de la maniere qu'un petit livret (a) que Notre Seigneur m'avoit fait faire, & dont je parlerai tout-à-l'heure, l'apprend. Ils s'en trouverent si bien, que le Gardien disoit : Me voilà renouvellé. Je ne pouvois plus faire oraison, parce que mon raisonnement étoit émoussé & épuisé ; & à présent j'en fais sans peine, & autant que je veux, avec beaucoup de fruit & une tout autre présence de Dieu. Le Pere Maître lui disoit: Il y a quarante ans que je suis Religieux; je puis dire que je n'ai point su faire oraison ni connu & goûté Dieu que depuis ce tems-ci.

Je n'eus pour mes vrais enfans que le premier des novices dont j'ai parlé, le Frere quêteur, & un autre Pere neveu du quêteur. Il y en eut bien d'autres de gagnés à Dieu d'une maniere particuliere. Je trouvois bien qu'ils étoient gagnés ; mais je ne sentois pas à leur égard cette maternité & cet écoulement intime dont j'ai parlé, quoiqu'ils fussent cependant à Notre Seigneur par mon moïen. Je ne sais si je pourrai bien me faire entendre.

8. Notre Seigneur me donna un très-grand

(a) *C'est le* Moyen court & facile pour faire Oraison.

nombre d'enfans, & trois Religieux fameux d'un ordre dont j'ai été & suis encore fort persécutée. Ceux-là me sont très-intimes, sur-tout un. Il me fit servir à un grand nombre de Religieuses & de filles vertueuses, & d'hommes même du monde : entr'autres à un jeune homme de qualité, qui s'est donné à Dieu, & qui est à lui d'une maniere bien particuliere. C'est un homme fort intérieur, & qui dans le mariage est très-saint. Notre Seigneur m'envoya encore un Abbé de qualité, qui avoit quitté l'Ordre de Malte pour prendre celui de la Prêtrise. Il étoit parent d'un Evêque de là auprès, qui avoit des desseins sur lui. Notre Seigneur lui a fait de très-grandes graces, & il est fort fidele à l'Oraison. Je ne pourrois décrire le grand nombre d'ames qui me furent alors données, tant filles que femmes, Religieux & Prêtres : mais il y eut trois Curés & un Chanoine qui me furent donnés plus particuliérement, & un Grand-Vicaire. Il y eut aussi un Prêtre qui me fut donné bien intimement, pour lequel je souffris beaucoup : mais pour ne vouloir pas mourir à lui-même, & se trop aimer, il me fut arraché tout-à-fait, & j'en souffris terriblement. Je souffrois avant qu'il me fut arraché, & je connoissois par ma souffrance qu'il alloit m'être arraché & déchoir. Pour les autres, il y en a qui sont demeurés inébranlables, & d'autres que la tempête a un peu ébranlés ; mais ils ne sont pas arrachés ; quoique ceux-là s'égarent, ils reviennent toujours ; mais ceux qui sont arrachés, ne reviennent plus.

9. Parmi le grand nombre de personnes que Notre Seigneur me fit aider, & qui entrerent toutes dans la voie de l'intérieur, & se donnerent à

Dieu singulierement, il y en avoit quelques-unes qui me furent aussi données pour vraies filles, & toutes me reconnoissoient pour leur Mere : & de celles-là quelques-unes étoient en état de rester en silence ; mais cela étoit rare. Il y en avoit une de qui Notre Seigneur s'est servi pour en gagner bien d'autres à lui : Elle étoit dans un étrange état de mort : lorsque je la vis, Notre Seigneur lui donna la paix & la vie. Elle tomba ensuite malade à l'extrémité ; & quoique les Médecins dissent qu'elle mourroit, j'avois certitude du contraire, & que Dieu s'en serviroit (comme il fait) pour gagner des ames. Il y avoit dans un monastere une fille que des gens sans lumiere avoient fait enfermer, à cause qu'elle étoit dans la peine. Je la vis : je connûs son mal, & qu'elle n'étoit point ce que l'on pensoit. Elle fut remise sitôt que je lui eus parlé ; mais la Supérieure ne trouva pas bon que je lui en disse ma pensée ; parce que la personne qui l'avoit réduite là, par son peu de lumiere, étoit son ami : de sorte qu'elles la tourmenterent plus qu'auparavant, & la remirent dans la peine.

10. Une Sœur d'un autre monastere, étoit depuis huit ans dans une peine inconcevable, sans trouver personne qui la soulageât ; car son Directeur augmentoit sa peine, parce qu'il lui donnoit des remedes tout contraires à son mal. Je n'avois jamais été dans ce monastere : car je n'allois point aux monasteres que l'on ne m'envoyât querir : Notre Seigneur ne me donnoit aucune inclination ni mouvement de m'ingerer de moi-même ; mais je me laissois conduire par la providence, & j'allois où l'on m'envoyoit querir. Je fus fort surprise qu'à huit heures du soir on me vint

querir de la part de la Supérieure. C'étoit en été, aux grands jours. Comme j'étois fort proche, j'y allai. Je trouvai une Sœur qui me dit sa peine; & qu'elle avoit été jusqu'à tel excès, qu'elle avoit pris un couteau pour se tuer, n'y voyant point de remede; mais que le couteau lui étoit tombé de la main, & qu'une personne qui avoit été la voir sans qu'elle lui eût découvert la nature de sa peine, lui avoit conseillé de me parler. Notre Seigneur me fit connoître d'abord de quoi il s'agissoit; qu'il vouloit qu'elle s'abandonnât à lui, loin de lui résister, comme on le lui faisoit faire depuis huit ans. Je la fis s'abandonner à Notre Seigneur; & elle entra d'abord dans une paix de paradis: toutes ses peines lui furent ôtées dès ce moment, & ne sont jamais revenues depuis ce tems. C'est la fille la plus capable qu'il y ait dans cette maison. Elle fut d'abord si changée, qu'elle fut l'admiration de la Communauté. Notre Seigneur lui donna un fort grand don d'oraison, sa présence continuelle, & facileté pour tout. Elle me fut donnée pour fille; & une Sœur domestique, qui est une sainte fille, peinée depuis vingt & deux ans, fut aussi délivrée de sa peine. Cela nous fit lier amitié, la Supérieure & moi, (& c'étoit une très-sainte fille en sa maniere,) parce que le changement & la paix de cette Sœur la surprenoient, l'ayant vue dans de si terribles peines. Je fis encore d'autres liaisons dans ce monastere; où il y a des ames à qui Notre Seigneur fit bien des miséricordes par le moyen qu'il avoit choisi.

CHAPITRE XXI.

Comment elle écrivit ses Explications *sur toute l'Ecriture sainte (l'an 1684); mais après avoir soutenu auparavant de grandes épreuves de la part de Dieu, & s'être sacrifiée à sa justice. La justice & la miséricorde se manifestent différemment en diverses ames. Jalousie & envie de quelques-uns, qui pourtant sont gagnés à Dieu. Sa maniere extraordinaire d'écrire; particularités sur le* Cantique des Cantiques *& sur le livre* des Juges. *Publication & approbation de son* Moyen court. *Copies de ses écrits. Deux faits extraordinaires. Rage du Démon.*

1. Vous ne vous contentâtes pas de me faire parler, mon Dieu; vous me donnâtes de plus le mouvement de lire l'Ecriture sainte. Il y avoit du tems que je ne lisois plus; car je ne trouvois en moi aucun vuide à remplir : au contraire, plutôt trop de plénitude. Sitôt que je commençai de lire l'Ecriture sainte, il me fut donné d'écrire le passage que je lisois : & aussitôt tout de suite il m'en étoit donné l'explication. En écrivant le passage, je n'avois pas la moindre pensée sur l'explication; & sitôt qu'il étoit écrit, il m'étoit donné de l'expliquer, écrivant avec une vitesse inconcevable. Avant que d'écrire je ne savois pas ce que j'allois écrire; en écrivant je voyois que j'écrivois des choses que je n'avois jamais sues; & dans le tems de la manifestation, la lumiere m'étoit donnée que j'avois en moi des trésors de science & de connoissance que je ne

ſavois pas même avoir. Avois-je écrit? je ne me ſouvenois de quoi que ce ſoit de ce que j'avois écrit, & il ne m'en reſtoit ni eſpeces ni images. Je n'aurois pas pu me ſervir de ce que j'avois écrit pour aider aux ames ; mais Notre Seigneur me donnoit dans le tems que je leur parlois (ſans que j'y fiſſe nulle application) tout ce qui leur étoit néceſſaire.

2. De cette ſorte Notre Seigneur me fit expliquer (a) toute la ſainte Ecriture. Je n'avois aucun livre que la Bible, & ne me ſuis ſervi que de celui-là, ſans jamais rien chercher. Lors que je me ſervois en écrivant ſur l'Ancien Teſtament des paſſages du Nouveau, pour appuyer ce que je diſois, ce n'étoit pas que je les cherchaſſe ; mais ils m'étoient donnés en même tems que l'explication ; & tout de même du Nouveau Teſtament ; je m'y ſervois des paſſages de l'Ancien ; & ils m'étoient donnés de même, ſans que je cherchaſſe rien. Je n'avois de tems pour écrire quaſi que la nuit ; car il me falloit parler tout le jour, ſans retour ſur moi-même, non plus pour parler que pour écrire, ſans me mettre plus en peine de ma ſanté ni de ma vie que de moi-même. Je ne dormois qu'une heure ou deux toutes les nuits, & avec cela j'avois preſque tous les jours la fievre, ordinairement quarte ; & cependant je continuois d'écrire ſans incommodité, ſans me ſoucier de mourir ou de vivre. Celui auquel j'étois ſans nulle réſerve, faiſoit de moi tout ce qu'il lui plaiſoit ſans que je me mêlaſſe de ſon

(a) Toutes ces Explications-là ont été rendues publiques depuis peu. Celles qui ſont ſur l'Ancien Teſtament, en douze Volumes, & celles du Nouveau en huit Volumes; tous de la forme de celui-ci.

ouvrage. Vous m'éveilliez vous-même, ô mon Dieu; & il me falloit une dépendance & une obéissance si entiere à vos volontés, que vous ne vouliez pas souffrir le moindre mouvement naturel. Lorsqu'il s'y mêloit la moindre chose, vous le punissiez; & il tomboit d'abord.

3. Vous me faisiez écrire avec tant de pureté, qu'il me falloit cesser & reprendre comme vous le vouliez. Vous m'éprouviez de toutes manieres: tout-à-coup vous me faisiez écrire, puis cesser aussitôt, & puis reprendre. Lorsque j'écrivois le jour, j'étois à tout coup interrompue & laissois souvent les mots à moitié écrits, & vous me donniez ensuite ce qu'il vous plaisoit. Ce que j'écrivois n'étoit point dans ma tête: ensorte que j'avois la tête si libre, qu'elle étoit dans un vuide entier. J'étois si dégagée de ce que j'écrivois, qu'il m'étoit comme étranger. Il me prit une réflexion: j'en fus punie: mon écriture tarit aussitôt, & je restai comme une bête jusqu'à ce que je fus éclairée là-dessus. La moindre joie des graces que vous me faisiez, étoit punie très-rigoureusement.

Toutes les fautes qui sont dans mes écrits, viennent de ce que n'étant pas accoutumée à l'opération de Dieu, j'y étois souvent infidele, croyant bien faire de continuer d'écrire lorsque j'en avois le tems sans en avoir le mouvement, parce qu'on m'avoit ordonné d'achever l'ouvrage: de sorte qu'il est aisé de voir des endroits qui sont beaux & soutenus, & d'autres qui n'aient ni goût ni onction. Je les ai laissés tels qu'ils sont; afin que l'on voie la différence de l'Esprit de Dieu & de l'esprit humain & naturel, étant prête cependant de les raccommoder selon la lumiere préfente qui m'en eft donnée, en cas qu'on me l'ordonne.

4. Quelle épreuve ne tirâtes-vous pas de mon abandon avant ce tems ? Ne me donniez-vous pas cent figures différentes pour voir fi j'étois à vous fans réferve à toute épreuve, & fi j'avois encore quelque petit intérêt pour moi-même ? Vous trouviez toujours cette ame fouple & pliable à tous vos vouloirs. Que ne m'avez-vous point fait fouffrir ? dans quelle humiliation ne me jettâtes-vous pas pour contrebalancer vos graces ? A quoi, mon Dieu, ne me livrâtes-vous pas, & par quels détroits pénibles ne me fîtes-vous pas paffer? (a) Ce que je n'ofois auparavant toucher du bout du doigt, devint ma nourriture ordinaire. Mais je n'avois aucune peine de tout ce que vous faifiez de moi. Je voyois avec plaifir & complaifance, (ne prenant non plus d'intérêt à moi qu'à un chien mort,) je voyois, dis-je, avec complaifance vos jeux divins. Vous m'éleviez au ciel; puis auffitôt vous me jettiez dans la boue; puis, de la même main vous me replaciez d'où vous m'aviez jettée. Je voyois que j'étois le jeu de votre amour & de votre volonté, la victime de votre divine juftice ; & tout m'étoit égal.

5. Il me femble, ô mon Dieu, que vous faites de vos plus chers amis comme la mer fait de fes vagues : Elle les pouffe quelquefois avec impétuofité contre des rochers, où elles fe brifent; d'autrefois contre du fable, ou fur fa bourbe ; & puis auffitôt elle reprend dans fon fein & y enfonce cette vague avec d'autant plus de force, qu'elle l'avoit rejettée avec plus d'impétuofité. C'eft le jeu que vous faites de vos amis, qui ne laif-

(a) Job 6. v. 7.

fent pas d'être un en vous, changés & transformés en vous-même, quoique vous fassiez un jeu continuel de les rejetter & de les reprendre dans votre sein; ainsi que les flots & les vagues sont une partie de la mer, & qu'après qu'une vague a été poussée avec plus d'impétuosité, plus le gouffre qui l'engloutit est profond. O mon Dieu, que j'aurois de choses à dire ! mais je ne puis rien dire des opérations de votre amour juste & bienfaisant, parce qu'elles sont trop subtiles.

6. Cet amour se plaît infiniment à faire de ceux qu'il a rendus un en vous, les victimes continuelles de sa justice. Il semble que ces ames ne soient faites que comme des holocaustes, pour être brûlées par l'amour sur l'autel de la divine justice. O qu'il y a peu d'ames de cette sorte ! Elles sont presque toutes les ames de la Miséricorde ; & c'est beaucoup : mais pour appartenir à la divine Justice, ô que cela est rare ! mais qu'il est grand ! Ce sont les ames de Dieu seul, qui n'ont plus nul intérêt en elles ni pour elles : tout est pour Dieu, sans retour ni relation à elles-mêmes de salut, de perfection, d'éternité, de vie, ou de mort ; tout cela n'est point pour elles : leur affaire est de laisser la divine Justice se rassasier en elles, comme dit Débora, du sang (a) *des morts* ; c'est-à-dire, de cette ame déja morte par l'amour ; & de prendre sur elle la vengeance des péchés des autres. C'est trop peu que cela : elle se rassasie d'une gloire qui est propre à cet attribut, gloire qui ne permet pas le moindre retour sur la créature, & qui veut tout pour soi. La Miséricorde est toute distributive en faveur de la créature ; mais la Justice dévore & ravit tout,

(a) Jug. 5. v. 18.

& ne peut rien vouloir que pour elle-même, sans qu'elle ait un retour sur la victime qu'elle sacrifie : c'est pourquoi elle ne l'épargne pas. Mais elle veut des victimes volontaires, & qui n'aient plus d'autres objets qu'elle-même dans ce qu'elles souffrent, non plus qu'elle n'en a point d'autre qu'elle-même dans ce qu'elle fait souffrir. Ce n'est pas que l'ame ainsi dévorée par la divine Justice fasse nulle attention à cette aimable cruelle, qui la traite impitoyablement : non, elle n'a ni pensée ni retour ; elle n'y pense que lors qu'il lui est donné d'en écrire ou d'en parler. Cette Justice ainsi dévorante ne se nourrit que de souffrances, que d'opprobres & d'ignominies ; & de la même main dont elle a frappé sans retour (a) l'Auteur de la justice, elle frappe d'autant plus fortement ceux qui sont prédestinés, qu'ils le sont à lui être le plus conformes.

Mais, dira-t-on, comment donc une telle ame est-elle soutenue dans la cruauté de la divine Justice ? Elle est soutenue sans soutien par la même cruauté : plus elle est délaissée (ce semble) de Dieu, plus elle est soutenue en Dieu au dessus de tout soutien : car il ne faut pas croire qu'une telle ame aie rien pour elle-même qui la puisse satisfaire ni au dehors ni au dedans : rien du tout : tout est rigueur sans aucune rigueur : tout ce qui lui est donné ne lui est donné que pour le prochain, & pour faire connoître, aimer, & posséder son Dieu.

7. Mon amie commença à prendre quelque jalousie de l'applaudissement que l'on me donnoit. Dieu le permettant de la sorte pour purifier encore cette sainte ame par cette foiblesse & par la

(a) C. à. d. Jesus-Christ,

peine

peine qu'elle lui caufa. Son amitié fe changea en froideur & en quelque chofe de plus. C'étoit vous, ô mon Dieu, qui le permettiez, ainfi que je l'ai dit. Certains Confeffeurs auffi commencérent à fe remuer, difant, que ce n'étoit pas à moi de me mêler d'aider aux ames; qu'il y avoit de leurs pénitentes qui avoient pour moi une entiere ouverture. C'étoit où il me fut facile de remarquer la différence des Confeffeurs qui ne cherchent que Dieu dans la conduite des ames, & de ceux qui fe recherchent eux-mêmes : car les premiers me venoient voir, & étoient ravis des graces que Dieu faifoit à leurs pénitentes, fans faire attention au canal dont il fe fervoit. Les autres, au contraire, remuoient fous main pour foulever la ville contre moi. Je voiois qu'ils auroient eu raifon de me combattre fi je me fuffe ingérée de moi-même: mais outre que je ne pouvois faire que ce que Notre Seigneur me faifoit faire, c'eft que je ne cherchois perfonne ; mais chacun venoit de toutes parts, & je les recevois tous indifféremment. Quelquefois il en venoit pour me combattre. Il vint deux Religieux du même Ordre que le Frere quêteur dont j'ai parlé : l'un étoit Provincial, très-favant, & grand Prédicateur; & l'autre prêchoit le Carême à la Cathédrale. Ils vinrent féparément après avoir étudié quantité de chofes difficiles pour me les propofer. Ils le firent : & quoique ce fuffent des matieres fort hors de ma portée, Notre Seigneur me fit répondre avec autant de juftesse que fi je les euffe étudiées toute ma vie : enfuite dequoi je leur dis moi-même ce que Notre Seigneur me donna. Ils s'en allérent non feulement convaincus & contens, mais même épris de votre amour, ô mon Dieu!

8. Je continuois toujours d'écrire, & avec une vitesse inconcevable: car la main ne pouvoit presque suivre l'esprit qui dictoit: & durant un si long ouvrage, je ne changeai point de conduite, ni me servis d'aucun livre. L'écrivain ne pouvoit, quelque diligence qu'il fît, copier en cinq jours ce que j'écrivois en une nuit. Ce qui y est de bon vient de vous seul, ô mon Dieu; & ce qu'il y a de mauvais vient de moi, je veux dire, de mon infidélité, & du mélange que j'ai fait sans le connoitre de mon impureté avec votre pure & chaste doctrine. Au commencement je commis bien des fautes, n'étant pas encore stilée à l'opération de l'Esprit de Dieu qui me faisoit écrire. Car il me faisoit cesser d'écrire lorsque j'avois le tems d'écrire, & que je le pouvois commodément : & lors qu'il me sembloit avoir un fort grand besoin de dormir, c'étoit alors qu'il me faisoit écrire. Lorsque j'écrivois le jour c'étoit des interruptions continuelles: car je n'avois pas le tems de manger, à cause de la grande quantité de monde qui venoit : il falloit tout quitter sitôt que l'on me demandoit; & j'avois pour surcroit la fille qui me servoit dans l'état dont j'ai parlé, qui sans raison me venoit interrompre à tout coup, selon que son humeur la prenoit. Je laissois souvent le sens à moitié fini, sans me mettre en peine si ce que j'écrivois étoit suivi ou non. Les endroits qui pourront être défectueux, ne seront tels qu'à cause que quelquefois j'ai voulu écrire parce que j'avois le tems : & alors ce n'étoit pas la grace en source. Si ces endroits étoient fréquens, cela seroit pitoiable. Enfin, je m'accoutumai peu à peu à suivre Dieu à sa mode, & non à la mienne,

9. J'écrivis le *Cantique des Cantiques* en un jour & demi ; & encore reçus-je des visites. La vitesse avec laquelle je l'écrivis, fut si grande, que le bras m'enfla, & me devint tout roide. La nuit il me faisoit une fort grande douleur, & je ne croiois pas pouvoir écrire de longtems. Il s'apparut à moi comme je dormois une ame de Purgatoire, qui me pressoit de demander sa délivrance à mon divin Epoux. Je le fis : & il me sembla qu'elle fut aussitôt délivrée. Je lui dis ; s'il est vrai que vous êtes délivrée, guérissez mon bras : & il fut guéri à l'instant, & en état d'écrire.

J'ajouterai à tout ce que je viens de dire sur mes écrits, qu'il s'étoit perdu une partie très-considérable du livre *des Juges*. On me pria de le rendre complet. Je récrivis les endroits perdus. Longtems après aiant déménagé, on les trouva où l'on ne se seroit jamais imaginé qu'ils dussent être : l'ancien & le nouveau se trouvérent parfaitement conformes ; ce qui étonna beaucoup de personnes de science & de mérite qui en firent la vérification.

10. Il me vint voir un Conseiller du Parlement, qui est un modéle de sainteté. Ce bon serviteur de Dieu trouva sur ma table une Méthode d'oraison que j'avois écrite il y avoit longtems. Il me la prit : & l'aiant trouvée fort à son gré, il la donna à quelques personnes de ses amis à qui il la crut utile. Tous en vouloient des copies. Il résolut avec le bon Frere de la faire imprimer : l'impression commencée, & les approbations données : ils me prierent d'y faire une préface. Je le fis ; & c'est de cette sorte que ce petit livret, que l'on a pris ensuite pour prétexte de m'emprisonner, fut (*a*) imprimé. Ce Conseiller est

(*a*). *Sous le titre* de Moien court & très-facile de faire Oraison.

de mes intimes amis & un grand serviteur de Dieu.

Ce pauvre petit livret n'a pas laissé d'être déja imprimé cinq ou six fois malgré la persécution, & notre Seigneur y donne une fort grande bénédiction. Ces bons Religieux en prirent quinze cent.

11. Le bon Frére quêteur écrivoit parfaitement bien, & Notre Seigneur lui inspira de copier mes écrits, du moins une partie. Il donna aussi la même pensée à un Religieux d'un autre Ordre, de sorte qu'ils en prirent chacun à copier. S'étant occupé une nuit à écrire quelque chose qu'il croioit pressé, (parce qu'il avoit mal compris ce qu'on lui avoit dit,) comme il faisoit extrêmement froid, & qu'il étoit nues-jambes, elles lui enflérent de telle sorte, qu'il ne pouvoit se remuer. Il vint me trouver tout triste, & comme dégouté d'écrire. Il me dit son mal; & qu'il ne pouvoit faire sa quête. Je lui dis d'être guéri; & il le fut à l'instant : de sorte qu'il s'en alla fort content & fort désireux de transcrire cet ouvrage, par lequel il assure que Notre Seigneur lui a fait de très-grandes graces. Il y avoit aussi une bonne fille, mais qui est fort inconstante : elle avoit un fort grand mal de tête : je la lui touchai; & elle fut aussitôt guérie.

12. Le Démon devint si enragé contre moi à cause des conquêtes que vous faisiez, ô mon Dieu, qu'il battoit quelques-unes des personnes qui me venoient voir. Il y avoit une bonne fille d'une très-grande simplicité, qui gagnoit sa vie de son travail, c'est une fille qui a reçu de très-grandes graces de Notre Seigneur. Le Démon lui cassa deux dens dans la bouche : la joue lui enfla

d'une prodigieuse grosseur ; & il lui dit, que si elle me venoit voir davantage, il lui en feroit bien d'autres. Elle me vint trouver en cet état, & me dit dans son innocence, le méchant, il m'a fait cela à cause que je viens à vous : il dit bien des injures contre vous. Je lui dis, de lui défendre de ma part de la toucher. Voïant qu'il étoit pris, & qu'il n'ôsoit la toucher, (car il ne pouvoit faire ce que Dieu lui défendoit par moi,) il lui dit bien des injures, fit devant elle des postures affreuses, & l'assura qu'il m'alloit susciter la plus étrange persécution que j'eusse jamais eue. Je me riois de tout cela ; car je ne l'appréhende gueres. Quoiqu'il me suscite de si étranges persécutions, je sais qu'il servira, malgré lui, à la gloire de mon Dieu.

CHAPITRE XXII.

Tempête qui éclate à Grenoble contr'elle. Son état intérieur pendant qu'elle fut en ce lieu-là. Son union avec David, & ses effets dans l'efficace de ses paroles sur les ames. Maniere de traiter & s'entrecommuniquer en Dieu avec les Saints & des Saints entr'eux, comme de la Sainte Vierge & de Sainte Elisabeth, de Saint Jean &c. Que l'union parfaite avec Dieu est ici comme insensible ; mais qu'on sent & souffre dans l'union & la désunion qui regardent les ames, bien qu'on soit alors dans l'état participé de l'enfance de Jésus-Christ.

1. CETTE pauvre fille me vint trouver un jour toute éplorée. Elle me dit, ô ma mere, que j'ai vu d'étranges choses ! Je lui demandai ce que

c'étoit. Hélas ! dit-elle, je vous ai vue comme un agneau au milieu d'une troupe de loups enragés. J'ai vu une effroiable troupe de gens de toutes robes, de tout âge, de tout sexe & condition, Prêtres, Religieux, gens mariés, filles & femmes avec des piques, des halebardes, des épées nues, qui s'efforçoient de vous percer. Vous les laissiez faire sans vous remuer ni étonner, & sans vous défendre. Je regardois de tous côtés s'il ne viendroit point quelqu'un vous assister & vous défendre : mais je n'ai vû personne. A quelques jours de là, ceux qui par envie faisoient une batterie secrette contre moi, éclatérent tout-à-coup comme un tonnerre. Les libelles commencérent à courir par-tout ; & l'on me montra des lettres, que des gens envieux avoient écrites contre moi sans me connoitre, les plus effroiables du monde. On disoit que j'étois sorciere : que c'étoit par magie que j'attirois les ames : que tout ce qui étoit en moi, étoit Diabolique : que si je faisois quelques charités, c'étoit que je faisois de la fausse monnoie, & mille autres crimes dont on m'accusoit, & qui étoient aussi faux & aussi mal fondés les uns que les autres.

2. Comme la tempête s'augmentoit chaque jour, & que l'on disoit vraiment *Crucifige*, ainsi que Notre Seigneur me l'avoit fait connoitre dès l'abord, quelques-uns de mes amis me conseillérent de m'absenter pour quelque tems. L'Aumônier de Mr. de Grenoble me dit d'aller à la Sainte Baume & à Marseille passer quelque tems ; que l'on m'y souhaitoit même, & qu'il y avoit là des personnes bien intérieures : qu'il m'y accompagneroit avec une bonne fille & un autre Ecclésiastique : & que durant ce tems

la tempête se passeroit. Mais avant que de parler de ma sortie de Grenoble, il faut que je dise encore quelque chose de l'état que je portois en ce pays.

3. J'étois dans une si grande plénitude de Dieu, que j'étois souvent ou sur mon lit, ou alitée tout à fait, sans pouvoir parler : & lorsque je n'ai eu aucun moien de verser cette plénitude, Notre Seigneur ne permit pas qu'elle fut si violente : car dans cette violence, je ne pouvois plus vivre : mon cœur ne souhaitoit que de verser en d'autres cœurs sa surabondance. J'avois la même union & la même communication avec le P. la Combe (quoiqu'il fût si éloigné) que s'il eût été proche. Jesus-Christ m'étoit communiqué dans tous ses états. C'étoit alors son état Apostolique qui étoit le plus marqué. Toutes les opérations de Dieu en moi m'étoient montrées en Jesus-Christ, & expliquées par l'Ecriture sainte : de sorte que je portois en moi l'expérience de ce qui y étoit écrit. Lorsque je ne pouvois écrire, ou me communiquer d'une autre maniere, j'étois toute languissante ; & j'éprouvois ce que Notre Seigneur dit à ses disciples ; (a) *J'ai souhaité avec ardeur de manger cette Pâque avec vous !* c'étoit la communication de lui-même par la Céne, & par sa Passion, lorsqu'il dit ; (b) *Tout est consommé ; & que rendant l'esprit il baissa la tête,* (parce qu'il communiquoit son esprit à tous les hommes capables de le recevoir) (c) *& le remit entre les mains de son Pere* & de son Dieu, aussi bien que son Roiaume ; comme s'il avoit dit à son Pere ;
„ Mon Pere, mon Roiaume est que je régne par
„ vous & vous par moi sur les hommes : cela ne se

(a) Luc 22. v. 15. (b) Jean 19. v. 30. (c) Luc 23. v. 46.

« peut faire que par l'épanchement de mon Esprit
« sur eux : que mon esprit leur soit donc com-
« muniqué par ma mort. Et c'est en cela qu'est
la consommation de toutes choses. Souvent la
plénitude trop grande m'ôtoit la liberté d'écrire,
& je ne pouvois rien faire que rester couchée,
sans parole. Quoique cela fût de la sorte, je n'a-
vois rien pour moi : tout étoit pour les autres ;
comme ces nourrisses qui sont pleines de lait, &
qui pour cela ne sont pas plus sustentées : non
qu'il me manquât rien ; car depuis ma nouvelle
vie je n'ai pas eu un moment de vuide.

4. Avant que d'écrire sur le livre des Rois de
tout ce qui regarde David, je fus mise dans une
si étroite union avec ce saint Patriarche, que je
communiquois avec lui comme s'il eût été présent : non en images, especes, ni figures, mon
ame étoit trop éloignée de ces choses : mais en
maniere divine, en silence ineffable, & en réalité
parfaite. Je compris quel étoit ce saint Patriarche, la grandeur de sa grace, la conduite de Dieu
sur lui, & toutes les circonstances des états par
lesquels il avoit passé ; qu'il étoit une figure vi-
vante de Jesus-Christ, & un Pasteur choisi pour
Israël. Il me sembla que tout ce que Notre Seigneur me faisoit & me feroit faire pour les ames,
feroit en union avec ce saint Patriarche, & avec
ceux pour lesquels il m'étoit donné en même
tems une union pareille à celle que j'avois avec
David, mon cher Roi. O Amour, ne me fîtes-
vous pas connoitre que l'union admirable & réelle
entre ce saint Patriarche & moi ne seroit jamais
comprise de personne ? car nul n'étoit en état de
la comprendre.

5. Ce fut alors que vous m'apprîtes, ô mon

Amour, que par cette union si admirable il m'étoit donné de porter Jesus-Christ Verbe-Dieu dans les ames. Jesus-Christ est né de David selon la chair. O combien de conquêtes me fites-vous faire dans cette union toute ineffable! Mes paroles y étoient efficaces, & faisoient effets dans les cœurs. C'étoit la formation de Jesus-Christ dans les ames. Je n'étois nullement la maîtresse de parler ni de dire les choses : celui qui me conduisoit, me les faisoit dire comme il les vouloit, & autant de tems qu'il lui plaisoit. Il y avoit des ames auxquelles on ne me laissoit pas dire un mot, & d'autres pour lesquelles il y avoit des déluges de graces. Mais cet amour pur ne souffroit aucune superfluité ni amusement.

Quelquefois il y avoit des ames qui demandoient plusieurs fois les mêmes choses : & quand on les leur avoit dites selon leur besoin, & que ce n'étoit qu'envie de parler, sans que j'y fisse nulle attention, je ne pouvois leur répondre : puis elles me disoient ; vous dites cela dernierement, faut-il nous y tenir ? Je leur disois qu'oui ; & alors j'étois éclairée que parce que la réponse auroit été inutile, elle ne m'étoit pas donnée. Il en étoit tout de même de celles que Notre Seigneur conduisoit par la mort d'elles-mêmes, & qui venoient chercher de la consolation humaine : je n'avois pour elles que le pur nécessaire : après quoi, je ne pouvois plus parler. J'aurois plutôt parlé de cent choses indifférentes ; (parce que c'est ce qui est de moi, que Dieu laisse agir pour être toute à tous & n'incommoder pas le prochain ;) mais pour sa parole, il en est lui-même le dispensateur. O si les Prédicateurs parloient dans cet esprit, quels fruits ne feroient-ils pas ! Il y en avoit d'autres, comme j'ai dit, auxquelles je ne pouvois me communiquer qu'en silence, mais silence autant ineffable qu'efficace. Celles-là sont plus rares; & c'est le propre caractere de mes véritables enfans. C'est (comme peut-être l'ai-je dit, car je pourrois bien répéter) la communication des Esprits bienheureux.

6. Ce fut là que j'appris la vraie maniere de traiter avec les Saints du ciel en Dieu même, & aussi avec les Saints de la terre. O communication si pure, qui te pourra comprendre que celui qui t'éprouve? Si les hommes étoient esprit, on se parleroit en esprit: mais à cause de la foiblesse, il faut revenir aux paroles. J'eus de la consolation il y a quelque tems d'entendre lire cela dans S. Augustin dans une conversation toute spirituelle qu'il eut avec sa mere. Il se plaint qu'il en faut revenir aux paroles, à cause de notre foiblesse. Je disois quelquefois: O Amour, donnez-moi des cœurs assez grands pour contenir une si grande plénitude. Il me sembloit que mille cœurs seroient trop petits. J'avois des intelligences de la communication pendant la Cene entre Jesus-Christ & S. Jean. Mes intelligences n'étoient pas des lumieres; mais des intelligences d'expérience. Que j'éprouvois véritablement, ô Disciple bien aimé, la communication de mon divin Maître à votre cœur, & la maniere dont vous apprîtes les secrets ineffables, & comme vous continuâtes un pareil commerce avec la Ste. Vierge! O que l'on peut bien appeller cette communication un admirable commerce! Il me fut donné à entendre que c'étoit là le parler de la Crêche, & comme le Saint Enfant se communiquoit aux Rois & aux Pasteurs, & leur donna la connoissance de sa Divinité.

Ce fut aussi (comme je l'ai dit quelque part) de cette maniere que la Ste. Vierge s'approchant de Ste. Elizabet, il se fit un commerce admirable entre Jesus-Christ & S. Jean; commerce qui lui communiqua l'Esprit du Verbe & sa sainteté, qui fut si efficace qu'elle subsista toujours. C'est pourquoi S. Jean Baptiste ne témoigna nul empressement de venir voir Jesus-Christ après cette communication; car ils se communiquoient de loin comme de près: & afin de recevoir ces communications avec plus de plénitude, il se retira dans le désert. Aussi lorsqu'il prêcha la pénitence, que dit-il de lui-même? Il ne dit pas qu'il est la Parole; parce qu'il savoit très-bien que c'étoit Jesus-Christ, Parole éternelle; mais il dit seulement, qu'il est la voix. La voix sert de passage à la parole & la pousse; de sorte qu'après s'être rempli des communications du divin Verbe, il fut fait l'expression de ce même Verbe, poussant par sa voix cette divine Parole dans les ames. Il le connut d'abord: il n'eut pas besoin qu'on lui dit qui il étoit; & s'il lui envoia de ses disciples, ce n'étoit point pour lui, mais pour eux-mêmes, afin de les rendre disciples de Jésus-Christ. Il ne batisa que d'eau pour faire voir quelle étoit sa fonction: car comme l'eau en s'écoulant ne laisse rien, aussi la voix ne laisse rien. Il n'y a que la parole, qui s'imprime. Il étoit donc fait pour porter la parole, mais il n'étoit pas la parole; & celui qui étoit la parole batisa avec le Saint Esprit, parce qu'il avoit le don de s'imprimer dans les ames, & de se communiquer à elles par le Saint Esprit. Je compris que S. Joseph & Marie se communiquoient par Jesus; Jesus étoit le principe & la fin de leurs communications. O l'adorable commerce! Il ne se remarque pas que Jesus-Christ ait rien dit pendant sa vie cachée quoiqu'il soit vrai qu'il ne se perdra aucune de ses paroles. O Amour, si tout ce que vous avez dit & operé en silence étoit écrit, (*a*) *je ne crois pas que tout le monde pût contenir tous les livres qui s'en écriroient.*

7. Tout ce que j'éprouvois m'étoit montré dans l'Ecriture sainte; & je voiois avec admiration qu'il ne se passoit rien dans l'ame qui ne soit en Jesus-Christ & dans l'Ecriture sainte. Lorsque je communiquois avec des cœurs étroits, je souffrois un fort grand tourment. C'étoit comme une eau impétueuse, qui ne trouvant pas d'issue retourne contre elle-même; & j'en étois quelquefois au mourir. O Dieu, pourrois-je décrire ou faire comprendre tout ce que je souffrois en ce lieu, & les miséricordes que vous m'y fites? Il faut passer quantité de choses sous silence, tant parce qu'elles ne se peuvent exprimer, que parce qu'elles ne seroient pas comprises. Ce qui m'a le plus fait souffrir a été le P. la Combe. Comme il n'étoit pas encore affermi dans son état, & que Dieu l'exerçoit par des croix & des renversemens, ses doutes & ses hésitations me donnoient des coups étranges: quelque éloigné qu'il fût de moi je ressentois ses peines & ses dispositions. Il portoit un état de mort intérieure, & d'alternatives des plus cruelles du monde, & des plus terribles qui aient jamais été: aussi selon la connoissance que Dieu m'en a donné, c'est un de ses serviteurs à présent sur terre qui lui est le plus agréable. Il me fut imprimé de lui, qu'il étoit un vase d'élection que Dieu s'étoit choisi pour porter son nom parmi les Gentils; mais

(*a*) Jean 21. v. 25.

qu'il lui montreroit combien il faudroit souffrir pour ce même nom. Lorsque dans ces épreuves il se trouvoit comme rejetté de Dieu il se sentoit en même tems diviser d'avec moi : il doutoit de mon état, & avoit de fortes peines contre moi : & sitôt que Dieu le recevoit en lui, il se trouvoit réuni à moi plus fortement que jamais, & il se trouvoit éclairé sur mon état d'une maniére admirable, Dieu lui donnant une estime qui alloit jusqu'à la vénération : de sorte qu'il ne me pouvoit cacher ses sentimemens; & il me répétoit souvent; ,, Je ne puis être uni à vous hors
,, de Dieu : car sitôt que je suis rejetté de Dieu,
,, je le suis de vous, & je me sens divisé d'avec
,, vous, en doute & hésitation continuelle sur
,, ce qui vous regarde ; & sitôt que je suis bien
,, avec Dieu, je suis bien avec vous. Je connois
,, la grace qu'il me fait de m'unir à vous ; &
,, combien vous lui êtes chere, & le fond qu'il
,, a mis en vous ".

8. O Dieu qui comprendra jamais les unions pures & saintes que vous faites entre vos créatures! Le monde charnel n'en juge que charnellement, attribuant à une attache naturelle ce qui est la plus pure grace. Vous seul, ô Dieu, savez ce que j'ai souffert de ce côté là. Toutes les autres croix, quoique très-fortes, me paroissoient des ombres auprès de celles-là. Notre Seigneur me fit une fois comprendre, que lorsque le P. la Combe seroit affermi en lui par état permanent, & qu'il n'auroit plus de vicissitudes intérieures, il n'en auroit plus aussi à mon égard; & qu'il demeureroit pour toujours uni à moi en Dieu : Cela est à présent de cette sorte. Je voiois qu'il ne sentoit l'union & la division qu'à cause de sa

foiblesse, & que son état n'étoit pas encore permanent. Je ne la sentois que parce qu'il se divisoit, & qu'il me falloit porter tout cela : mais sitôt que l'union a été sans contrariété, sans empêchement, & dans sa perfection, il ne l'a plus sentie, non plus que moi, si ce n'est par réveil, en conversation intérieure, en la maniere des Bienheureux. L'union de l'ame avec Dieu ne se sent que parce qu'elle n'est pas entierement parfaite : mais lorsqu'elle est consommée en unité, elle ne se sent plus : elle devient comme naturelle. On ne sent point l'union de l'ame avec le corps : le corps vit & opére dans cette union sans qu'on pense & qu'on fasse attention à cette union : cela est : on le sait, & toutes les fonctions de vie que le corps fait ne nous permettent pas de l'ignorer ; cependant on agit sans attention sur cela. Il en est de même de l'union à Dieu & avec certaines créatures en lui : car ce qui fait voir la pureté & éminence de cette union, c'est qu'elle suit celle de Dieu ; & elle est d'autant plus parfaite, que celle de l'ame à Dieu & en lui est plus consommée. Cependant s'il falloit rompre cette union si pure & si sainte, on la sentiroit d'autant plus, qu'elle est plus pure, parfaite, & insensible : comme l'on sent très-bien lorsque l'ame se veut séparer du corps par la mort, quoique l'on ne sente pas son union.

9. Comme j'étois dans l'état d'enfance dont j'ai parlé, & que le P. la Combe se fâchoit & se divisoit d'avec moi, je pleurois comme un enfant ; & mon corps devenoit tout languissant ; &, ce qui étoit surprenant, c'est que je me trouvois en même tems & plus foible que les petits enfans, & forte comme Dieu. Je me trouvois

toute divine, éclairée pour tout, & ferme pour les plus fortes croix; & cependant la foiblesse même des plus petits enfans. O Dieu ! je puis dire que je suis peut-être la créature du monde de laquelle vous avez voulu la plus grande dépendance ! Vous me mettiez en toutes sortes d'états & de postures différentes ; & mon ame ne vouloit ni ne pouvoit résister. J'étois si fort à vous, qu'il n'y avoit chose au monde que vous eussiez pû exiger de moi à laquelle je ne me fusse rendue avec plaisir. Je n'avois nul intérêt pour moi-même ; & si j'eusse pû appercevoir ce *moi-même*, je l'aurois déchiré en mille piéces : mais je ne l'appercevois plus. Pour l'ordinaire, je ne connois point ni ne sais point mon état : mais lorsque Dieu veut quelque chose de ce misérable néant, je sens qu'il est le maître absolu, & que rien non-seulement ne lui résiste, mais ne répugne pas même à ses vouloirs, quelque rigoureux qu'ils paroissent. O Amour, s'il y a un cœur au monde duquel vous soiez pleinement victorieux, je puis dire que c'est ce pauvre cœur ! Vous le savez, ô Amour, & que vos volontés les plus rigoureuses sont sa vie & son plaisir : car il ne subsiste plus qu'en vous. Je me suis écartée : cela m'est ordinaire, tant à cause des interruptions, & que j'ai même eu deux griéves maladies depuis que j'ai commencé d'écrire, que parce que je me laisse à ce qui m'entraîne.

CHAPITRE XXIII.

Son voyage périlleux de Grenoble à Marseille, où elle est d'abord persécutée par ceux d'un certain parti; mais soutenue de l'Evêque & d'autres personnes de piété. Les fruits qu'elle y fit; pendant qu'on la diffame au lieu d'où elle venoit, & qu'ensuite on s'en retracte. Partie de Marseille pour Nice, elle s'y embarque pour Savone & Genes, & court de grands périls sur la mer. Nuls de tous ces périls ne font impression sur elle. Voyageant par terre de Genes à Verceil par Alexandrie, elle est exposée par-tout à plusieurs périls dont elle ne pouvoit échapper sans être secourue de Dieu miraculeusement.

1. Pour reprendre je dirai, que l'Aumonier de Monsieur de Grenoble me persuada d'aller passer quelque tems à Marseille pour laisser appaiser la tempête, & que l'on m'y recevroit très-bien : que c'étoit son pays, & qu'il y avoit là beaucoup de gens de bien. J'en écrivis au P. la Combe pour avoir son agrément. Il me le permit. J'aurois pû aller à Verceil : car Monsieur de Verceil m'avoit envoié exprès des lettres les plus fortes, les plus pressantes & les plus engageantes du monde pour m'obliger d'aller dans son Diocése : mais le respect humain, & la peur de donner prise à mes ennemis (lorsque je me sers du terme d'ennemis ce n'est pas que je croie personne comme tel; ni que je puisse voir ceux dont Dieu se sert, autrement que comme des instrumens de sa justice; mais c'est pour m'expliquer,) ces deux raisons, dis-je, m'en donnoient
un

un extrême éloignement. D'ailleurs la Marquise de Prunai, qui depuis mon départ de chez elle avoit été plus éclairée par sa propre expérience, ayant éprouvé une partie des choses que j'avois cru lui devoir arriver, avoit conçu pour moi une très-forte amitié & une union très-intime, ensorte que des sœurs les plus unies ne pouvoient l'être davantage que nous l'étions. Elle souhaitoit extrêmement que je retournasse avec elle, ainsi que je lui avois promis autrefois : mais je ne pouvois m'y résoudre, de peur qu'on ne crut que j'allois où étoit le P. la Combe. Mais, ô mon Dieu, que ce reste d'amour propre fut bien renversé par les ressorts de votre providence adorable ! J'avois encore cet appui extérieur, de pouvoir dire que je n'avois jamais été chercher le P. la Combe, & qu'on ne pouvoit pas dire cela de moi, ni m'accuser à ce sujet d'aucune attache à lui; puisque ne dépendant que de moi de demeurer auprès de lui, je ne le faisois pas. Mr. de Geneve n'avoit pas manqué d'écrire contre moi à Grenoble, comme il l'avoit fait ailleurs. Son Neveu avoit été me décrier de maison en maison : tout cela m'étoit indifférent, & je ne laissois pas de procurer à son Diocese tout le bien dont j'étois capable. Je lui écrivis même des honnêtetés : mais son cœur étoit trop blessé sur l'intérêt, disoit-il, pour se rendre à ces choses. Ce sont ses propres termes.

Avant que je partisse de Grenoble; cette bonne enfant dont j'ai parlé, que le Diable avoit fort maltraitée, me vint trouver, & me dit en pleurant : Le Démon m'a dit que vous vous en alliez. Il faut remarquer que je ne l'avois dit à personne. Le Démon lui dit donc, que je m'en allois,

& que je le lui avois caché parce que je ne voulois pas que perſonne le ſût; mais qu'il m'alloit bien attraper: qu'il ſeroit avant moi dans tous les lieux où j'irois; que j'allois dans une ville où à peine ſerois-je arrivée qu'il ſouleveroit toute la ville contre moi: & il lui fit entendre, qu'il étoit enragé contre moi, & qu'il me feroit tout le mal qu'il pourroit. Ce qui m'avoit obligé de tenir mon départ ſecret, c'eſt que je craignois d'être accablée de viſites & de témoignages d'amitié de quantité de bonnes perſonnes qui avoient bien de l'affection pour moi.

2. Je m'embarquai donc ſur le Rhône avec ma femme de chambre & une bonne fille de Grenoble, à laquelle Notre Seigneur avoit bien fait des graces par mon moyen. Elle me fut une bonne ſource de croix. L'Aumonier de Mr. de Grenoble m'accompagna avec un autre Eccléſiaſtique très-homme de bien. Il nous arriva bien des aventures, & nous penſâmes périr: car dans un endroit fort périlleux le cable caſſa tout-à-coup, & le bateau alla donner contre une roche. Le maître pilote tomba du coup à la renverſe, & ſe ſeroit noyé ſans des Meſſieurs qui le ſauverent. Il m'arriva encore un autre accident, qui étoit, qu'étant deſcendue ſur le Rhône, & tous nos Meſſieurs, dans un petit bateau conduit par un enfant, nous croyions attraper un grand bateau: mais n'ayant pu nous accommoder, après avoir deſcendu plus qu'une lieue il fallut remonter juſqu'à Valence. Tout le monde ſortit du bateau, parce qu'il étoit trop chargé pour le remonter: & comme je ne pouvois marcher, je reſtai dedans à la merci des ondes, qui nous menoient où elles vouloient ſans réſiſtance: car

l'enfant qui conduifoit le bateau, & qui ne favoit pas fon métier, s'en prenoit à fes larmes, difant toujours que nous allions nous noyer. Je l'encourageois: de forte qu'après avoir difputé plus de quatre heures contre les ondes, où ceux qui étoient fur le bord me croyoient tantôt tout-à-fait perdue, tantôt fauvée, nous arrivâmes enfin.

Ces périls fi évidens qui effrayoient les autres, loin de m'alarmer, augmentoient ma paix: ce qui n'étonna pas peu l'Aumonier de Mr. de Grenoble, qui étoit dans un effroi horrible lors que le bateau alla donner contre le rocher & s'ouvrit; car me regardant attentivement dans fon émotion, il remarqua que je ne fourcillois pas, & que ma tranquillité n'en eut pas la moindre altération. Il eft vrai que je ne fentois pas même les premiers mouvemens de furprife, qui font naturels à tout le monde dans ces occafions, & qui ne dépendent pas même de nous. Ce qui faifoit ma paix dans ces périls qui furprennent d'abord, étoit le fond de mon intérieur, qui eft dans un délaiffement toujours fixe & ferme en Dieu; & parce que la mort m'eft beaucoup plus agréable que la vie, il me faudroit bien plus d'abandon à Dieu pour vivre que pour mourir, fi je pouvois vouloir quelque chofe. Je fuis indifférente à tout: c'eft pourquoi rien n'altére mon fond.

3. En partant de Grenoble un homme de qualité, grand ferviteur de Dieu, & de mes intimes amis, m'avoit donné une lettre pour un Chevalier de Malte très-dévot, & que j'ai toujours regardé depuis que je l'ai connu comme un homme que Notre Seigneur deftine pour fervir beaucoup l'ordre de Malte, & pour en être l'exemple, &

le soutien par sa sainte vie. Je lui dis même, que je croyois qu'il iroit à Malte, & que Dieu assurément se serviroit de lui pour inspirer la piété à bien des Chevaliers. Il est effectivement allé à Malte, où d'abord les premiers emplois lui furent donnés. Cet homme de qualité lui envoya le petit livre d'oraison, intitulé : *Moyen court* &c. imprimé à Grenoble. Ce Chevalier si homme de bien, avoit un Aumonier fort opposé à l'intérieur. Il prit ce livre, il le condamna d'abord, & alla soulever une partie de la ville, entr'autres soixante & douze personnes, qui se disent ouvertement les soixante & douze disciples de (*a*) Mr. de S. Cyran. Je n'étois arrivée qu'à dix heures du matin, & il n'étoit que quelques heures après midi que tout étoit en rumeur contre moi. Ils allerent pour cela trouver Mr. de Marseille, lui disant, qu'à cause de ce petit livre il me falloit chasser de Marseille. Ils lui donnerent le livre, qu'il examina avec son Théologal, & qu'il trouva fort bon. Il envoya querir Mr. Malaval & un bon Pere Recolet, qu'il savoit m'être venus voir un peu après mon arrivée, pour s'informer d'eux d'où venoit ce grand tumulte, (qui m'avoit un peu fait rire, voyant sitôt accompli ce que le Démon avoit dit à cette bonne fille). Mr. Malaval & ce bon Religieux dirent à Mr. de Marseille ce qu'ils penserent de moi : de sorte qu'il témoigna beaucoup de déplaisir de l'insulte qu'on m'avoit faite. Je fus obligée de l'aller voir : il me reçut avec une extrême bonté, jusqu'à me demander excuse. Il me pria de rester à Marseille ; qu'il me protégeroit : il me fit même demander où je logeois pour me venir voir. Le lendemain

(*a*) Chef des Jansenistes de France.

l'Aumônier de Mr. de Grenoble l'alla voir avec cet autre Prêtre qui étoit venu avec nous. Mr. de Marseille leur témoigna encore le chagrin où il étoit des insultes qu'on m'avoit fait sans sujet, & que c'étoit l'ordinaire de ces personnes d'insulter à tous ceux qui n'étoient pas de leur cabale: qu'ils l'avoient insulté lui-même. Ils ne se contenterent pas de cela: Ils m'écrivirent des lettres les plus offensantes du monde, quoique ces gens ne me connussent pas. Je compris que Notre Seigneur commençoit tout de bon à m'ôter toute demeure, & ces paroles me furent renouvellées: (a) *Les oiseaux du ciel ont des nids ; & les renards des tanieres ; & le Fils de l'homme n'a pas où reposer sa tête.* J'entrai volontiers dans cet état.

4. Notre Seigneur ne laissa pas de se servir de moi dans le peu de tems que je restai à Marseille pour aider à soutenir quelques bonnes ames, entr'autres un Ecclésiastique, qui ne me connoissoit point. Il disoit la Messe dans une Eglise où j'allois l'entendre. Après qu'il eut fait son action de graces, voyant que je sortois, il me suivit; & étant entré dans la maison où je logeois, il me dit, que Notre Seigneur l'avoit inspiré de s'adresser à moi, & lui avoit fait connoître que j'étois celle à laquelle il devoit se découvrir pour son état intérieur. Il le fit avec autant de simplicité que d'humilité. Notre Seigneur me donna tout ce qui lui étoit nécessaire ; de quoi il fut rempli de contentement & de reconnoissance envers Notre Seigneur ; car quoiqu'il y eût là bien des personnes spirituelles, & même de ses intimes amis, il n'avoit jamais eu le mouvement de s'ouvrir à eux. C'étoit un grand serviteur de Dieu,

(a) Matth. 8. v. 20.

qu'il avoit gratifié d'un don singulier d'oraison dès l'âge de huit ans. Il avoit employé toute sa vie dans les Missions, & avoit un don très-grand de discernement des esprits.

En huit jours que je fus à Marseille j'y vis bien de bonnes ames : car j'avois cette consolation, qu'au travers de la persécution Notre Seigneur faisoit toujours quelque coup de sa main : & ce bon Ecclésiastique fut délivré d'une étrange peine dans laquelle il étoit depuis quelques années.

5. Sitôt que je fus partie de Grenoble, ceux qui me haïssoient sans me connoître faisoient courir des libelles contre moi. Une personne pour laquelle j'avois eu une très-grande charité, & que j'avois même retirée d'un engagement où elle étoit depuis plusieurs années, ayant contribué à faire écarter la personne à laquelle elle étoit attachée, en devint si furieuse contre moi, qu'elle alla elle-même trouver Mr. de Grenoble pour lui parler contre moi ; jusqu'à lui dire, que je lui avois conseillé de faire un mal, que j'avois (pourtant) rompu, même avec frais ; car il m'en coûta pour faire écarter la personne. Ils vivoient ensemble depuis huit ans, & je ne la connoissois que depuis un mois. Elle alloit de Confesseur à Confesseur dire la même chose afin de les animer contre moi. Le feu étoit allumé de toutes parts : il n'y avoit que ceux qui me connoissoient, & qui aimoient Dieu, qui soutenoient mon parti, & qui se trouvoient plus liés à moi par la persécution. Il m'auroit été fort facile de détruire la calomnie, tant auprès de Mr. de Grenoble que de la ville. Il n'y avoit qu'à dire qui étoit la personne, & faire voir les fruits de son désordre ; car je savois toutes choses : mais comme je ne

pouvois déclarer la coupable sans faire connoître son complice, qui étoit très-repentant & touché de Dieu; je crus qu'il valoit mieux tout souffrir & me taire. Il y avoit un fort saint homme qui savoit à fond toute son histoire: il lui écrivit que si elle ne se retractoit de ses mensonges, il déclareroit sa mauvaise vie, afin de faire connoître sa méchanceté & mon innocence. Cette pauvre fille persévéra encore quelque tems dans sa malice, écrivant que j'étois sorciere, & qu'elle l'avoit connu par révélation, avec bien d'autres choses. Cependant quelque tems après elle eut, à ce qu'elle disoit, de si cruels remords de conscience, qu'elle écrivit à Mr. de Grenoble & à d'autres pour se retracter. Elle me fit écrire à moi-même qu'elle étoit au désespoir de ce qu'elle avoit fait: que Dieu l'en avoit punie d'une telle maniere, que jamais elle n'avoit été traitée de pareille sorte. Après ses retractations le bruit s'appaisa, Mr. de Grenoble fut désabusé, & il m'a témoigné depuis ce tems beaucoup de bonté. Cette créature avoit dit entre autres choses, que je me faisois adorer, & des folies si étranges, qu'il n'y en a point de pareilles. Comme elle avoit été autrefois folle, je crois qu'il y eut en ce qu'elle me fit plus de foiblesse que de malice.

6. Etant donc à Marseille, je ne savois plus que devenir: car je ne voyois nulle apparence ni de rester là, ni de retourner à Grenoble, où j'avois laissé ma fille dans un couvent. D'un autre côté le P. la Combe m'avoit mandé qu'il ne croyoit pas que je dusse retourner à Paris; j'y sentois même de fortes répugnances sans en savoir la raison: ce qui me faisoit croire qu'il n'étoit pas

encore tems. Un matin je me sentis intérieurement pressée de partir. Je pris une litiere pour aller trouver la Marquise de Prunai, qui étoit, ce me sembloit, le plus honnête refuge pour moi dans l'état où les choses étoient. Je croyois pouvoir passer par Nice, ainsi que l'on m'en avoit assurée : mais je fus bien étonnée étant à Nice, d'apprendre que la litiere ne pouvoit passer la montagne pour aller où je voulois. Je ne savois que devenir, ni de quel côté tourner, étant seule, abandonnée de tout le monde, sans savoir, ô mon Dieu, ce que vous vouliez de moi. Ma déroute & mes croix augmentoient chaque jour. Je me voyois sans refuge ni retraite, errante & vagabonde. Tous les artisans que je voyois dans les boutiques me paroissoient heureux, d'avoir une demeure & un refuge : & je ne trouvois rien au monde de plus dur pour une personne comme moi, & qui aimois naturellement l'honneur, que cette vie errante. Comme je ne savois quel parti prendre, on me vint dire qu'il partoit le lendemain une petite chaloupe qui alloit en un jour à Génes, que si je voulois, on me débarqueroit à Savone, & que je me ferois porter de-là chez la Marquise de Prunai mon amie. Je consentis à cela, ne pouvant en aucune maniere avoir d'autre voiture.

7. J'eus quelque joie de m'embarquer sur mer; & je vous disois, ô mon Dieu : „ Si je suis l'ex„ crement de la terre, le rebut & le mépris de la „ nature, je vais m'embarquer sur l'élément le „ plus infidele de tous ; vous pouvez m'abimer „ dans ses ondes, & je me ferai un plaisir de mou„ rir de cette sorte,„. Il vint une tempête dans un lieu assez dangereux pour un petit bâteau, &

les mariniers étoient des plus mauvais. L'irritation des flots faisoit mon plaisir; & j'en recevois un extrême de penser que ces ondes mutinées me serviroient peut-être de sépulcre. O Dieu, peut-être fis-je quelques infidélités dans le plaisir que je prenois de me voir battue & balotée de ces flots enflés. Je m'imaginois me voir entre les mains de votre Providence: il me sembloit en être le jouet, & je vous disois, ô mon Dieu, dans mon langage: „ qu'il y ait donc au monde des victimes „ de votre Providence, & que j'en sois une ! ne „ m'épargnez pas ! „ Ceux qui étoient avec moi s'appercevoient bien de mon intrépidité; mais ils en ignoroient la cause. Je vous demandois, ô mon Amour, un petit trou de rocher pour m'y mettre, & pour y vivre séparée de toutes les créatures. Je me figurois qu'une île déserte auroit terminé toutes mes disgraces, & m'auroit mise en état de faire infailliblement votre volonté: mais, ô mon Amour, vous me destiniez une autre prison que le rocher, un autre exil que celui de l'île déserte. Vous me réserviez pour être battue de vagues plus irritées que celles de la mer. La calomnie étoit des flots mutinés & impitoyables auxquels vous vouliez que je fusse exposée pour y être battue sans miséricorde ! Soyez en béni à jamais, ô mon Dieu ! Nous fumes arrêtés par la tempête; & au lieu d'une petite journée de chemin que nous devions faire pour aller à Genes, nous fumes onze jours en chemin. Que mon cœur étoit paisible dans une si forte agitation ! La tempête de la mer & la fureur des flots n'étoient que la figure de celle que toutes les créatures avoient contre moi. Je vous disois, ô mon Amour, armez les toutes pour vous venger de mes infidélités & de celles de toutes les créatures. Je voyois avec complaisance votre bras armé contre moi, & j'aimois plus que mille vies les coups qu'il me donnoit. Nous ne pûmes débarquer à Savone: il fallut aller jusqu'à Genes. Nous y arrivâmes la semaine sainte.

7. Lorsque j'y fus, il me fallut essuyer les insultes des habitans, à cause du chagrin qu'ils avoient contre les François pour le dégât des bombes. Le Doge venoit d'en partir, & il avoit emmené toutes les litieres; c'est pourquoi je n'en pouvois trouver. Il me fallut rester plusieurs jours, faisant des dépenses excessives; car ces gens nous demandoient des sommes exorbitantes, & autant pour chaque personne que l'on eût demandé à Paris pour tous dans la meilleure auberge. Je n'avois presque plus d'argent; mais le fond de la Providence ne me pouvoit manquer. Je priai avec la derniere instance, quelque chose qu'il m'en put coûter, que l'on me donnât une litiere pour aller passer la Fête de Pâques chez la Marquise de Prunai. Cependant il n'y avoit plus que trois jours jusqu'à Pâques, & je ne savois point me faire entendre. A force de prier, on m'amena une méchante litiere, dont les mulets étoient boiteux; & l'on me dit, que pour une somme excessive on me meneroit bien à Verceil, qui étoit à deux journées de là; mais non pas chez la Marquise de Prunai; parce que l'on ne savoit pas même où étoit sa terre. J'en eus une mortification étrange; car je ne voulois pas aller à Verceil; & cependant la proximité de Pâques, & le défaut d'argent dans un païs où l'on usoit d'une espece de tirannie, me mettoient hors d'état de choisir & dans la nécessité absolue de me laisser conduire à Verceil.

9. Vous me conduisiez, ô mon Dieu, par votre providence où je ne voulois pas aller. Quoique la somme qu'il me falloit donner pour une si méchante voiture & pour deux journées de chemin, fut dix louis d'or, qui valent seize livres de ce pays-là la piece, je ne laissai pas d'accepter un parti si déraisonnable par l'extrême nécessité où j'étois dans un pays où les voitures sont à très-bon marché. Le voiturier qui nous menoit, étoit l'homme du monde le plus cruel; & encore, pour comble d'affliction, j'avois envoyé à Verceil l'Ecclésiastique qui nous accompagnoit, afin que l'on ne fut pas surpris de me voir après que j'avois protesté que je n'y irois point. Cet Ecclésiastique fut très-maltraité en chemin par la haine qu'on portoit aux François, & on lui fit faire une partie du chemin à pied; de sorte que quoiqu'il fut parti avant moi, il ne me précéda que de quelques heures. Cet homme donc qui nous menoit voyant qu'il n'avoit à faire qu'à des femmes, nous fit toutes les insultes possibles.

10. Nous passâmes par un bois tout plein de voleurs. Le muletier eut peur, & nous dit, que s'il en trouvoit quelqu'un sur la route, nous étions perdus, & qu'ils n'épargneroient personne: à peine nous eut-il dit cela, qu'il en parut quatre bien armés; ils arrêterent d'abord la litiere: le muletier étoit fort effrayé: ils vinrent à nous, & nous regarderent. Je leur fis une inclination & un souris; car je n'avois point de peur, & j'étois abandonnée à la providence au point qu'il m'étoit égal de mourir de cette sorte ou d'une autre, dans la mer ou par la main des voleurs. Mais, ô mon Dieu, quelle étoit votre protection sur moi, & quel étoit mon abandon entre vos mains!

Combien de périls ai-je couru sur les montagnes & sur les bords des précipices! Combien de fois avez-vous arrêté le pied du mulet déja penché dans le précipice! Combien de fois ai-je pensé être précipitée de ces affreuses montagnes, dans d'effroyables torrens que la profondeur déroboit à notre vue, mais qui se faisoient entendre par leur épouvantable bruit! Lorsque les périls étoient plus évidens, c'étoit où ma foi étoit plus forte aussi bien que mon intrépidité, causée par une impuissance de vouloir autre chose que ce qui m'arriveroit, soit d'être brisée par les rochers, soit d'être noyée, ou tuée; tout m'étant égal dans votre volonté, ô mon Dieu. Les gens qui me menoient, disoient n'avoir jamais vu un pareil courage: car les périls les plus effrayans, & où la mort paroissoit la plus certaine, étoient ceux qui me plaisoient davantage. N'étoit-ce pas vous, ô mon Dieu, qui me reteniez dans le danger, & qui m'empêchiez de rouler dans le précipice dont nous avions déja pris le penchant? Plus j'étois prodigue d'une vie que je ne souffrois que parce que vous la souffriez vous-même, plus vous preniez soin de la conserver. C'étoit, ô mon Dieu, comme un défi entre nous deux, moi de m'abandonner à vous, & vous, de me conserver. Les voleurs vinrent donc à la litiere: mais je ne les eus pas plutôt salués que vous les fites changer de dessein, s'étant poussés l'un l'autre comme pour s'empêcher de me nuire: ils me saluerent fort honnêtement, & avec un air de compassion peu ordinaire à ces personnes ils se retirerent. Je fus aussitôt frappée au cœur, ô mon Amour, que c'étoit un coup de votre droite, qui avoit d'autres desseins sur moi que de me faire mourir par les mains des voleurs. Vous êtes, ô mon divin Amour, ce fameux voleur qui enlevez vous-même toutes choses à vos amans ; & après les avoir dépouillés de tout, vous devenez leur impitoyable meurtrier. O que le martire que vous faites souffrir est bien autre que celui que tous les hommes ensemble pourroient inventer ! Le muletier qui me conduisoit me voyant seule avec deux filles, crut qu'il pourroit me maltraiter tant qu'il lui plairoit, s'imaginant peut-être tirer de moi de l'argent. Au lieu de me mener à l'hôtellerie il me mena dans un moulin où il n'y avoit aucune femme ; il n'y avoit qu'une seule chambre à plusieurs lits où les meuniers & les muletiers couchoient ensemble. Ce fut dans cette chambre où l'on voulut m'obliger de rester. Je dis, que je n'étois pas personne à coucher où il m'avoit conduite, & voulus l'obliger à me mener à l'hôtellerie ; il n'en voulut rien faire : il me fallut sortir à pied à dix heures du soir portant une partie de mes hardes, & faire bien plus d'un quart de lieue de ce pays-là (où les lieues sont très-grandes) à pied, au milieu des ténèbres, sans savoir le chemin, traversant même un bout de ce bois aux voleurs, pour aller trouver l'hôtellerie. Cet homme me voyant partir du lieu où il avoit voulu nous faire aller coucher, non sans mauvais dessein, crioit après nous en nous injuriant & se moquant de nous. Je portois mon humiliation avec plaisir, non pas sans la voir & la sentir ; mais votre volonté, mon Dieu, & mon abandon me rendoient tout facile. Nous fumes très-bien reçues à l'hôtellerie ; & ces bonnes gens nous firent du mieux qu'ils purent pour nous raccommoder de notre fatigue, nous assurant que le lieu où l'on nous avoit voulu mener, étoit très-dangereux. Le lendemain il nout fallut encore retourner à pieds trouver la litiere : cet homme ne nous la voulut jamais amener, au contraire il nous fit encore cent insultes ; & pour comble de disgrace, il me vendit à la poste, & me força par là à aller dans une chaise de poste, au lieu d'aller en litiere.

J'arrivai à Alexandrie dans cet équipage. C'est une ville frontiere dépendante d'Espagne, du côté du Milanois. Notre conducteur postillon voulut nous mener, selon leur coûtume, à la poste. Je fus fort étonnée lorsque je vis venir au devant de lui la maîtresse du logis, non pour le recevoir, mais pour l'empêcher d'entrer. Elle avoit ouï dire que c'étoit des femmes ; de sorte que nous croyant autres que nous n'étions, elle ne vouloit point de nous. Cependant le postillon vouloit entrer malgré elle. Leur dispute s'échauffa tellement, que quantité d'Officiers de la garnison avec un grand peuple s'assemblerent à ce bruit, qui étoient étonnés de la bizarrerie de cette femme qui ne vouloit pas nous loger. Ils crurent qu'elle nous connoissoit pour des personnes de mauvaise vie ; de sorte qu'il nous fallut essuyer des insultes. Quelque instance que je fisse au postillon de nous mener ailleurs, il n'en voulut rien faire, & s'opiniâtra toujours à vouloir entrer, assurant la maîtresse que nous étions des personnes d'honneur, & même de piété, dont il avoit vu des marques. A force d'instances il obligea cette femme de nous venir voir. Sitôt qu'elle nous eut regardées, elle fit comme les voleurs, elle se laissa fléchir, & nous fit entrer. Je ne fus pas plutôt descendue de cette chaise, qu'elle me dit : Allez vous enfermer dans cette chambre prochaine, & ne remuez pas; afin que mon fils ne fache pas que vous y êtes : car fitôt qu'il le faura, il vous tuera. Elle nous le dit avec tant de force, auffi bien que la fervante, que fi la mort n'avoit pas eu pour moi tant de charmes qu'elle en a, je ferois morte de frayeur. Ces deux pauvres filles étoient dans des alarmes effroyables. Sitôt que l'on remuoit, ou que l'on venoit ouvrir, elles croyoient que l'on venoit nous égorger. Enfin nous reftâmes entre la mort & la vie jufqu'au lendemain, où nous apprîmes le ferment que ce jeune homme avoit fait de tuer toutes les femmes qui logeroient chez lui; parce que peu de jours auparavant il avoit eu une très-groffe affaire qui l'avoit penfé perdre : une femme de mauvaife vie ayant affaffiné un honnête homme chez eux, cela leur avoit beaucoup coûté; & il craignoit de pareilles perfonnes avec raifon.

CHAPITRE XXIV.

Son arrivée à Verceil, où l'Evêque l'eftime & veut faire un établiffement pour l'y retenir. Fruit que faifoit là le Pere la Combe, qu'on tâche d'attirer à Paris par artifice; mais l'Evêque s'y oppofe, avec raifon. Une continuelle maladie fait que Madame Guyon eft obligée de quitter Verceil avec bien du regret de l'Evêque, qui en fait l'éloge. Son état d'enfance de Jéfus-Chrift durant qu'elle fut à Verceil, où elle écrivit fon explication fur l'Apocalypfe.

1. APRÈS ces fortes d'aventures, & d'autres qu'il feroit trop long de dire, j'arrivai à Verceil le foir du Vendredi-faint. J'allai à l'hôtellerie,

où je fus très-mal reçue. J'eus de quoi faire un bon Vendredi-saint, qui dura bien long-tems. J'envoyai chercher le P. la Combe que je croyois déja averti par l'Ecclésiastique que j'avois envoyé devant, & qui m'auroit été d'une grande utilité : mais il ne venoit que d'arriver. J'eus bien de bonnes confusions à boire tout le tems que je fus sans cet Ecclésiastique : ce qui n'auroit pas été si je l'avois eu : car en ce pays-là, sitôt que des Dames se font accompagner par des Ecclésiastiques, on les regarde avec vénération comme des personnes d'honneur & de piété. Le P. la Combe entra dans un chagrin étrange de mon arrivée, Dieu le permettant de la sorte. Il ne put même me le dissimuler : en sorte que je me vis en arrivant sur le point de repartir, & je l'eusse fait malgré mon extrême fatigue sans la fête de Pâques. Le P. la Combe ne pouvoit s'empêcher de me marquer sa mortification. Il disoit, que chacun croiroit que je serois allée le trouver, & que cela feroit tort à sa réputation. Il étoit dans une très-haute estime dans ce pays. Je n'avois pas eu moins de peine à y aller ; & c'étoit la seule nécessité qui me l'avoit fait faire malgré mes répugnances : de sorte que je fus mise dans un état de souffrances ; & Notre Seigneur appuyant sa main, me les rendit très-fortes. Le Pere me reçut avec un froid & des manieres qui me firent assez voir ses sentimens, & qui redoublerent ma peine. Je lui demandai s'il vouloit que je m'en retournasse ; que je partirois dès le moment, quoique je fus bien accablée des fatigues d'un si long & si périlleux voyage, outre que j'étois bien abattue du Carême, que j'avois jeûné avec la même exactitude que si je n'eusse pas voyagé.

voyagé. Il me dit; qu'il ne savoit pas comment Mr. de Verceil prendroit mon arrivée dans un tems où il ne m'attendoit plus, après que j'avois refusé si longtems & avec opiniâtreté les offres obligeantes qu'il m'avoit faites: qu'il ne témoignoit même plus d'envie de me voir depuis ce refus. Ce fut alors qu'il me sembla que j'étois réjettée de dessus la terre sans y pouvoir trouver aucun refuge, & que toutes les créatures se joignoient ensemble pour m'accabler. Je passai le reste de la nuit en cette hôtellerie sans y pouvoir dormir, & sans savoir quel parti je serois obligée de prendre, étant persécutée au point que je l'étois de mes ennemis, & un sujet de honte à mes amis.

2. Dès que l'on sût dans cette hôtellerie que j'étois de la connoissance du Pere la Combe on m'y traita parfaitement bien. On l'estimoit là comme un saint. Ce Pere ne savoit comment dire à Monsieur de Verceil que j'étois venue, & je portois sa peine bien plus vivement que la mienne. Sitôt que ce Prélat sut que j'étois arrivée, comme il sait parfaitement bien vivre, il envoya sa niéce, qui me prit dans son carrosse, & m'emmena chez elle: mais les choses ne se faisoient que par façon, & Mr. de Verceil ne m'ayant point encore vue, il ne savoit comment prendre un voyage si fort à contre-tems après avoir refusé trois fois d'y aller quoiqu'il m'eût envoyé des exprès pour m'en prier. Il se dégoûtoit de moi. Cependant comme il fut informé que mon dessein n'étoit point de rester à Verceil, mais bien d'aller chez la Marquise de Prunai, & que c'étoit la nécessité des fêtes qui me retenoit, il ne fit rien paroitre: au contraire, il mit ordre que je fusse très-bien traitée. Il ne put pas ma

voir que Pâques ne fût paffé, parce qu'il officioit toute la veille & le jour. Le foir, après que tout l'office du jour de Pâques fut fait, il fe fit porter en chaife chez fa niéce pour me voir : & quoiqu'il n'entendit guéres mieux le François que moi l'Italien, il ne laiffa pas d'être fort fatisfait de la converfation qu'il avoit eue avec moi. Il parut avoir autant de bonté pour moi qu'il avoit eu d'indifférence auparavant. La feconde vifite acheva de le gagner entiérement.

3. On ne peut pas avoir plus d'obligation que j'en ai à ce bon Prélat. Il prit pour moi autant d'amitié, que fi j'euffe été fa fœur : & fon feul divertiffement dans fes continuelles occupations, étoit de paffer quelque demi-heure avec moi à parler de Dieu. Il commença d'écrire à Monfieur de Marfeille pour le remercier de ce qu'il m'avoit protégée dans la perfécution. Il écrivit auffi à Monfieur de Grenoble ; & il n'y avoit rien qu'il ne fit pour me marquer fon affection. Il ne penfa plus à autre chofe qu'à chercher les moyens de m'arrêter dans fon Diocéfe : il ne voulut jamais me permettre d'aller trouver la Marquife de Prunai ; au contraire, il lui écrivit pour l'inviter elle-même à venir avec moi dans fon Diocéfe. Il lui envoya même le Pere la Combe exprès pour l'exhorter à y venir, affurant qu'il vouloit nous unir tous, & faire une petite congrégation. La Marquife de Prunai entra affez là dedans, & fa fille auffi ; de forte qu'elles feroient venues avec le Pere la Combe, fi la Marquife n'eut pas été malade : elle penfa m'envoyer fa fille, & l'on remit le tout pour le tems qu'elle fe porteroit bien. Mr. de Verceil commença par louer une grande maifon dont il fit même le

marché pour l'acheter, afin de nous y mettre : Elle étoit très propre pour faire une Communauté. Il écrivit aussi à une Dame de Génes de sa connoissance, sœur d'un Cardinal, qui témoigna beaucoup de désir de s'unir à nous ; & la chose étoit comptée déja faite. Il y avoit aussi de bonnes Demoiselles fort dévotes qui étoient toutes prêtes à partir pour nous venir trouver. Mais, ô mon Dieu, votre volonté n'étoit pas de m'établir, mais bien de me détruire.

4. La fatigue du chemin me fit tomber malade. Cette fille que j'avois amenée de Grenoble, tomba aussi malade. Ses parens, qui sont des gens fort intéressés, s'allerent mettre en tête que si cette fille mourroit entre mes mains, je lui ferois faire un testament en ma faveur. Ils se trompoient bien : car loin de vouloir avoir le bien des autres, j'avois même donné le mien. Son frére, rempli de cette apréhension, vint au plus vîte ; & la première chose dont il lui parla, quoiqu'il la trouva guérie, fut de faire un testament. Cela fit un grand fracas dans Verceil ; car il vouloit l'emmener, & elle ne vouloit pas s'en aller. Cependant comme je remarquois dans cette fille peu de solidité, je crus que c'étoit une occasion que la divine providence me fournissoit pour m'en défaire, ne m'étant pas propre. Je lui conseillai de faire ce que son frére vouloit d'elle. Il fit amitié avec certains Officiers de la garnison auxquels il fit des contes ridicules ; que je voulois mal user de sa sœur, laquelle il fit passer pour une fille de qualité, quoiqu'elle fût d'une naissance commune. Cela m'attira beaucoup de croix & d'humiliations. Ils commencérent à dire, ce que j'avois toujours apréhendé, que j'é-

tois venue à cause du Pere la Combe. Ils le persécutérent même à mon occasion.

5. Mr. de Verceil en étoit extrémement fâché; mais il ne pouvoit y mettre reméde: car il ne pouvoit se résoudre à me laisser aller, joint que je n'eusse pas été en état de cela étant aussi malade que je l'étois. L'amitié qu'il avoit pour moi, augmentoit chaque jour; parce que comme il aimoit Dieu, il avoit de l'amitié pour tous ceux qu'il croyoit vouloir l'aimer. Comme il me vit si mal, il me venoit voir avec assiduité & charité lorsqu'il étoit quitte de ses obligations & occupations. Cela ne lui causa pas peu de croix, & à moi aussi. Il me faisoit de petits présens de fruits & d'autres choses de cette nature. Ses parents en prirent jalousie, disant, que j'étois venue pour le ruiner & emporter en France l'argent de Mr. de Verceil. C'est ce qui étoit le plus loin de ma pensée. Ce bon Evêque dévoroit toutes ces croix par l'amitié qu'il avoit pour moi, & faisoit toujours beaucoup son compte de m'arrêter dans son Diocése lorsque je serois guérie.

6. Le Pere la Combe étoit son Théologal & son Confesseur: il l'estimoit beaucoup, & le Pere faisoit de grands biens dans cette garnison, Dieu s'étant servi de lui pour convertir plusieurs des Officiers & soldats. Il y en a qui de très scandaleux sont devenus des modéles de vertu: il faisoit faire des retraites à ces petits Officiers, prêchoit & instruisoit les soldats, qui en profitoient beaucoup, faisant ensuite des Confessions générales. Tout étoit mélangé en ce lieu de croix & d'ames que l'on gagnoit à Notre Seigneur. Il y eut de ses Religieux qui à son exemple travaillérent à leur perfection; & quoique je n'entendisse pres-

que point leur langue, & qu'ils n'entendissent point du tout la mienne, Notre Seigneur faisoit que nous nous entendions en ce qui regardoit son service.

Le Pere Recteur des Jésuites ayant ouï parler de moi, prit son tems que le P. la Combe étoit hors de Verceil, afin, disoit-il, de m'éprouver. Il avoit étudié des matieres Théologiques que je n'entendois pas : il me fit quantité de questions. Notre Seigneur me donna de lui répondre d'une maniere qu'il se retira si satisfait, qu'il ne pouvoit s'en taire.

Le P. la Combe étoit donc très-bien auprès de Mr. de Verceil, qui le consideroit avec vénération.

7. Mais les Bernabites de Paris, ou plutôt le P. de la Mothe, s'avisa de le vouloir tirer de-là pour le faire aller prêcher à Paris. Il en écrivit au Pere Général, disant, qu'ils n'avoient point de sujets à Paris pour soutenir leur Maison ; que leur Eglise étoit déserte ; que c'étoit dommage de laisser un homme comme le P. la Combe dans un lieu où il ne faisoit que corrompre son langage ; qu'il falloit faire paroître à Paris ses grands talents ; qu'au reste il ne pouvoit plus porter le faix de la Maison de Paris si l'on ne lui donnoit un homme de cette trempe. Qui n'auroit pas cru que tout cela étoit sincere ? Mr. de Verceil, qui étoit fort ami du Général, en ayant avis, s'y opposa, & lui écrivit, que c'étoit lui faire la derniere injure que de lui ôter un homme qui lui étoit fort utile, & dans le tems qu'il en avoit le plus de besoin. Il avoit raison : car il avoit alors un Grand-Vicaire, qu'il avoit amené de Rome, qui après avoir été Nonce du Pape en France, s'étoit trouvé reduit par sa mauvaise conduite à vivre

de ses Messes dans Rome même, où il étoit dans une si grande nécessité, qu'il attira la compassion de Mr. de Verceil, qui le prit, & lui donna de très-bons appointemens pour lui servir de Grand-Vicaire. Cet Abbé, loin de reconnoître son bienfaiteur, suivant la bizarrerie de son humeur, étoit toujours contraire à Mr. de Verceil; & si quelque Ecclésiastique étoit déreglé ou mécontent, c'étoit à lui que l'Abbé se joignoit contre son Evêque. Tous ceux qui plaidoient contre ce Prélat, ou qui l'outrageoient, étoient d'abord des amis du Grand-Vicaire, qui, non content de tout cela, travailla de toutes ses forces à le brouiller en Cour de Rome; disant, qu'il étoit entierement à la France au préjudice des intérêts de sa Sainteté; & que pour marque de cela, il avoit auprès de lui plusieurs François. Il le brouilloit aussi par ses menées secrettes à la Cour de Savoie: de sorte que ce bon Evêque avoit des croix très-fortes de cet homme. Ne le pouvant plus supporter, il le pria de se retirer, & lui donna avec bien de la générosité tout ce qui lui étoit nécessaire pour le reconduire. Il fut extrêmement outré de ce qu'il sortoit de chez Mr. de Verceil, & tourna toute sa colere contre le P. la Combe, contre un Gentilhomme François, & contre moi.

8. Le Pere Général des Bernabites ne vouloit donc pas accorder au P. de la Mothe ce qu'il lui demandoit, de peur de choquer Mr. de Verceil, qui étoit fort son ami, & de lui ôter un homme qui lui étoit fort nécessaire dans la conjoncture des affaires. Pour moi, mes maux augmentoient chaque jour; l'air, qui est là extrêmement mauvais, me causoit une toux continuelle avec la

fievre que j'avois souvent, accompagnée de fluxions sur la poitrine ; de sorte qu'il me fallut beaucoup saigner. Je devins enflée. Le soir j'étois d'une enflure très-grande, & le matin il n'y paroissoit plus rien : la fievre que j'avois toutes les nuits, consumoit les humeurs. C'étoit tout le côté droit qui m'enfla le premier : d'abord le bras seulement ; & ensuite cela s'étendit, & devint si considérable, que l'on crut que je mourrois. Mr. de Verceil s'en affligea beaucoup ; car il ne pouvoit se résoudre ni à me laisser aller, ni à me voir ainsi mourir dans son Diocese. Mais ayant fait consulter les Médecins, qui l'assurerent que l'air du lieu m'étoit mortel, il me dit avec bien des larmes ; ,, J'aime mieux que vous viviez hors ,, d'auprès de moi, que de vous voir mourir ici,,. Il se déporta de son dessein pour l'établissement de sa Congrégation ; car mon amie ne vouloit pas s'y établir sans moi, & la Dame Génoise ne put quitter sa ville, où elle étoit extrêmement considérée. Les Génois la prierent de faire là ce que Mr. de Verceil vouloit faire chez lui. C'étoit une Congrégation à peu près comme celle de Mad. de Miramion ; parce qu'il n'y a dans ce pays que des Religieuses cloîtrées. Dès le commencement que Mr. de Verceil me proposa l'affaire, j'eus un pressentiment que cela ne réussiroit pas, & que ce n'étoit pas ce que Notre Seigneur vouloit de moi. Je ne laissois pas de me rendre à tout ce que l'on vouloit, pour reconnoître les bontés de ce Prélat, assurée que j'étois que Notre Seigneur l'auroit bien empêché tout ce qu'il ne voudroit pas de moi. Comme ce bon Prélat vit qu'il falloit se résoudre à me laisser aller, il me disoit : ,, Vous voudriez être dans le

„ Diocese de Geneve, & l'Evêque vous persé-
„ cute & vous rejette ; & moi, qui voudrois si
„ bien vous avoir, je ne puis vous garder „. Mr.
de Verceil écrivit au P. la Mothe que je m'en
irois au printems, sitôt que la saison le pourroit
permettre ; qu'il étoit bien affligé d'être obligé de
me laisser aller ; & lui disoit de moi des choses
capables de me jetter dans la confusion si je pouvois m'attribuer quelque chose. Il mandoit, qu'il
ne m'avoit regardée dans son Diocese que comme
un Ange, & mille autres choses que sa bonté lui
suggeroit. Je fis donc dès-lors mon compte de
m'en retourner : mais Mr. de Verceil croyoit garder le P. la Combe & qu'il ne viendroit point à
Paris. Cela eut été en effet de la sorte sans la
mort du Pere Général, ainsi que je le dirai dans
la suite.

9. Presque tout le tems que je fus dans ce pays
NotreSeigneur m'y fit souffrir beaucoup de croix,
& me combla en même tems de graces & d'humiliations ; car chez moi l'un n'a jamais été sans
l'autre. Je fus presque toujours malade, & dans
un état d'enfance. Je n'avois auprès de moi que
cette fille dont j'ai parlé, qui ne pouvoit me donner aucun soulagement en l'état où elle étoit, &
qui sembloit n'être avec moi que pour m'exercer
& me faire étrangement souffrir. Ce fut là que
j'écrivis sur (a) l'Apocalipse, & qu'il me fut donné
une plus grande certitude de tout ce que j'avois
connu de la persécution qui se devoit faire aux
serviteurs de Dieu les plus fideles, selon que
j'écrivis toutes ces choses touchant l'avenir. J'é-

(a) C'est le Tome VIII. de ses Explications sur le Nouveau Testament : imprimé l'an 1713. C'est un des plus
pleins & des plus substantiels de tous.

tois comme j'ai dit, dans un état d'enfance : lorsqu'il me falloit parler ou écrire il n'y avoit rien de plus grand que moi ; il me sembloit que j'étois toute pleine de Dieu : & cependant, rien de plus petit & de plus foible que moi ; car j'étois comme un petit enfant. Notre Seigneur voulut que non-seulement je portasse son état d'Enfance d'une maniere qui charmoit ceux qui en étoient capables : mais il voulut de plus que je commençasse d'honorer d'un culte extérieur sa divine Enfance. Il inspira à ce bon Frére quêteur, dont j'ai parlé, de m'envoier un Enfant Jesus de cire, & d'une beauté ravissante ; & je m'appercevois, que plus je le regardois, plus les dispositions d'enfance m'étoient imprimées. On ne sauroit croire la peine que j'ai eue à me laisser aller à cet état d'enfance : car ma raison s'y perdoit, & il me sembloit que c'étoit moi qui me donnois cet état. Lorsque j'avois réfléchi, il m'étoit ôté, & j'entrois dans une peine intolérable : mais sitôt que je m'y laissois aller, je me trouvois au-dedans dans une candeur, une innocence, une simplicité d'enfant, & quelque chose de divin. J'ai bien fait des infidélités sur cet état, ne pouvant me faire à un état si bas & si petit. O Amour, vous vouliez me mettre en toutes sortes de postures afin que je ne vous résistasse plus, & que je fusse à tous vos vouloirs, sans retour ni reserve.

Comme j'étois encore à Verceil, il me vint un fort mouvement d'écrire à Madame de Ch. Il y avoit déja quelques années qu'elle ne m'écrivoit plus. Notre Seigneur me fit connoitre sa disposition, & qu'il se serviroit de moi pour lui aider. Je demandai au P. la Combe s'il agréeroit que je lui écrivisse, lui disant le mouvement que j'en avois : mais il ne le voulut pas. Je demeurai abandonnée & assurée tout ensemble que Notre Seigneur nous uniroit, & me fourniroit d'une maniere ou d'une autre le moien de la servir. A quelque tems de là je reçus une lettre d'elle : ce qui ne surprit pas peu le P. la Combe ; & il me laissa alors en liberté de lui écrire tout ce que je voulois. Je le fis avec grande simplicité ; & ce que je lui écrivis fut comme les premiers fondemens de ce que Notre Seigneur vouloit d'elle, aiant bien voulu se servir de moi dans la suite pour l'aider & la faire entrer dans ses voies, étant une ame à laquelle je suis fort liée, & par elle à d'autres.

CHAPITRE XXV.

Quittant Verceil, l'Evêque la fait accompagner jusqu'à Turin. Elle visite en passant une pieuse Marquise de sa connoissance. Le bien qu'elle y fit, comme ailleurs. Persécutions, croix & captivité lui sont prédites de toutes parts, & dans son intérieur ; à quoi on se dévoue. De même aussi en repassant par Grenoble, où l'Evêque auroit voulu qu'elle s'établit.

1. LE Pere Général des Bernabites, ami de Mr. de Verceil, mourut. Sitôt qu'il fut mort, le P. la Mothe écrivit à celui qui étoit Vicaire Général, & qui tenoit sa place jusqu'à ce qu'il y en eut un autre d'élû. Il lui mande les mêmes choses qu'il avoit mandées à l'autre, & la nécessité où il étoit d'avoir à Paris des sujets comme le P. la Combe : qu'il n'avoit qui que ce soit pour prêcher l'annuel dans leur Eglise. Ce bon

Pere, qui croyoit que le P. la Mothe agiſſoit de bonne foi, ayant appris que j'étois obligée de m'en retourner en France à cauſe de mes incommodités, envoya un ordre au P. la Combe de s'en aller à Paris, & de m'accompagner tout le long du voyage, le P. la Mothe l'en ayant prié, diſant, que comme il m'accompagneroit, cela exempteroit leur Maiſon de Paris, déja pauvre, des frais d'un ſi long voyage. Le P. la Combe qui ne pénétroit pas le venin caché ſous un beau ſemblant, conſentit à m'accompagner, ſachant que c'étoit ma coûtume de mener avec moi des Eccléſiaſtiques ou Religieux. Le P. la Combe partit douze jours avant moi afin de faire quelques affaires, & de m'accompagner ſeulement au paſſage des montagnes, qui lui paroiſſoit l'endroit où j'avois le plus beſoin d'eſcorte. Je partis le carême (le tems s'étant trouvé fort beau) non ſans douleur du Prélat, qui me faiſoit compaſſion dans le chagrin où il étoit d'avoir perdu le P. la Combe, & de me voir en aller. Il me fit conduire à ſes frais juſqu'à Turin, me donnant un Gentilhomme & un de ſes Eccléſiaſtiques pour m'accompagner.

2. Sitôt que la réſolution fut priſe que le P. la Combe m'accompagneroit, le P. la Mothe ne manqua pas de faire par-tout courir le bruit, qu'il avoit été obligé de le faire afin de me faire retourner en France; quoiqu'il ſut bien que je devois m'en retourner avant qu'on ſut que le P. la Combe s'en retourneroit. Il exageroit l'attache que j'avois pour lui, ſe faiſant porter compaſſion; & ſur cela chacun diſoit, que je devois me mettre ſous la conduite du P. la Mothe. Cependant il diſſimuloit à notre égard, écrivant au P. la

Combe des lettres pleine d'eſtime, & à moi de tendreſſe, le priant d'amener ſa chere ſœur, & de la ſervir dans ſes infirmités & dans un ſi long voyage : qu'il lui feroit ſenſiblement obligé de ſon ſoin, & cent choſes de cette force.

3. Je ne pus pas me réſoudre de partir ſans aller voir mon amie, la Marquiſe de Prunai, malgré la difficulté des chemins. Je m'y fis porter : car il eſt impoſſible d'aller là autrement (à cauſe des montagnes) ſi ce n'eſt à cheval ; & je ne ſaurois y aller. Je fus paſſer douze jours avec elle. J'arrivai juſtement la veille de l'Annonciation : & comme toute ſa tendreſſe eſt pour le miſtere de l'Enfance de Jeſus-Chriſt, & qu'elle ſavoit la part que Notre Seigneur m'y donnoit, elle reçut une extrême joie de me voir arriver pour paſſer cette fête avec elle. Il ne ſe peut rien de plus cordial que ce qui ſe paſſa entre nous avec bien de l'ouverture. Ce fut là qu'elle me dit, que tout ce que je lui avois dit lui étoit arrivé ; & un bon Eccléſiaſtique qui demeure chez elle, très-ſaint homme, m'en dit autant. Nous fimes enſemble des onguens, & je lui donnai le ſecret de mes remedes. Je l'encourageai, & le P. la Combe auſſi à établir un hôpital en ce lieu ; ce qu'elle fit dès le tems que nous y étions. J'y donnai le petit denier du S. Enfant Jeſus, qui a toujours fait profiter tous les hôpitaux que l'on a établis ſur la providence.

4. Je crois avoir oublié de dire, que Notre Seigneur ſe ſervit auſſi de moi pour en établir un près de Grenoble, qui ſubſiſte ſans autre fonds que la providence. Mes ennemis ſe ſont ſervis de cela dans la ſuite pour me calomnier, diſant que j'avois conſumé le bien de mes enfans à établir des hôpitaux ; quoiqu'il ſoit vrai que loin d'avoir

dépensé leur bien, je leur ai même donné le mien ; & que ces hôpitaux n'aient été établis que sur le fonds de la divine providence, qui est inépuisable. Mais Notre Seigneur a eu cette bonté pour moi, que tout ce qu'il m'a fait faire pour sa gloire m'est toujours tourné en croix. J'ai oublié de parler en détail de quantité de croix & de maladies ; mais il y en a tant, qu'il faut supprimer quelque chose. Dans les maladies que j'eus à Verceil j'eus toujours la même dépendance du P. la Combe à cause de mon état d'enfance, avec l'impression de ces mots, (a) *& il leur étoit soumis.* C'étoit l'état de Jesus-Christ qui m'étoit alors imprimé.

5. Sitôt qu'il fut déterminé que je viendrois en France, Notre Seigneur me fit connoître que c'étoit pour y avoir de plus grandes croix que je n'en avois encore eues ; & le P. la Combe en avoit aussi la connoissance : mais il me dit, qu'il falloit m'immoler à tous les vouloirs divins, & être de nouveau une victime immolée à de nouveaux sacrifices. Il me mandoit : *Ne seroit-ce pas une belle chose, & bien glorieuse à Dieu, s'il vouloit nous faire servir dans cette grande ville de spectacle aux hommes & aux anges ?* Je partis donc pour m'en revenir, avec un esprit de sacrifice pour m'immoler à de nouveaux genres de supplices. Tout le long du chemin quelque chose me disoit au dedans les mêmes paroles de S. Paul : (b) *Je m'en vais à Jérusalem, & l'Esprit me dit par tout que des croix & des chaines m'attendent.* Je ne pouvois m'empêcher de le témoigner à mes plus intimes amis, qui faisoient leurs efforts pour m'arrêter en chemin. Ils vouloient même tous contribuer

(a) Luc 2. v. 51. (b) Act. 20. v. 23.

de ce qu'ils avoient pour m'arrêter & m'empêcher de venir à Paris, croyant que le pressentiment que j'avois étoit véritable. Mais il fallut poursuivre, & venir s'immoler pour celui qui s'est immolé le premier.

6. A Chambéri nous y vîmes le P. la Mothe qui alloit à l'élection du Général. Quoiqu'il affectât de l'amitié, il ne fut pas difficile de remarquer que ses pensées étoient autres que ses paroles ; & qu'il avoit conçu dans son esprit le dessein de nous perdre. Je ne parle des traitemens de ce Pere que pour obéir au commandement que l'on m'a fait de ne rien omettre. Je serai obligée malgré moi de parler souvent de lui. Je voudrois de tout mon cœur pouvoir supprimer ce que j'ai à en dire. Si ce qu'il a fait ne regardoit que moi, je le supprimerois volontiers : mais je crois le devoir à la vérité & à l'innocence du P. la Combe, si fort opprimée & accablée depuis si long-tems par la calomnie & par une prison de plusieurs années, qui selon toutes les apparences, durera autant que sa vie. Je me crois, dis-je, obligée de faire voir tous les artifices dont on s'est servi pour le noircir & le rendre odieux, & les motifs qui ont porté le P. la Mothe à en user de la sorte. Quoique le P. la Mothe paroisse beaucoup chargé dans ce que je dis de lui, je proteste devant Dieu que j'omets encore quantité de faits.

Je voyois donc son dessein avec bien de la clarté. Le P. la Combe le remarqua bien aussi : mais il étoit résolu de se sacrifier, & de m'immoler à tout ce qu'il croyoit volonté de Dieu. Quelques-uns même de mes amis nous avertirent que le P. la Mothe avoit de mauvais desseins ; mais ils ne les jugeoient pas cependant aussi extrêmes qu'ils ont été. Ils croyoient qu'il renvoyeroit le P. la Combe après l'avoir fait prêcher, & qu'il lui feroit pour cela des affaires. A Chambéri il fut dit au P. la Combe intérieurement, & de la même maniere qu'il lui avoit été dit que nous ferions ensemble; *que nous ferions séparés.* Nous nous séparâmes à Chambéri. Le P. la Mothe fût au Chapitre, priant tous les jours avec des instances affectées le P. la Combe de ne me point laisser, & de m'accompagner jusqu'à Paris. Le P. la Combe lui demanda permission de me laisser aller seule à Grenoble : parce qu'il étoit bien aise d'aller voir sa famille à Tonon, & qu'il iroit me retrouver à Grenoble au bout de trois semaines. On ne lui accorda cela qu'avec peine, tant on affectoit de sincérité.

7. Je partis donc pour Grenoble; & le P. la Combe pour Tonon. Sitôt que je fus arrivée, je tombai malade de la fievre continue, qui me dura quinze jours, où ce bon Frere quêteur eut dequoi exercer sa charité : il me donna des remedes, ne me faisant prendre presque autre chose que des vipéres en toutes sausses : cela, joint à la fievre & au changement du climat, consuma peu-à-peu mon mal. Tous ceux que Dieu m'avoit donné la premiere fois que je fus à Grenoble, me vinrent voir durant ma maladie, & témoignerent une extrême joie de me revoir. Ils me montrerent les lettres & les retractations de cette pauvre fille passionnée, & je ne vis pas que personne fut resté impressionné de ses contes. Mr. de Grenoble me témoigna plus de bonté que jamais, m'assura n'en avoir jamais rien cru, & m'offrit même de rester dans son Diocese. On me fit encore de nouvelles instances pour me porter à rester à l'Hôpital général : mais ce n'étoit pas

où vous me vouliez, ô mon Dieu : c'étoit fur le Calvaire. Nous étions fi pénétrés de la croix le P. la Combe & moi, que tout nous annonçoit CROIX.

Cette bonne fille dont j'ai parlé, qui avoit vu tant de perfécutions, & à laquelle le Diable fit tant de menaces, eut encore bien des preffentimens des croix qui alloient fondre fur nous : & elle difoit; *que voulez-vous aller faire là, pour être crucifiée ?* Tout le long du chemin les ames intérieures & de grace ne nous parlerent que de CROIX; & cette impreffion, que (a) *des chaînes & des perfécutions m'attendoient*, ne me quittoit pas un moment. Je vins donc, ô mon Amour, pour me facrifier à votre volonté cachée. Vous favez quelles croix il m'a fallu effuyer de la part des miens. O dans quel décri fuis-je ! Au travers de tout cela, vous ne laiffez pas de vous gagner des ames en tout lieu & en tout tems ; & l'on fe trouve trop bien payé de tant de peines quand elles ne procureroient que le falut & la perfection d'une feule ame. C'eft dans ce lieu, ô Dieu, que vous vouliez faire un théâtre de vos volontés par la croix & par le bien que vous voulez faire aux ames.

(a) Act. 20. v. 23.

FIN DE LA SECONDE PARTIE.

www.ingramcontent.com/pod-product-compliance
Lightning Source LLC
Chambersburg PA
CBHW050636170426
43200CB00008B/1047